松塚ゆかり＝著

Yukari Matsuzuka

概 説
教 育 経 済 学
Economics of Education

日本評論社

はじめに

　ノーベル経済学者で、教育と経済学の分野で数々の功績を残したセオドア・シュルツ（Theodore W. Schultz）は、教育がもたらすおそらく最大の恩恵は「変化に対応するちから」であろう、と論じている[1]。シュルツは「変化」を「不均衡」が生ずる過程とみなし、その不均衡を是正すべく資源の配分と再配分を適切に繰り返すちからは教育によって養われると説いた。不均衡の是正過程では、「変化を察知する能力」、「変化に対応する能力」、「対応にかかる時間」に着目する。これらの有無や多寡に作用するのは知識、知への欲求、情報収集力であるとし、そのようなちからは教育や訓練によって身に付きまた育てられるとした。「変化に対応するちから」は農業からサービス業までのどのような職種においても、また家事や育児など多くの場合金銭的報酬が伴わない労働にも、更には結婚の意思決定や妊娠、出産の計画や決定においても有用であることを丁寧に説明している。

　シュルツがこのように漠然ともいえる教育の役割に、しかし具体的に言及したのは1970年代中盤であった。それまでシュルツは教育効果の定量的検証を重ねており、ゲイリー・ベッカー（Gary S. Becker）、ジェイコブ・ミンサー（Jacob Mincer）らとともに、教育の経済効果について理論から実証へとつなげたその人である。教育経済学が人的資本論を右腕に教育や雇用政策に発言力を高めたのは1960年代である。70年代に入ると教育の所得あるいは経済力への効果は確定的ではないとされ、人的資本論への信頼と希望が一旦下火になる。60年代初めにシュルツ自身が提唱した、貧困者救済手段としての教育投資は功を奏したとは言い難く、むしろ教育が媒介する格差さえ表れはじめ、教育が所

1）シュルツの主たる専門領域は農業経済学であった。農業の進歩のためには人的資本への投資が重要であるとの観点から教育分野を研究し、その流れで教育経済学及び開発経済学において際立った業績を残した。ここで言及する「変化に対応するちから」は以下の文献に詳しく掲載されている。

Theodore W. Schultz（1975）"The Value of the Ability to Deal with Disequilibria," *Journal of Economic Literature*, 13(3), pp.827-846.

得と経済の向上をもたらすという因果関係に大きな疑問が付されたのである。

　シュルツはまさにこのとき、教育がより良く生きるちからを育てることを改めて主張し、それは、教育の「変化に対応するちから」を養う役割にこそあると説いた。そのうえで、変化に応じて資源を配分・再配分する能力はなぜ、どのように、そしてどの程度、後天的に獲得されるのか、その過程で教育や訓練はいかに作用するのか、そして教育や訓練とそれらがもたらす能力の経済的な価値はいかにして規定されるのかという掘り下げた実証的問いを投げかけ、後続する研究者へとつないだ。つまり教育のちからは、まずは日々のごく身近な出来事への対応を含むある種普遍的な能力を育てる面で発揮されるものと捉える。教育のちからによる経済効果を予め前提にするのではなく、教育と経済が相互に作用する環境とメカニズムの解明を促した。この反響は大きく、その後の教育経済学は、教育の選択、機会、連続性、外部性、格差、国際化等多岐にわたる社会的経済的課題を対象に研究を展開することになる。

　「変化に対応するちから」は2000年代後半頃より日本においても注目されている。教育界にあっては、予測が不可能な時代にあって「変化に対応できるちから」を育てることの重要性が文部科学省を中心に提唱され、産業界においては、技術発展やビジネス環境の変化が急速に進むなか「変化に対応できる人材」が求められ、これを採用基準の評価軸とする企業も少なくない。むろん、教育を通してどのような能力を獲得するかについてはこれまでも多くの議論があった。教育経済学の観点に絞ると、受けた教育量が多い者ほど平均的に高い所得を得る傾向にあるという実証的かつ経験則ともいえる教育の効果は、将来の経済的安定を望む学生や保護者にとって説得力がある。教育の場から労働の場へと段階的に学歴が積まれていくために、その工程にも説明が設けられ、勉強をすれば成績が良くなり、成績が良ければ大学に進学することができ、大学を出ればより良い仕事に就くことができて生活は豊かになる、という認識はほぼ共有されている。進学先を左右する判断材料は学力や成績など認識あるいは認知され得る「認知能力」であるが、これに加えて2010年以降は意欲、忍耐力、社会的適正など定量的に測ることが難しい「非認知能力」が注目され、このような能力を学校内外でどのように形成するかが主要な課題となった。いずれにしても教育によって身に付くことが期待される資質、技能、適性等は、教育の「結果」あるいは「成果」を念頭に置いている。これに対して、「変化に

対応するちから」は到達すべき教育の結果や成果を予め想定しているわけでは
なく、多分に柔軟かつ動的である。

　シュルツがこの概念を書き下ろしてから半世紀以上を経た今、改めて「変化
に対応するちから」が注目されている。これはなぜだろうか。私は、「変化に
対応するちから」が、社会や文化がいかに多様化しまた複雑になろうとも、人
が生き抜くうえで有用な共通軸であるからだと考える。教育の「結果」や「成
果」として用いられてきた認知能力、非認知能力は、ともに、一定基準のもと
に測ることは容易ではない。例えば認知能力の「読解力」「記述力」「計算力」、
非認知能力の「意欲」「忍耐」「社会的適性」などどれ一つを取っても特定の物
差しでその質、量、価値を判断することはできない。何をもって読解力とする
のか、何をもって忍耐があるとするのか。その在り方や表出のしかたは、人に
よって、地域によって、文化によって多分に異なるだろうし、国際化が一層進
んで多様性の幅が広がれば、一定の基準を設定することは更に難しくなる。認
知能力と非認知能力の両方を総合的に育むことが期待されているのであれば、
それぞれを評価すること自体がもはや適切とはいえなくなるだろう。情報技術
の発展や産業のサービス化や国際化に伴い、人、物、金の流れやその変化が急
速になったことも「変化に対応するちから」が求められる所以である。自然災
害、災難、紛争などによって人の流れが鈍化あるいは停滞したとしても、通信
技術によって知識、情報、技術の世界的流動性は一層高まり、その変化はます
ます急速になるばかりでなく、変化が及ぶ範囲が寸時に地球上に拡大する。教
育に期待される「変化に対応するちから」の育成は人間の基本的な生きるちか
らを伸ばすだけでなく、知と技術の高度な発展を促しまたそれらを活用する基
盤的なちからとなるのではないか。そしてその対応の在り方は一元的ではな
く、おそらくシュルツが想定していたよりも多質、多様となるに違いない。

　2020年の冬、「新型コロナウィルス」の感染が急速に拡大したとき、若く健
康で活動的な者が気をつけなくてはならないのは「感染することよりもむしろ
感染させること」であるという見解を即座に会得した若者はどのくらいいただ
ろうか。「自分たちは大丈夫」であることが当面の行動原理ではなかっただろ
うか。ここ半世紀の教育は、自身の豊かな将来を思い描き、より上位校への進
学を目指して階段を昇り続けることに重点が置かれてきた。これは世界的な傾
向である。そのような教育を経た若者が、家族や身近な友人はともかく、見ず

知らずの他者をも守るために自らの行動を制約するという要請を直ぐに受け入れ行動に移すのは簡単ではない。シュルツがいう「変化を察知する能力」、「変化に対応する能力」、「対応にかかる時間」は、広い視野と深い想像力を求める。どのような状態を捉えて是正すべき「不均衡」と察し、いかにして知恵と良心に基づく対応へと踏み出すのか。社会的不均衡、地球的・環境的不均衡を含む、直ぐには日常に影響を来さない変化を自らの不均衡と位置づけそして対応するちからを求める。このようなちからは、地球レヴェルで進む大きな変化の時代には、決定的に重要となるだろう。

　教育経済学は、経済学分野で発展し有用性が確認された理論、概念、分析手法を用いて教育や学習という営みを説明しようとする学問である。最大の発展期であった1960年代に人的資本政策に活用された影響は大きく、「教育の経済効果」を測り論ずる学問であると捉えられがちであるが、教育の経済効果は教育経済学の重要な一部ではあるもののすべてではない。本書では発展期の前後を広く対象として、特にシュルツ後の教育経済学の展開をできる限り網羅して、理論、実証例、それらの結果が政策あるいは制度実践へとつながった具体的事例を挙げて解説したい。教育経済学において技術的側面から多用される教育の収益率、投資効果、生産関数、需給等の計測方法について基本的な説明は本書の重要な一部をなすが、教育経済学に関心を持つすべての方々が経済の専門的知識が無くとも読み進められるように、日本の土壌や経験に即して身近な事例を挙げて解説したい。

目　次

【図表の出所、参照文献の著者名表記等に関する注記】

※日本の省庁等政府機関、OECD 等国際機関、研究者等が発表した資料（データや図表等）を参照し作成した図表については、当該資料の凡例（略語等）をそのまま用いている。本書文中で図表の説明を行うにあたっては、その凡例（略語等）を具体的表現に替える場合がある。

※本書の図表（図表に用いるデータを含む）の出所は、データの公開機関・団体及び個人等が指定する方法により明示する。特に指定の無い場合、書籍等により公開されているものについては当該書籍等に関する情報を、電子媒体により公開されているものについては当該サイトのアドレスまたはアドレスへの接続情報を明示する。

※外国文献・データ等の翻訳文で、本書に翻訳者名または翻訳文献の名称の記載が無いものは、著者の翻訳によるものである。なお、当該文献・データ等の提供者は著者による翻訳文を確認していないため、翻訳文の内容に関する一切の責任は著者に帰すものである。

※参照文献の著者名表示が文献によって異なる場合は、各文献の表示を優先し統一はしていない。

※参照文献が 4 人以上の著者によるもので、文中に筆頭著者名のみ示されている場合であっても、参照文献リストには全著者名を記載している（人名索引では、筆頭著者名が記載されている頁番号を示す）。

第**1**章

教育経済学とは

1 教育経済学とは

　教育経済学は、経済学分野で有用性が確認された理論、概念、分析手法を用いて、教育あるいは学習、訓練等の営みに関わる政策、制度、実践、課題等を明らかにし、また説明しようとする学問である。教育経済学の学問としての立ち位置を踏み込んで捉えるためには経済学の定義に立ち戻る必要があろう。経済学は、様々な用途を有する、限りある資源をいかに効果的に使って財をつくり、どのようにしてそれらを異なるグループ間に配分するかを研究する学問であるとされる[1]。私たちの欲求や願望に限度を定めるのは難しい一方で、私たちが所有できる財産や時間などの資源は有限である。教育や学習に対する欲求や期待も多種多様、限りが無いなか、教育に費やすことができる時間もお金も機会も有限であり、私たちはその範囲内で教育を受け学習をする。教育経済学は、教育や学習をめぐる様々な営みや事象を対象に、その場に参加する機会の

---

[1] 経済学のテキストとして最も読まれてきたサムエルソンとノードハウスの『経済学(Economics)』では、「経済学とは社会が希少な資源をどのように使って、様々な有用な財を生産し、それらを異なるグループ間に配分していくかを研究する学問である」としている（Samuelson & Nordhaus, 2009）。邦訳テキストについては、ロビンズ（2016）による『経済学の本質と意義』及び、サムエルソン & ノードハウス（1992; 1993）による『サムエルソン　経済学』等がある。

在り方、費用の構造、資源の配分、教育や学習の経済的・社会的な効果や影響を主に定量的な手法を用いて解明する[2]。有限な資源を効果的かつ民主主義的に活用し、その結果人々とその社会を豊かにすることを念頭に置く。

1-1　教育経済学の定義

　教育経済学は第二次世界大戦後に労働経済学、ミクロ経済学、公共経済学、開発経済学を「教育に」応用するかたちで発展した学際的学問である。1960年代にはアメリカを中心に一つの学問領域として、学位に導く教育課程の体系が確立された。経済学と同様、教育経済学においても具体的な定義は一様ではない。アメリカとイギリスで教育経済学の教本として広く使用されたエルシャナン・コーンとテリー・ジェスクによる『教育経済学（The Economics of Education)』(Cohn & Geske, 1990) では、「教育経済学とは、人間あるいは社会が限りある生産資源を用いて、いかにして学校教育などを通じて様々な教育・訓練を行い、知識や技能、性質などを育てるかを考える学問である（p. 2)」としている。この定義は、教育や訓練によりどのように知識や技能を高めていくかというところに焦点をあてているが、教育や訓練のためにいかに資源を配分すべきかに焦点をあてた定義もある。例えばヘンリー・レビン（Levin, 1989）は、教育経済学を、訓練や投資を通じ、知識や技術を身に付けるために、個人や社会がいかにして限りある資源を活用するかを考える学問であるとしている。教育の経済効果に焦点を絞って教育経済学を説明する例もある。例えば、ゲイリー・ベッカー（Becker, 1993）は、教育を経済的営みとして位置づけた場合、教育を受けた個人は将来的に経済効果を生む「資本」と捉え得るという観点から、教育を「人的資本（Human capital)」を生み、蓄積し、維持する一つの手段として説明した[3]。ベッカーは、それまで貨幣や経済、市場問題を中心に分析してきた経済学の研究領域を、教育や家族、犯罪や差別など人間行動をめぐる広範な社会問題へと拡張し経済学的に説明した功績が認められて、1992年にノーベル経済学賞を受賞している。

　2）教育経済学の定量的分析手法としては、計量経済学、数理経済学、実験経済学、国民経済計算などが用いられる。
　3）ここでは1993年に出版された第3版を参照しているが、1975年に発刊された原書第2版の邦訳版（ベッカー, 1976）がある。

1-2　アダム・スミスによる教育の資本形成

　もっとも、教育が「資本」を形成して経済効果を生むという見解はそれ以前からあった。アダム・スミスは1776年に出版された『国富論』の第2編1章「資本の分類（Division of Stock）」のなかで以下のように記している。「役立つ能力を獲得するには、教育を受け、学習し、徒弟として修業する間の生活を支えるために、必ずかなりの費用がかかっており、いうならば、資本が個人に固定され、実現している。こうした能力は本人にとって資産の一つなので、その人が属する社会にとってもやはり資産の一つである（p.284）[4]」。スミスは、教育、学習、徒弟としての修業には費用がかかるものの、その便益は追って回収し得る「資本投資」であると見ていたようである。今でこそ、教育には確かな経済的便益が期待できることが経験的にも実証的にも明らかにされており、「教育」イコール「投資」という見方も共有されつつある。しかし、現代的な学校教育の起源が1807年以降のプロイセンでの教育改革にはじまることを考えると、現代に通ずる「学校教育はかくある」が一般的に認識される前にスミスが教育の現代的経済効果を指摘していたことは興味深い。更に注目したいのは、獲得された能力が「社会にとっても資産の一つである」、つまり、教育投資の恩恵は教育を受けた個人のみならず、その個人が属する社会全体にもたらされるという教育の外部性と社会的効果について言及している点である。

1-3　準公共財としての教育

　ある人の行動が別の人に便益をもたらすことを「正の外部性」、不利益をもたらすことを「負の外部性」というが、外部性が生ずる場合理想的な均衡を達成することができない。「市場の失敗」つまり市場が効率的な資源配分に失敗する状態が発生するために、政府による介入が必要となる。これは、教育を「公共財」と捉えてその運営に対する政府の姿勢を問う議論につながる。しかし、教育は公共財の定義を完全に満たしているわけではなく、「準公共財」あるいは「メリット財」と捉えられる[5]。これらの定義をどう解釈するかによって、政府が教育や訓練に対してどの程度関与し、どのくらいの予算を負担すべ

4）スミス（2007）、原著はSmith（1776）。

きかが変わる。本書でも具体的に触れるが、教育の公共性及び公財政支出は教育政策における重要課題であり教育経済学の中心的研究テーマでもある。

2 教育経済学発展の経緯

アダム・スミスは人的資本論以外にも、教育機会の平等、競争的環境での教育運営、教育と職業をつなぐ受給関係など、現在の教育経済学の概念に通ずる見解や考察を著している[6]。しかし、教育経済学が学問分野の一つとして確かな位置づけを得るには1960年代まで待たなければならない。教育経済学は1960年以降急速に発展したが、その背景にはアメリカを中心とした社会や経済、そして技術発展をめぐる大きな環境変化があった。

2-1 教育経済学発展のプロローグと四つのコーナーストーン

1950年代から60年代にかけて高等教育進学率が大きく伸び、科学技術開発が急進し、技術力の強化・発展を促進しようとする動きが強まり、教育への投資が注目された。とりわけ1957年の旧ソ連による世界初の人工衛星「スプートニク」の打ち上げ成功は「スプートニク・ショック」としてアメリカに大きな衝撃をもたらした。当時の冷戦の相手国に最先端技術である人工衛星打ち上げで先を越されたインパクトは大きく、連邦政府は教育・軍事・科学技術部門の改革に着手するとともに、学校教育への介入を強化した。このことが教育経済学にとって「プロローグ」となった。1960年代に入ると、教育経済学で用いる主

5）経済学における公共財は、（1）誰かが消費しても別の人も消費可能である（非競合性）、（2）対価を支払うことなくその財を消費できる（非排除性）の両方を満たすことが条件であり、準公共財はどちらか一方を満たすことが条件である。教育は両方について満たす場合と満たさない場合とがある。オンライン講義は非競合であり得るが、40人定員の教室で60人生徒が集まれば競合する。公立の小・中・高等学校は対価を支払わずとも通学し得るが、私立学校だと授業料を支払わなければならない。ドイツの財政学者であるリチャード・マスグレイブは、教育は「排除性」も「競合性」もあるものの正の外部性が高く、市場に委ねていては十分に消費されない可能性があるとし、「メリット財」と定義し公共部門が供給すべき財とした（Musgrave, 1957; 1959）。

6）詳しくは、Blaug（1975）、Schultz（1992）、Spengler（1977）を参照されたい。またアダム・スミスの教育経済学的考察に関する邦語文献では、坂本（2005）が「アダム・スミスの教育論」、坂本（2011）が「アダム・スミスの教育経済学」を論じている。

図表1-1　教育経済学発展の経緯：四つのコーナーストーン

年代	キーワード	背景	教育の位置づけ
1960年代	貧困との戦い	経済格差の拡大	貧困層の教育機会向上と格差是正
1970～80年代	危機に立つ国家	アメリカ経済力の相対的低下	国民の基礎学力向上による経済力強化
1990年代	スキル偏向的技術進歩（SBTC）	急速な技術革新	技術革新に対応する高度教育の推進
2000年以降	知識基盤経済・社会	急速な国際化と技術革新	世界的に通用する人的資本の開発

　要理論の一つである「人的資本論」が、教育や訓練に投資をする理論的根拠として、また投資利益の評価方法を提供する枠組みとして広く認識されることとなる。その後、着実な学術的進展が見られ、現在では教育学と経済学が融合する学際的分野として、人的資本政策、教育政策、社会資本政策等に活用されている。

　図表1-1に、教育経済学の発展をもたらした四つのコーナーストーンを示す。一つ目は1960年前後の貧困層の急増に対応するために、教育によって個々人の生活経済力を高めようとした「貧困との戦い」、二つ目が1970年代から80年代にかけてアメリカの貿易不振を中心とした国家的経済力の相対的低下を「危機に立つ国家」とみなしその危機を教育によって立て直そうとした教育計画、三つ目が1990年代のIT技術を中心とする産業技術の急速な発展を「スキル偏向的技術進歩」と捉え、高度技術を活用できる人材を育てるには高度な教育が不可欠とした産業技術計画、四つ目が2000年に入り技術革新に加えて急速な国際化が進んだことによる、世界全体の「知識基盤経済・社会」への移行である。特に注目すべきは国家間交流の拡大・浸透に伴い、欧州連合を中心に人の流動性を高めて高等教育を軸とした人材の高度化を目指す人的資本開発政策が世界的に拡がったことである。このような政策は教育と経済発展あるいは教育と技術開発とのつながりを前提としており、教育経済学の概念や研究手法に基づく理論及び実証的説明が活用されることとなる。以下では各コーナーストーンについて解説する。

2-2　貧困との戦い

　1950年代の後半から、アメリカでは国民の経済格差が急速に拡大し、1960年代には貧困層の割合が19％、失業率が10％を超える事態となった。ここにおいて、貧しい者がますます貧しくなる負のサイクルをいかに止めるかが大きな社会的そして政治的課題となった。これに対応し、当時の合衆国大統領リンデン・ジョンソンは、低所得者の教育の強化を骨子とする経済計画「貧困との戦い（War on Poverty）」を推し進めることとなる。

　1950年代アメリカの経済学で主流をなしていた新古典派経済学では教育は消費財と捉えられており、労働生産性を上げる経済的手段との発想は少なくとも表面化してはいなかった。そこに、労働者は同質（Homogeneous）ではなく、教育はその質を変える重要な手段であるという論理を持ち込んだのが、セオドア・シュルツ、ジェイコブ・ミンサー、ゲイリー・ベッカーであった。とりわけ、シュルツは1960年当時、経済学で世界的に最も権威ある学会の一つとされるアメリカ経済学会（American Economic Association）の学会長であったが、その年次大会の議長演説において、教育によって個人の生産性と所得は上がり、国家経済に寄与するという「人的資本への投資」の意義に言及した。リンデン・ジョンソンによる「貧困との戦い」の知的源泉となったのがこの教義だった[7]。

　「貧困との戦い」とは、1964年1月8日にリンデン・ジョンソンの大統領経済報告演説において唱えられた立法案の通称である。ここでジョンソンは、「貧困家庭の子どもたちにスキルとモチベーションを与えることができれば、彼らは貧しい大人にはならない」と力説し、教育は経済格差是正を可能とする強力な手段として位置づけられた。このメッセージのインパクトは大きく、経済機会法（Economic Opportunity Act）の合衆国議会での可決につながった。経済機会法の可決によって連邦政府は、低所得者救済と銘打って、教育と医療面の制度設計において積極的介入を進めることとなる[8]。「貧困との戦い」は主にアフリカ系アメリカ人及びラテンアメリカ系移民を中心とする「マイノリ

　7）シュルツの主張の詳細については Schultz（1961）を参照されたい。また、「貧困との戦い」におけるシュルツの貢献については Levin（1989）が言及している。

ティー」と称される市民を対象としていた。子どもは親の所得や社会的地位を変えることができない。貧しい親のもとに生まれた子どもが将来安定した社会的地位と賃金を得て貧困を抜け出すために国は何を与えればよいのか、という問いへの答えが教育であった。福祉による援助も可能であろうが、そのような援助は通常親に付与され、貧困に喘ぐうちに使い果たしてしまえば子どもの将来に還元されることができない。教育は時間がかかっても子どもたちの将来を豊かにする「投資」として位置づけられたのである。現在でも財政予算計画の度に繰り広げられる「教育か福祉か」という議論はこのときから明示的になった。

　「貧困との戦い」が掲げられた1964年前後は、人的資本論が確立された時期といってよい。ジェイコブ・ミンサーは既に50年代後半から人的資本の概念を労働経済学に取り込んでいた（Mincer, 1958）。教育と就業経験が賃金に与える影響を計算する「ミンサー型賃金関数」はシンプルがゆえに応用性が高く、人的資本と所得との関係を定量的に分析するうえで欠かせないメソッドとなり、現在でも大いに活用されている。1963年には、ゲイリー・ベッカーが、『人的資本論』を発表し、教育と訓練がもたらす生産性及び賃金向上のメカニズムを明快に説明することに成功した。ミンサー型賃金関数、人的資本論ともに、第3章の人的資本論で具体的に説明するが、1960年代は、教育や訓練が人々の生産性を上げることが理論的に示され、実証研究が展開され、その実証結果が教育政策や制度の設計及び教育の実践へと具体的に活かされた人的資本論の勃興期といってよい。

　第2章で具体的に述べる通称「コールマン・レポート」と呼ばれる、『教育機会の平等（Equality of Educational Opportunity）』（Coleman et al., 1966）が刊行されたのも同じ年代である。本報告書は1964年に制定された公民権法を受けて合衆国教育局の主導により研究者や学校関係者が行った調査結果を報告したものである。調査は当時の教育機会の平等・不平等性の度合いと、それらをひき起こす要因を明らかにすることを目的とした。標準学力テストの結果を教育の成果と定義し、それを左右する要因として、生徒の属性、学習態度・意

8）これらの背景と経緯は、合衆国下院の常任委員会である教育労働委員会によるレポート、『合衆国の貧困』（Committee on Education and Labor, 1964）に詳細が収められている。

識、教員や学校長の特性等の効果を分析したもので、生産関数を用いて教育の費用対効果を実証する初めての大がかりな政策課題研究として知られる。「貧困との戦い」と通ずるのは、両者ともにアフリカ系アメリカ人及びラテンアメリカ系移民を中心とする当時のマイノリティーを対象に、教育の機会と効果を向上させて社会的経済的安定を実現することを主目的として掲げたことである。

2-3　危機に立つ国家

　教育経済学の発展の二つ目の大きな契機は、1983年 4 月に合衆国教育省が発表した『危機に立つ国家——教育改革への至上命令（Nation Risk: Imperatives for Education Reform）』（The National Commission on Excellence in Education, 1983）である[9]。アメリカ児童の学力低下を憂慮した当時の教育省長官テレル・ベル（Terrel H. Bell）が1981年 8 月に「優れた教育に関する全国審議会」を設置、「アメリカの学校教育は失敗している」との前提のもとに、18カ月の期限を定めて国内外の教育制度と実態を徹底調査し問題点と解決策を答申するよう求めた。「優れた教育に関する全国審議会」は、ユタ州立大学学長、カリフォルニア州立大学学長を歴任したデイビット・ガードナー（David P. Gardner）を議長に、民間企業、大学教授、中高校教員、地方教育委員会等のメンバー18名から構成された。同審議会がまとめた『危機に立つ国家』は、教育改革の根拠となり、牽引役となってその後全米で教育改革が展開されることとなる。同委員会は教育省長官の諮問機関として位置づけられながら、当時の大統領であるロナルド・レーガンは政府の諮問機関として任命することを拒否したことでも知られる。

　テレル・ベルの危機感の背後にあったのは、1970年代から1980年初頭にかけての通商、産業、科学技術におけるアメリカの国際競争力の低下であった。例えば1970年代に入り日本とドイツの自動車産業を中心とする製造業の成長は目覚ましく、市場は拡大し貿易が急成長した。1978年には日本の輸出貿易総額がアメリカを上回り、それまでトップを走っていたアメリカはこの問題に真剣に

---

9 ）同報告書は下記の合衆国教育省のサイトで要約が入手できる。
https://www2.ed.gov/pubs/NatAtRisk/index.html〈2021年10月 1 日閲覧〉

向き合わざるを得なくなる[10]。ドイツと日本はともに、第二次世界大戦の敗戦国である。その二国がわずか数十年の間に急速に経済力を伸ばしたのはなぜか。特に日本は天然資源が乏しい小国でありながらなぜアメリカが引けを取る状況に至ったかと問い、そこで着目したのが物的資源ではなく人的資源であり、初等・中等教育の実践と成果であった。当時日本は国際学力テストのスコアを伸ばしており、特に算数ではトップにあった。アメリカは、国民の多くが均質に順当な基礎能力を有していないことが「国家の危機」であるとし、特に小・中・高における学校教育の向上を全国に求めたのである。

　「優れた教育に関する全国審議会」に委託された調査は、全米の初等から高等教育までの教育と学習の実態を、競争他国と比較して明らかにすることであった。調査の結果を要約すると、1972年の学力国際比較でアメリカの生徒の学力は他の工業国に比べて多くの科目において下位であったこと、成人を含め特にマイノリティー学生における識字率が極めて低いこと、Scholastic Aptitude Test〈SAT〉（大学進学適正テスト）のスコアが1963年から1980年にかけて一貫して低下していること、科学能力の全国評価についても1960年代後半から10年間にわたる3度のテストにおいて毎回低下していること、これらの事実を産業並びに軍の指導者たちが国家の深刻な問題として認識していることなどが具体的数値を挙げて述べられている。これを受けて提案されたのは、高校の卒業要件の強化、大学の入学基準の高度化、教育評価基準の明確化、授業時間数の増強、教員の質改善と社会的地位の向上、これらの改革を実現するための指導と財政援助であった。

　この答申の後、他の教育政策同様改革の主体は州議会に移され、各州において具体的な実践が展開されることとなった。アメリカは改革の遂行に際し、ほぼ例外なく並行あるいは追随して改革の効果を測定する評価プロジェクトを走らせる。上記の改革項目の詳細において、どの実践がどれほどの効果を上げたのかを定量的に測定することになり、そこに教育経済学が関わった。また、その評価結果をもとに、教育予算の対象と適正配分額を算定する工程にも教育経済学の枠組みと手法が活用された。

10）製造業を中心とする国際競争力をめぐる危機意識とアメリカの対策については、（Dertouzos, Solow & Lester, 1989）が詳しい。これについては、邦語訳版（ダートウゾス、レスター & ソロー, 1990）が出版されている。

この頃は連邦による時系列データの収集が活発になった時期でもあり、データの充実によって教育経済学の主要分析方法である時系列定量分析に拍車がかかった。例えば「全米青少年パネル調査（The National Longitudinal Survey of Youth 1979〈NLSY79〉）」は合衆国労働省が1979年から収集をはじめた時系列データであり、1957年から1964年に生まれた12,686人の男女を対象に、教育から就業経験の経過を追跡調査している。これに続き教育省による「全米教育パネル調査88年度以降版（National Education Longitudinal Study〈NELS88〉」、「後期中等教育後調査（Beginning Postsecondary Students〈BPS〉）」など、教育に関連する全国データベースが次々と構築された。アメリカでは然るべき申請手続きを踏むことによって、これらのデータを比較的容易に使用することができる。大学の研究者を中心に、教育と労働市場を関連づける時系列分析が活発に繰り広げられ、学術的にも定量分析の成果が充実した時代を迎えた。事実1980年代は教育経済学分野の論文件数が目覚ましく増加している。1965年に創設された人的資源の論文を掲載する学術専門誌である *The Journal of Human Resources* では1980年代の論文の七割以上が教育に関わる内容であった。1981年には、教育経済学研究の学術専門誌である *Economics of Education Review* が発刊された。

　1980年代の「危機に立つ国家」を契機とした教育経済学の発展は、1960年代の人的資本論の線上にあったといっていいだろう。しかしながら両者の教育経済学研究における目的と対象は同じではない。前者は経済的弱者の救済や格差の是正に主眼を置き、教育と経済との関連性を明らかにしたうえで、結果的に彼らへの教育投資がもたらす経済効果を促したものであった。これに対して後者は、通商、産業、科学技術等におけるアメリカの国際競争力を上げることが主題であり、そのためには教育をどのように改革すればよいのかという問いに答える研究が求められた。教育経済学の発展初期に比べると、労働政策や産業政策のための教育力の強化という側面が表れている。またデータが充実し統計分析手法の技術が発展したことによって、教育の費用対効果をはじめとする研究が充実し、また定着した。1980年代の教育経済学は学校運営の細部に至る教育効果の検証が展開された新たな段階に入ったといえる。

2-4　スキル偏向的技術進歩

　1990年代、米国は1980年代の経済不振から抜け出し長期の経済成長期に入る。この成長は人的資本及びイノベーション等の研究開発への投資によるところが大きかった。知識や技術の進歩によって内生的に経済が成長し、その外部効果と相まって急速な発展がもたらされたとされる[11]。なかでも官民一体となって進めた「IT革命」として知られる情報技術開発の成果は目覚ましく、高技能者の養成・輩出によってサービス産業を軸とする経済成長が定着した。1991年、当時上院議員で後にクリントン政権の副大統領となるアル・ゴアが打ち出した「情報スーパー・ハイウェイ構想」は、1993年に入りウィリアム・クリントンが政権に就いた後に正式名を「全米情報基盤（National Information Infrastructure）」構想として発展的に展開される。同計画の要は、光ファイバーを伝送路として一般個人宅へ直接引き込む、Fiber to the Home〈FTTH〉であった。「2015年までにすべての家庭、企業、研究所、教室、図書館を結ぶ情報ネットワークを構築する」計画である。実際にはそれより早く10年ほどでほぼ全米に光通信網が張り巡らされ、インターネットが急速に普及した。むろんこれはアメリカに限ったことではない。クリントンは国内で情報基盤構想の構築を進める一方で、1994年には「グローバル情報基盤（Global Information Infrastructure）」を提唱し、その基本構想を1995年２月にブリュッセルで開催された「情報社会に関するG7閣僚会議」で発表、その実践について参加各国の基本的合意を得る。これ以降、高度情報化社会の構築は世界的展開となった。

　このようなIT革命を軸とする技術発展の急速な進行は教育面に二つの影響をもたらした。一つ目が、技術革新を担う人材に加えてその技術を活用できる人材を養成・輩出することが求められたこと、二つ目が、技術の発展が急速であったがゆえに、技術を創造・生産しあるいは活用できる者とできない者との間に教育経験に基づく技能的格差が生じ、それは経済格差へとつながったことである。1990年代終盤から2000年代における技術革新の特徴は、Skill-Biased Technological Change〈SBTC〉と呼ばれる。日本では「スキル偏向的技術進

11）内生的成長理論は1960年代にArrow（1962）、Uzawa（1965）らによってその基盤がつくられ、1980年代にRomer（1986）、Lucas（1988）などによって確立された。

歩」と訳され、日本の所得格差との関係を中心に理論、実証両面で研究が行われている[12]。スキル偏向的技術進歩とは、低技能者よりも高技能者の相対的生産性が伸びまた労働需要も高まるような技術進歩のことをいう[13]。そのような技術は高技能者の生産と代替ではなく補完関係にあり、技能が高い者ほどより高度な技術を生みまた活用する。労働市場における高技能者への需要が高まることから、彼らの賃金は低技能者の賃金よりも相対的に高くなっていく。ここでいう「スキル」とは科学技術分野に特化したスキルのみを指すわけではない。高技術を活用できるという観点からは、むしろ応用力、柔軟性、問題解決への意欲、モチベーションなどいわば「非認知能力」といえる能力が多分に含まれる。研究者の多くはこれらの能力の有無を学歴に置き換え、高学歴者需要の高まりを指摘した。これだけが理由ではないにしろ、結果として高等教育進学率は上昇した。このことはアメリカのみならずほぼすべての開発国で見られた現象である。

　しかし、急速なスキル偏向的技術進歩がもたらしたより深刻な影響は、高技能者と低技能者の間に生じた教育格差とそれに基づく経済格差の拡大であった。この頃多くの労働経済学や産業経済学の分野で、1980年から2000年代にかけて急速に拡大した所得格差の要因分析が行われている。アメリカでは、高額所得者トップ１％の全国民所得に占める所得割合が1980年は10％であったが2007年には23.5％にまで達した[14]。その理由として、技能労働者の国際化、情報技術の発展に伴う技能の高度化、競争による貧富の拡大、非熟練移民労働者の増加、労働組合の弱体化等が考えられ、多くの研究と論争が展開された。その結果、現在では所得格差拡大の最大の理由はスキル偏向的技術進歩とそれに伴う学歴格差であるとの結論でほぼ同意が得られている[15]。

　1980年から2000年にかけての急速な技術発展とそれに伴う高度な技能の要請、そしてそれがもたらした学歴に基づく経済格差は、多くの経済学者の研究課題となると同時に、教育経済学の研究対象範囲も拡大した。教育と技術開発

---

12) 櫻井（2011）など。

13) Violante（2008）の定義を参考にしている。

14) UC バークレイの経済学者であるエマニュエル・サエズ（Emmanuel Saez）はアメリカと世界の格差について包括的な研究を行い、次のサイトで情報を広く公開している。https://inequality.org/facts/income-inequality/〈2020年5月12日閲覧〉

の関係に関する研究も新たな側面を迎えた。それまでは教育により技術力が高まり経済力も向上するという因果関係に基づく見地から研究が行われていたが、1980年以降はこれに加えて、技術革新に伴う労働市場の変化とそれに対応する教育の役割という、産業のニーズに着地点を置く教育の在り方を問う研究が増える。学校から職場への移行（School to work）に焦点をあてた研究がアメリカをはじめ日本を含む開発国ではじまったのもこの時期である。技術が急速に変化するなかにおいて職場で求められる技能を明確に定義し、それを文章化して定期的に更新し広く公開する。それを参考に、ニーズが高まりそうな職種を意識しつつ学生は専攻する学問分野を選び、就労者は転職等の際に再教育を受ける。これら職業に関する情報については、アメリカでは合衆国労働省統計局が *Occupational Outlook Handbook* を1948年から出版していた。1980年代に入ると、職業情報（労働条件、仕事の特徴、収入、その職業に必要な教育と訓練）は具体化し、1998年には職能情報をより詳細かつ敏速に配信する O*NET（Occupational Information Network）が一般に公開されることとなる。このような動向はアメリカのみならず世界的動向であり、OECD は1983年に *Employment Outlook* の初版を発行した[16]。

2-5　知識基盤経済・社会

　最近の教育経済学活用の背景として、急速な国際化と技術革新とともに進行した知識基盤経済の浸透が挙げられよう。知識基盤経済（「Knowledge-based economy」あるいは「Knowledge economy」）とは、知識に基づく経済的生産あるいはその利益の拡大を意味する。この用語と概念自体は1960年終盤にピー

---

15) Autor, Katz & Krueger（1998）は1970年から1996年までのデータをもとに高技能者を求める産業が増えたことで大学卒業者の労働需要が増加し、その傾向は1970年以降特に電算に関連する産業において顕著であったとしている。Berman, Bound & Griliches（1994）はアメリカの製造業に焦点をあて、1980年代の技術変化により低技能者の需要は減少する一方、高技能者の需要が増加したことを示している。Berman, Bound & Machin（1998）は同様の傾向を、日本を含む主要開発国すべてについて確認している。

16) 日本では厚生労働省が「日本版 O-NET」として「職業情報提供サイト」を2020年3月19日よりオープンした。https://shigoto.mhlw.go.jp/User〈2020年5月12日閲覧〉このサイトで、「仕事内容や求められる知識・スキル等から職業の情報を検索・参照」することができ「職業の概要から、就業するまでの基本情報、職業の特徴や能力の数値化など」を提供している。詳細は第10章「『学び直し』の経済学」で述べる。

ター・ドラッガーによって発表されていた[17]。1990年代の技術革新と2000年以降の国際化を経て、いよいよ予測されていた事態が現実になったともいえる。日本では2005年に文部科学省が公表した中央教育審議会答申『我が国の高等教育の将来像』がその冒頭で知識基盤社会について言及した。「21世紀は「知識基盤社会」（knowledge-based society）の時代であるといわれている。これからの「知識基盤社会」においては、高等教育を含めた教育は、個人の人格の形成の上でも、社会・経済・文化の発展・振興や国際競争力の確保等の国家戦略の上でも、極めて重要である」としており、高等教育を軸とした、教育の社会的経済的役割が強調されている。

　ここで注目したいのは、本答申でも言及している欧州連合（EU）が進めた高等教育改革を軸とした人的資本計画である。EU が高等教育に焦点をあてたのは、（1）他の教育課程に比較して地域性が弱く流動性が高い、（2）技術革新に直結し、技術と知識移転を促進する、（3）あらゆる国際化が進行するなかで高等教育の「ヨーロッパ化」を進め、域内及び域外両面で「競争」と「協調」を展開して教育の高度化を急ぐ、などの理由があった。EU は国家間交流を活性・拡大し、大学を中心に人の流動性を高めて人材の高度化を目指した。その影響は日本を含め世界的に拡大した。パリに本部を置く OECD の経済学者及び統計学者は、この頃より教育が持つ経済的な効果や影響について調査・分析を深めることとなる。例えば OECD では加盟各国の教育実態の統計を *Education at a Glance* に毎年まとめて出版しているが、2000年に入り本格的に教育の費用と便益に関する分析を進め、高等教育の内部収益率については2002年に分析結果の公開をはじめ、2005年にはほぼすべての加盟国の内部収益率を概算することに成功している[18]。

　このような高等教育改革を軸とする人的資本計画は1999年のボローニャ宣言を一つの契機として2000年代から2010年代に大きく動いたといってよい。図表

---

17) Drucker（2017）の第 4 部（Part Four）The Knowledge Society の12章 The Knowledge Economy に述べられている。邦語訳では、ドラッカー（1969）を参照されたい。

18) *Education at a Glance* が現在の出版様式になったのは1998年からであり、これ以降の報告書については OECD の専用サイトで電子版を入手することができる。入手できる最も古い書籍は1990年で名称を *Education at a Glance: Analysis* というタイトルで出版されているが現在の様式とは大きく異なる。

図表 1-2　欧州連合の人材開発・教育分野の改革の流れ

統合政策全般	人材開発・教育分野
・欧州石炭鉄鋼共同体　　　　（1951）	
	・高等教育の欧州連合に関する三つの協定
	1）大学入学資格　　（1953）
	2）修学期間　　　　（1956）
・欧州経済・原子力共同体　（1958）	3）学術的認定　　　（1959）
・欧州共同体　　　　　　　（1967）	
	・欧州教育大臣会合　　（1971）
	・共同学習計画　　　　（1976）
・単一市場の設立　　　　　（1986）	・エラスムス計画　　　（1987）
・マーストリヒト条約　　　（1991）	
・欧州連合　　　　　　　　（1993）	
	・ソクラテス計画としてのエラスムス計画（1995）
	・ソルボンヌ宣言（1998）
・通貨統合　　　　　　　　（1999）	・ボローニャ宣言（1999）≪ケルン共同宣言≫
	・リスボン戦略　　（2000）
	・Education and Training 2010（2002）
・連携領域の周辺拡大　　　（2004）	・高等教育圏の発足（2010）と2020年を新たな
	ターゲットに諸活動の拡充
	・ホライズン・ヨーロッパ（2021～2027）

1-2の右枠に、年代を追って EU の人材開発・教育分野の改革を象徴する代表的な協定、計画、宣言を示した。左枠には欧州連合全体の政策の流れと対応させるために代表的な統合政策を示した。

「高等教育の欧州連合に関する三つの協定」に見られるように、1950年代の欧州共同体構想がはじまる早い段階から教育に関する連携はあった。しかし、大学進学者もまだ少なく、「物、人、金」をめぐる統合整備のなか、物流や金融とそれを支える法基盤の整備に比べると人の交流のための整備は遅れていた。欧州共同体の発足からしばらくの間は教育連携が組織的に展開されていたとは言い難い。それが1990年代終盤から高等教育を中心とした教育や訓練の統合基盤形成が急速に進展した[19]。次に挙げるような背景があり、大学への期待が高まったことがわかる。

（1）知識基盤社会の進展に伴い高技能者層の流動性を活発にし、欧州全体の

19）欧州の高等教育改革の初期については、タイヒラー（2006）を参考にされたい。教育・訓練統合の背景については松塚（2012; 2014）がある。

知識と技術の底上げをはかる必要があった。

（2）学位や資格について、アメリカの基準が「国際基準」となることへの危
　　機感があり、教育の枠組みにおいて欧州連合の国際競争力強化が問われ
　　ていた。

（3）「人」の流動（統合）において大学機関の貢献不足が指摘されていた。

　高等教育をめぐる統合基盤形成は、先進諸国の高等教育進学者が量的に拡大
したことによって大学教育が市民にとって身近になったこと[20]、高等教育が
公費で賄われていた欧州において高等教育の質保証とアカウンタビリティーの
要請が高まったこと、更に大学教育とリカレント教育を中心とする生涯教育を
つなぐことによって学び続ける社会（Learning society）を形成しようとする
動きができたことで、大きな流れとなって進んだ[21]。

　1990年後半から大きく動いた欧州の高等教育改革の趣旨や目的は主要なイニ
シアチブに伴う宣言や主文に明文化されている。以下にそれらの主文を抜粋し
よう[22]。

ソルボンヌ宣言（1998年）

共通の参照の枠組みを推進するために、外部認証を改善し、学生の雇用可
能性と移動を容易にすることを検討し、欧州市民のために教育を絶えず改
善し更新することによって世界におけるヨーロッパの立場を強固なものに
する。

ボローニャ・プロセス（1999年〜2010年）

欧州高等教育圏を設置して学生や研究者の流動を促し、欧州高等教育機関
の魅力を高め、欧州の高等教育をより魅力的にして世界的競争力を高め
る。

20）欧州主要各国の高等教育はこの時期、マーチン・トロウ（Trow, 1972）のいうマス
　　（50％未満）からユニバーサル段階（50％以上）にあった。トロウが提唱した高等教育の
　　発展段階説については、トロウ（1976）を参照されたい。
21）生涯教育・学習、リカレント教育・学習については、第10章「『学び直し』の経済学」
　　で具体的に考察したい。
22）各宣言当時の公式サイトから抜粋し筆者が翻訳した。

ケルン憲章（1999年）

教育と技能は経済的成功、社会的責任、社会的連帯を実現するうえで不可
欠である。来世紀は柔軟性と変化の世紀と定義され、流動性への要請が高
まる……教育と生涯教育は流動性へのパスポートとなるだろう。

リスボン戦略（2000年）

欧州を、雇用機会・質の向上と社会的連帯強化を伴う持続可能な経済成長
を可能とする、最も競争力と活力を有する知識基盤経済とする。

　これらには共通のキーワードがある。「質保証」「流動化」「雇用促進」であ
る。ケルン憲章とリスボン戦略では特に「経済的成功」や「経済成長」が明確
な目的として掲げられている。ボローニャ・プロセスは2000年にリスボン戦略
のなかに位置づけられるが、このことは高等教育改革の経済政策としての側面
が強化された表れといえるだろう。ボローニャ・プロセスは欧州圏のみならず
世界的にインパクトをもたらした[23]。プロセスを構成あるいは並走する「エ
ラスムス計画」などの学生や教職員の留学・研修・研究交流、単位互換と累積
制度、学位認証制度、質保証の枠組み、「チューニング」として知られるカリ
キュラムの大学間相互認証基盤の整備はすべて世界主要国において研究され、
またなんらかのかたちで制度的あるいは実践的に導入された。アジア圏におい
ても、2010年に立ち上げられた日中韓共同の「キャンパス・アジア」は欧州高
等教育圏を参考に、東アジア高等教育圏を目指した構想であった[24]。

2-6　学際的学問としての教育経済学

　アメリカを発展の土壌とした教育経済学はイギリスをはじめとする欧州諸国

23）Neave & Maassen（2007）はボローニャ・プロセスをヨーロッパの900年間の大学の歴
　史において起こりつつある最も重要な改革と評し、Adelman（2009）は、ボローニャ・
　プロセスはこれまでの歴史のなかで最も影響力のある野心的構想であり、今後20年間に世
　界の高等教育モデルを支配するだろうと著した。

24）ボローニャ・プロセスに焦点をあてた欧州人的資本計画の世界的位置づけと波及性につ
　いては松塚（2012; 2014）を、「ボローニャ・プロセスへの大学の貢献」と位置づけられ
　る「チューニング」については、ゴンサレス & ワーヘナール（2012）を、アジアの高等
　教育圏構想については堀田（2011; 2016）を参照されたい。

でも研究が進み、教育の分野では大学の正規科目として定着し、一つの学問領域として学位につながる課程が設置運営されている。アジアでは中国、シンガポール等で研究と教育の体制が整っている。これらのアジア諸国はアメリカに留学生を送り、帰国者を迎え入れ、時に呼び戻して、研究を奨励している。帰国者の多くは大学の教員として、また教育省などの官公庁に勤務し、自国の教育行政や教育改革に直接・間接的に関わっている。

　しかし、世界全体を見わたすと教育経済学が大学の正課科目として定着しているとは言い難い。その理由として、教育を経済的観点から語ること、つまり、教育の量や質、結果に金銭的価値を関連づけることへの違和感が指摘される。教育の現場で日々児童に接している教師は特にそうであろうし、その受け止めはむしろ尊重すべきであろう。おそらく世界のどの国においても「教育とは」という議論は存在しても、その経済的効果はあくまでも結果として発生するものであり、経済効果を上げるための教育という前提に立つものではない。多くの場合、教育は教育を受けること自体に意義があり、その数ある結果の一つが経済的に表現されるに過ぎない。この見解は教育経済学者にとっても同じであろう。アメリカを中心に展開された教育経済学研究は教育を経済学的観点から分析・検証するうえで、適用する理論の妥当性や検証結果の信頼性を問いつつ、研究の結果から示唆を得ようとする。教育がかくあるべきというような主張や提言をすることはない。

　ドクトリンへと到達しないのは学際的学問の特徴かもしれない。実際、複数の学問（ここでは教育学と経済学）の接点が不安定な場合、教育経済学の学問としての確立が困難なことをヘンリー・レビン（Levin, 1989）とエルチャナン・コーン、テリー・ジェスク（Cohn & Geske, 1990）は指摘している。教育について学術的知見を有するのは教育学者である。経済学者にとって教育という事象はいわば研究対象である。それにもかかわらず、いやそれがゆえに、この両者は接点が希薄であったとレビン、コーン、ジェスクは述べる。経済学者は心理学者、社会学者、人類学者、民俗学者などに比して教育学部に配されることはほぼ無く、額を合わせた共同研究の例はあまり見られない。一方経済学部においては教育学者を想定して研究報告書や論文を執筆することは稀であり、教育経済学の研究に関する論文の多くは経済学誌に掲載され、専門的経済理論や数理モデルが専門外の者に読まれることを想定していない。教育学者が

経済学者の研究成果に目を通す機会も少なく、その結果、教育に関する経済学的研究は難解かつ不可解なものと捉えられ、教育学、そして経済学両方において確かな位置づけを得られない場合が指摘されている。

　日本の教育経済学に関わる研究はアメリカの勃興期である1960年代初頭から着手された。その特徴を小林（1994）は「日本では教育経済学は経済学者、経済学の学会ではなく、教育社会学者、教育社会学の学会によって導入され、その後も、教育社会学者によって、独自の発展をとげた。これは、アメリカの場合には、そしておそらく他の諸国にはみられない日本の独自の展開である（p. 20）」と記している。確かに教育社会学の領域では1960年代から教育経済学に関連する研究成果が発表されている。例えば潮木（1962）は1950年代に遡って教育財政分析の確立へとつながったヨーロッパ諸国の「教育計画」の諸理論と分析について論じている。市川（1963）は人的資本論に焦点をあててアメリカ勃興期の教育経済学について批判的考察を行っている。清水義弘は日本の教育経済学の牽引者的存在であったといわれるが、Schultz（1963）を邦訳出版するとともに（シュルツ, 1964）、自らも『教育計画』を著わし、将来の社会・経済の発展を見据えた教育の定量的分析、将来予測、戦略の決定と教育の実施計画の作成を促した（清水・天城, 1968）。

　1970年代に入ると経済学者の嘉治元郎が、井上毅、市川昭午とともに『教育と経済』を著した（嘉治, 1970）。その後2000年代に至るまで経済学者を中心とする教育と経済の関係をめぐる研究は速度を速めたといえる。その多くがミクロ・マクロ経済学の基礎理論、内生的経済成長論、公共経済学、労働経済学、産業構造論等に基づく教育の経済学的考察であり、研究の方法論という点ではアメリカの教育経済学研究と方向を一にしていたといってよい[25]。教育社会学者による教育経済学研究も一層の進展を遂げ、教育の政策と実践に直接的・間接的示唆を与えた[26]。1990年代以降は、高等教育を対象とした分析が

25）経済学者による研究として、荒井（1995; 2002）は、大学進学率が急速に上昇する時代の日本の大学進学行動を教育経済学で定着している理論及び実証方法を用いて分析している。白井（1991）は、教育の機会や所得分配に特に注目して教育経済学を論じている。小塩（2002）は、日本の教育をめぐる様々な問題をオーソドックスな経済学の理論と手法を用いて検討し、小塩（2003）は「学力低下」や「ゆとり教育」など当時の日本の課題を具体的に解説し改革の方向を示している。

盛んになる。高等教育の進学者急増による予算のひっ迫と、教育の質保証をはじめとする大学教育改革の求めを受け、教育経済学の実証的分析手法は高等教育研究に多用されることとなった[27]。

　教育学研究者による教育経済学に関する評価や考察も行われている。橋野（2019）は、教育経済学分野の研究方法と知見を整理し、「教育学研究者は経済学にどう向き合うか」を論じている。教育経済学のなしうることについて、同分野が重視するデータ主導の実証研究を「単なる『教育のデータ分析』に矮小化して受容されるべきではない」こと、因果関係等の解明にとどまらず意思決定や政策合意への過程における「解釈、アブダクション、外的妥当性の検討というプロセスにおいてこそ経済学が見いだされるべきである」こと、これらのプロセスは研究対象に対する「理論的・経験的洞察に強く依存するのであり、その点において教育学領域の知見が不可欠である」ことを説いている（pp. 352-353）。実際、教育の公共性、財政、運営、改革をめぐる青木（2004; 2019）の研究などは、経済学で培われてきた観点や実証方法と共鳴する点が少なくない。

　近年は複数の学問が交差する「学際領域」の研究が必須となっている。私たちを囲む問題は日々複雑になり、単一の問題に見えても複数の問題が絡み合っており、限られた分野枠内の研究で解決することが困難になっている。この点で、教育経済学は時代の求めに応じて発展した学問といえよう。アメリカでの発展を振り返ると、1960年代の「貧困との戦い」のように経済格差拡大の是正に教育が寄与できるとされたとき、1980年代に国際経済を意識した教育改革が求められるとの見解に達したとき、1990年代以降のように教育が経済格差の媒体となっていることが明らかになったとき、2000年以降世界的に知識基盤社会・経済の構築が求められたとき、これらの問題や課題はすべて教育学の分野

---

26) 市川・菊池・矢野（1982）は、「教育研究者の立場から経済的観点に教育的視点を加えた複眼的考察」（まえがき）を通して、日本の教育が当面する経済的諸問題を教育関係者に向けてわかりやすく解説したものとなっている。また、市川編（1987）は、1980年から1982年にかけて国立教育研究所が行った研究プロジェクト「教育の社会的効果の評価分析」を取りまとめたものであるが、学校教育の社会的効果を具体的に検討した初期の研究成果として注目される。

27) 高等教育研究における教育経済学的分析手法を用いた分析事例・成果は第2章と第3章で紹介する。

図表1-3　教育経済学のテーマ

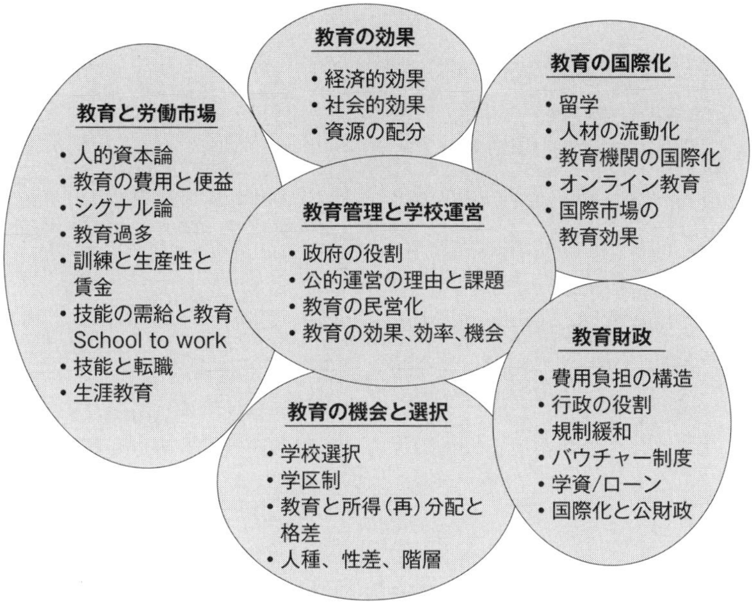

と経済学の分野両方の知見を集約し、融合させ、解決あるいは対応方法を導き出さなくてはならなかった。「はじめに」の冒頭に挙げたシュルツの言葉を借りるなら、上記の状況はすべて「不均衡」が発生した状態であり、その変化を的確に察知・対応し、時間をかけずに解決する手法を探ることが、教育と経済を研究する者に求められたのである。

3 教育経済学のテーマ

　以上のような目的と必要性を包含し、教育経済学の研究及び学習のテーマを、「教育の効果」、「教育と労働市場」、「教育管理と学校運営」「教育の機会と選択」、「教育の国際化」「教育財政」の六つに分類する。それぞれのテーマにはいくつかの重要な課題と論点があり、マッピングすると図表1-3のように表現することができる。その概要を説明しつつ、本書の構成を示す。

3-1　教育の効果

　「教育の効果」をめぐる考察は教育経済学を生み出すもととなった中核的な研究テーマである。教育は知識や技能に加え、教養、思考力、問題解決力を私たちにもたらし、個人の生活と社会を豊かにする。教育を経ることによって私たちは安定した雇用や収入を得られる傾向にあり、これらは経済的な効果と認められる。社会的効果については定量化し得る効果とし得ない効果に大別できる。定量化できる効果には、国民の所得が上昇することによる税収入の上昇、失業保険給付の減少、技術革新による国家経済の発展、犯罪件数の低下による治安費の軽減や国民医療保険給付の減少などがある。そして定量化が難しい効果には、民主主義的思考形成、多様性の尊重、自然や環境に対する配慮などが挙げられ、これらの効果は更に紛争や環境破壊を避け持続可能な社会の実現へとつながるとされる。

　私たちが教育に私財も公財も充てるのは、これらの貢献を経験的にも統計的にも認識してのことであろう。しかし資源には限りがあるため、どの程度の資源を教育に配分するかというジレンマと向き合うことになる。よって、教育計画における資源配分の検討は教育経済学において専門的かつ実践的な研究課題である。公的資源配分においては、セクター間の予算計画とセクター内の予算計画に分けて考える。教育セクターにおける支出内容や予算は、他の公的予算を要するセクターと対比させながら決定される。福祉や健康、公共交通機関、防衛、治安などは教育と同様いずれも私たちの生活に欠くべからざるサービスであり、教育への予算はそれらとのバランスを考慮しながら配分される。教育に予算が配分された後は、教育セクター内でその予算をいかに効果的に活用するかが課題となる。初等・中等・高等などの課程間で配分の検討があるだろうし、高等教育の場合であれば、職業技能的教育に対して学術的教育、専門教育に対して教養教育などの検討やより細分化した分野間の検討もあるだろう。更に、教育の現場において学校運営の観点から同様の資源配分の検討が必要となる。教育を構成する諸々の要素、つまり教育施設、教員の給与、参考書、就学支援等々に、どのように予算を配分するかを具体的に検討する。このような、教育の効果及びそれに基づく資源配分については第2章で扱う。効果が明らかにされた経緯、経済効果を計測する方法、効果を資源配分へとつなげる工程、

そしてその問題点と課題を含めて考察したい。

3-2 教育と労働市場

　教育は個人の経済的な安定と社会的厚生をもたらすという観点から、教育経済学では教育と労働市場との関係を研究の軸とする。なぜなら、近代社会にあっては、個人と社会の豊かさは職業や企業活動と不可分の関係にあるからである。教育を受け学習を継続することによって知識、技能、生産性そして賃金が向上し経済成長につながるとする理論を「人的資本論」という。初期の教育経済学では「人的資本論」をバックボーンとする研究が主流を占める。本書ではその流れを汲みつつ、労働経済学、内生的経済成長論、産業構造論、ミクロ経済学を応用して考察を展開する。

　人的資本論については一つの章（第3章）をあてて詳細に考察したい。1960年代以来継続して進められてきた人的資本の推計方法と推計結果についてもここで解説し、国際比較を交えて日本の特徴を概観したい。むろん、人的資本論が教育と労働市場との関係すべてを説明するわけではない。高学歴者の労働市場における優位性を相対的生産性の高さによるものとせず、高学歴即ち有能であると発信することで優位性を獲得するとするシグナリング理論も教育と労働市場をめぐる主要な研究テーマである。また、労働市場における賃金が実質的生産性を反映していない状態もある。その背後に、既存の労働市場で必ずしも必要ではない教育量を有した人口が増える「Over education（教育過剰）」が発生しているとすれば、これも教育と労働市場をめぐる深刻な問題となる。このような教育、生産性、労働条件に関係する諸理論と事例を第4章で考察する。

　第5章では、産業構造論や基礎ミクロ経済学の応用的考察を加え、学校教育後の技能形成に焦点をあてて教育と労働市場との関係を考える。例えば、人的資本論に産業構造論を組み合わせることによって、訓練と生産性と賃金の関係分析に雇用の継続・断続性をつなげることができる。更に、景気循環や産業構造の変化に伴う労働需給のシフトを市場原理を用いて検討しつつ、教育や訓練機関に求められる人材あるいは技能養成の在り方、学校から職場への接続性や移行の在り方（School to work）、技能種と転職との関係について考察することも必要である。これらの考察は、技能を獲得するうえで、誰がその費用を支払

うべきかという問題に関わってくる。産業構造の変化、景気変動、社会の高齢化、国際化など現代的課題に向かい合うために必須の研究課題である。

　求められる技能が変化し転職の機会が増えれば、職と職の間を埋める新たな学びが必要となる。社会の高齢化と少子化のなかで労働力需要を満たすためには「新たな学び」が繰り返されることとなり「生涯教育」の求めにつながる。また、教育も労働市場も国際化が進むなか、多様な価値観と方法に基づく多彩な学びの機会が期待される。これらの課題は教育経済学が貢献できる領域にあり、第10章で「『学び直し』の経済学」として論ずる。

3-3　教育管理と学校運営

　教育経済学は更に、実務的に担われてきた教育管理と学校運営について、理論的、科学的な分析を行い、合理的な示唆を提示する。その課題は、主に教育予算を負担する主体及び学校運営を行う制度と組織をめぐって研究されてきた。とりわけ教育における政府の役割はフリードマンが1962年に『資本主義と自由』（フリードマン, 2008）を発表して以来の継続的研究課題であり、歴史的経緯を踏まえて第6章で論ずる。教育は非競合的とはいえないものの、非排除性を有する場合があることから「準公共財」の性質を帯びる。特に義務教育については、マスグレイブのいう「メリット財」の扱いとなり、市場の原理や個人消費に委ねると寡少供給となる可能性がある。したがって教育から個人と社会が得られる恩恵を確かにするために政府の財政介入によって適正な教育量の確保が目指される（Musgrave, 1959）。

　しかし、政府による財政措置は妥当であるとしながらも、教育の管理運営を政府のもとに置くことの妥当性をフリードマンをはじめとする新自由主義派の経済学者は問うてきた。とりわけ個々の学校運営においては民間の手に委ね市場原理を導入することによって運営の効率を上げてより市場のニーズに即した効果的教育が提供できると主張する。実際、教育の民営化は過去5世紀以上にわたり世界的に進行している事実であり研究課題である。民営への移行は、民間資本による教育機関の増加、公設民営校の増加、教育への家計支出の上昇、そして学校選択機会の拡大などのかたちで着実に表出している。これらの実態を、世界と日本の学校民営化に焦点をあてて第7章で考察する。

3-4　教育の機会と選択

　教育の機会に関する研究は、先述の1960年代のアメリカにおける「貧困との戦い」に見られるように、教育経済学を必要とした課題であった。教育を受ければ受けるほど所得が高くなるという実態があるならば、教育を受けない、もしくは受ける機会を欠く子どもたちへの対策が不可欠となる。ここへの対処がなければ教育が媒介する格差は拡大する一方となる。教育の機会及び格差の研究では児童あるいは人口を一定のグループに分けて検討する。人種、性区別、経済的あるいは社会的背景や階層、地域差などが主たる対象となる。

　機会均等を達成しようとする教育制度も検証を要する。例えば、学区制の有無は教育格差と密接な関わりを持っている。学区制があると一定の地域内の学校に入学しなくてはならないが、地域内で子どもの学力が均等に散らばっている場合は理論上区内学校間の能力格差は生じにくい。一方、学区間の能力格差は広がる可能性がある。地域によって子どもの能力や親の財力に差がある場合は、学区間の移動を制限する制度によって、他のすべてが一定の場合地域格差は拡大する傾向となる。一方、学区制がすべて撤廃されると、多くの場合金銭的に余裕があり、教育に関心があり、情報量も多い親の子どもが、自由に学校を選択・登校することとなろう。自由に住居を変えることのできない家庭の子どもが一つ所にとどまることにより、地域間格差を一層拡大させる可能性がある。

　よって、学校選択の機会を与えることすなわち教育機会の充足とはならない。学校選択をめぐっては、フリードマンの提唱後世界的な論争が脈々と続けられてきた。学校を選択できるということは何を意味するのか、選択力の行使は何をもたらすのか。第8章ではこの問いに答えるために、学校選択の効果検証法を紹介しつつ、教育機会の平等性と公平性を考察したい。更に第9章では教育の機会と公平についてジェンダー格差に焦点をあてて掘り下げていく。

3-5　教育の国際化

　教育は本来ドメスティックな営みであるといわれる。児童の通学距離には限界があるため、中学あるいは高等学校までは住居からさほど遠くない学校に通う。しかし学年が進むにつれ活動の範囲は広くなり、大学進学後は留学の機会

も増え、国際的環境で教育を受けることが多くなる。教育の国際化を最も端的に表すのは留学であろう。国を越えて学ぶ学生の数は2000年以降急増している。そのこと自体教育経済学にとって関心の高い研究テーマであるが、留学の経済効果が検討対象になることによって教育経済学はマクロ経済学や国際財政学及び国際関係論などの新たな知見を必要とした。留学は社会を構成する人材の在り方に大きな影響を与える。例えば、留学で付加価値を得た個々人が留学先に留まり生産活動に就く事態は「ブレインドレイン（頭脳流出）」を伴う。つまりその人材を送り出した国は高度な人材を失うこととなり、国家経済の損失として捉え得る。受け入れ国においても労働人口と構成が変化し社会動態も変わることから、教育と人の国際移動の関連は経済的に大きな意味を持つ。学習する者の移動もさることながら、海外分校の設置など教育機関の移動も2000年代に入って急速に増えている。更に教育機関同士の姉妹校提携、留学協定、共同学位、連携学位など教育機関による国際化は増える一方である。MOOCs（Massive Open Online Courses）などのオンライン教育が発展すれば、国境の垣根はますます低くなることだろう。物理的な移動が無くともインターネット環境があれば、知識や情報は瞬時に国境を越えて往来する。第11章では教育の国際化について留学を中心にその現状を把握したうえで、学生と人材の国際移動の力学について経済学理論を用いて考察する。

3-6　教育財政

　教育は準公共財あるいはメリット財とされ、その費用負担は公私双方によるものとなる。そうすると、教育に充てる費用は行政と個人の間でどのように分担するのかといった問いに答える必要がある。国際化が進み人々が学び働く地が流動的になると、教育の費用と便益は国家間でどのように分担あるいは配分されれば良いのかという新たな問題も表出してくる。教育財政については財政学の観点から既に多くの研究業績がある。教育の費用負担と便益回収の構造に関する現代的課題を扱うのは教育経済学の主要な意義である。また財政の課題は教育経済学のほぼすべての研究テーマに関わるので、各章において財政に関する議論が適宜盛り込まれることになる。

　例えば教育費負担における行政の役割は、第6章の教育管理と学校運営における「政府の役割」に関する議論のなかに位置づける。規制緩和については、

第7章の教育の民営化の問題と併せて触れたい。バウチャー制度は学校選択の方法であり民営化の手段である。第7章の「教育の民営化」と第8章の「学校選択と教育機会の平等と公平」で言及したい。バウチャーの概念は教育財政の様々な側面で応用されている。例えばバウチャーを通して教育市場を建て直そうと提唱したのはフリードマンであったが、その概念は高等教育財政にも応用され、所得連動返済型学資ローン（Income contingent loan）もその例である。所得連動返済型学資ローンは、高等教育投資により産出されると想定される修学後の所得金額に応じて学生ローンを返済させる制度である。教育の国際化にも対応し得る可能性が指摘されており、教育の国際化をめぐる第11章及びこれからの教育経済学を考える第12章で考察したい。

　第12章では、まとめにかえて、今後の教育経済学研究の課題を考える。義務教育をはじめとする公教育は公財政により成り立ってきた。教育の民営化と国際化が進むなか、教育の内容と費用負担の構造は今後ますます変容するだろう。とりわけ人の移動が進むと費用負担国と受益国が乖離し、出生国における初等中等教育を含む公的教育投資が社会に還元されない事態が起こり得る。これまで教育への公的負担は、個々人が受けた教育による恩恵が個別あるいは集合的に納税者に還元されることを想定し行われてきた。オンライン学習をはじめとするヴァーチャル・モビリティーの進展によって教育の費用負担から便益配分への流れはますます見えにくくなる。これまで教育経済学が用いてきた教育の費用と便益の検証をはじめとする教育の経済効果研究の枠組みは柔軟な修正を問われるだろう。

　これらのテーマを扱うのが教育経済学である。本章は教育経済学の歴史と理論体系を概括的に示した。第2章以下で、それぞれのテーマについて、詳細に検討していくことにしよう。

参照文献

Adelman, C.（2009）*The Bologna Process for U. S. Eyes: Re-learning Higher Education in the Age of Convergence.* Washington, DC: Institute for Higher Education Policy.

Arrow, K. J.（1962）The Economic Implications of Learning by Doing. *The Review of Economic Studies*, 29(3), pp.155-173.

Autor, D. H., Katz, L. F. & Krueger, A. B.（1998）Computing Inequality: Have

Computers Changed the Labor Market? *Quarterly Journal of Economics*, 113(4), pp.1169–1214.

Becker, G. (1993) *Human Capital: A Theoretical and Empirical Analysis with Special Reference to Education, 3rd Edition.* Chicago: National Bureau of Economic Research.

Berman, E., Bound, J. & Griliches, Z. (1994) Changes in the Demand for Skilled Labor within U. S. Manufacturing: Evidence from the Annual Survey of Manufacturers. *The Quarterly Journal of Economics*, 109(2), pp.367–397.

Berman, E., Bound, J. & Machin, S. (1998) Implications of Skill-Biased Technological Change: International Evidence. *The Quarterly Journal of Economics*, 113(4), pp.1245–1279.

Blaug, M. (1975) The Economics of Education in English Classical Political Economy: A Re-examination. In A. S. Skinner & T. Wilson (eds.) *Essay on Adam Smith*, pp. 568–599, Oxford: Clarendon Press.

Cohn, E. & Geske, T. G. (1990) *The Economics of Education, 3rd Edition.* Oxford: Pergamon Press.

Coleman, J. S., Campbell, E. Q., Hobson, C. J., McPartland, J., Mood, A. M., Weinfeld, F. D. & York, R. L. (1966) *Equality of Education Opportunity.* Washington D.C.: National Center for Educational Statistics (DHEW/OE).

Committee on Education and Labor (1964) *Poverty in the United States: Committee on Education and Labor, House of Representatives Eighty-eight Congress Second Session.* Washington D.C.: U.S. Government Printing Office (April, 1964).

Dertouzos, M. L., Solow, R. M. & Lester, R. K. (1989) *Made in America: Regaining the Productive Edge.* Massachusetts: The MIT Press.

Drucker, P. F. (2017) *The Age of Discontinuity: Guidelines to our Changing Society.* New York: Routledge; 2nd edition.

Levin, H. M. (1989) Mapping Economics of Education: Introductory Essay. *Educational Researcher*, 18(4), pp.13–17.

Lucas, R. E., Jr. (1988) On the Mechanics of Economic Development. *Journal of Monetary Economics*, 22(1), pp.3–42.

Mincer, J. (1958) Investment in Human Capital and Personal income Distribution. *Journal of Political Economy* 66(4), pp.281–302.

Musgrave, R. A. (1957) A Multiple Theory of Budget Determination. *FinanzArchiv, New Series*, 25(1), pp.33–43.

Musgrave, R. A. (1959) *The Theory of Public finance: A Study in Public Economy.* New York: McGraw-Hill.

Neave, G. & Maassen, P. (2007) The Bologna Process: An Intergovernmental Policy Perspective. In P. Maassen & J. P. Olsen (eds.) *University Dynamics and European Integration*, pp.135-154, Springer.

OECD（2019）*OECD Economic Survey: Japan 2019.* Paris: OECD Publishing.

Romer, P. M.（1986）Increasing Returns and Longer-Run Growth. *Journal of Political Economy*, 94(5), pp.1002-1037.

Samuelson, P. A. & Nordhaus, W.（2009）*Economics.* 19th edition, New York: Macgraw Hill.

Schultz, T. W.（1992）Adam Smith and Human Capital. In M. E. Fry, *Adam Smith's Legacy: His Place in the Development of Modern Economics*, pp.133-143, London: Routledge.

Schultz, T. W.（1961）Investment in Human Capital. *American Economic Review* 5(1), pp.1-17.

Schultz, T. W.（1963）*The Economic Value of Education.* New York: Columbia University Press.

Smith, A.（1776）*An Inquiry into the Nature and Causes of the Wealth of Nations*, University of Chicago Press.

Spengler, J. J.（1977）Adam Smith on Human Capital. *The American Economic Review,* 67(1), pp.32-36.

The National Commission on Excellence in Education（1983）*A Nation at Risk: The Imperative for Educational reform.* Washington, D. C.: A Report to the Nation and the Secretary of Education, United States Department of Education.

Trow, M.（1972）The Expansion and Transformation of Higher Education. *International Review of Education*, 18(1), pp.61-84.

Uzawa, H.（1965）Optimum Technical Change in an Aggregative Model of Economic Growth. *International Economic Review*, 6(1), pp.18-31.

Violante, G. L.（2008）Skill-Biased Technical Change. In S. N. Durlauf & L. E. Blume（eds.）*The New Palgrave Dictionary of Economics.* London: Palgrave Macmillan.

青木栄一（2004）『教育行政の政府間関係』多賀出版。

青木栄一（2019）「第2章　教育政策――公益と個人の幸福は両立するのか」編著：松田憲忠・三田妃路佳『対立軸でみる公共政策』法律文化社。

荒井一博（1995）『教育の経済学――大学進学行動の分析』有斐閣。

荒井一博（2002）『教育の経済学・入門――公共心の教育はなぜ必要か』勁草書房。

市川昭午（1963）「教育投資論」を批判する――教育白書批判」『教育』13巻5号、pp.68-84。

市川昭午、菊池城司、矢野真和（1982）『教育の経済学』第一法規。

市川昭午（編）（1987）『教育の効果』東信堂。

潮木守一（1962）「教育計画の経済的基盤をめぐる諸理論――序論的考察」『教育社会学研究』第17集、pp.90-105。

小塩隆士（2002）『教育の経済分析』日本評論社。

小塩隆士（2003）『教育を経済学で考える』日本評論社。

嘉治元郎（1970）『教育と経済』第一法規。

小林雅之（1994）「日本における教育経済学の展開」『放送大学研究年報』第12号、pp.19-40。

ゴンサレス，フリア & ワーヘナール，ローベルト（著）、深堀聰子・竹中亨（訳）（2012）『欧州教育制度のチューニング――ボローニャ・プロセスへの大学の貢献』明石書店。

坂本幹雄（2005）「アダム・スミスの教育論」『通信教育部論集』創価大学通信教育部学会 8、pp.69-95。

坂本幹雄（2011）「アダムスミスの教育経済学」『通信教育部論集』創価大学通信教育部学会14、pp.27-46。

櫻井宏二郎（2011）『市場の力と日本の労働経済――技術進歩、グローバル化と格差』東京大学出版会。

サムエルソン，P. & ノードハウス，W.（著）、都留重人（訳）（1992）『サムエルソン経済学講義　上』岩波セミナーブックス、岩波書店。

サムエルソン，P. & ノードハウス，W.（著）、都留重人（訳）（1993）『サムエルソン経済学講義　下』岩波セミナーブックス、岩波書店。

清水義弘、天城勲（1968）『教育計画』第一法規。

白井正敏（1991）『教育経済学』中京大学経済学研究叢書、勁草書房。

シュルツ，セオドア・W.（著）、清水義弘（訳）（1964）『教育の経済価値』日本経済新聞社。

スミス，アダム（著）、山岡洋一（訳）（2007）『国富論――国の豊かさの本質と原因についての研究』日本経済新聞出版。

タイヒラー，ウルリッヒ（著）、馬越徹・吉川裕美子（訳）（2006）『ヨーロッパの高等教育改革』（高等教育シリーズ）玉川大学出版部。

ダートウゾス，マイケル・L.、レスター，リチャード・K. & ソロー，ロバート・M.（著）、依田直也（訳）（1990）『Made in America――アメリカ再生のための米日欧産業比較』草思社。

ドラッカー，P・F.（著）、林雄二郎（訳）（1969）「断絶の時代――来たるべき知識社会の構想」ダイヤモンド社。

トロウ，マーチン（著）、天野郁夫・喜多村知之（訳）（1976）『高学歴社会の大学――エリートからマスへ』東京大学出版会。

橋野晶寛（2019）「教育経済学――教育学研究者はどこに“経済学”を見出し、向き合うのか」編著：下司晶、丸山英樹、青木栄一、濱中淳子、仁平典宏、石井英真、岩下誠『教育学年報11 教育研究の新章（ニューチャプター）』pp.339-361、世織書房。

フリードマン，ミルトン（著）、村井章子（訳）（2008）『資本主義と自由』日経 BP社。

ベッカー，ゲーリー（著）、佐野陽子（訳）（1976）『人的資本――教育を中心とした

理論的・経験的分析』東洋経済新報社。

堀田泰司（2011）「東アジア地域における質の保証の伴った学生交流の挑戦と課題」『広島大学国際センター紀要』pp.67-78。

堀田泰司（2016）「学生交流政策と単位互換制度——欧州の"共に学ぶ"学生交流事業とアジアの挑戦」編著：松塚ゆかり『国際流動化時代の高等教育——人と知のモビリティーを担う大学』pp.173-195、ミネルヴァ書房。

松塚ゆかり（2012）「EU 人的資本計画の動向——基準共有と高度人材育成・獲得のメカニズム」編著：樋口美雄、財務省財務総合政策研究所『国際比較から見た日本の人材育成——グローバルに対応した高等教育・職業訓練とは』pp.47-68、日本経済評論社。

松塚ゆかり（2014）「ヨーロッパの高等教育政策」編著：大芝亮『ヨーロッパがつくる国際秩序』pp.173-196、ミネルヴァ書房。

ロビンズ、ライオネル（著）、小峰敦、大槻忠史（訳）（2016）『経済学の本質と意義』京都大学学術出版会。

第2章

教育の効果

　本章では、教育がもたらす経済及び社会的効果に焦点をあてる。はじめに教育の効果分析の枠組みを提示したうえで、教育の経済効果がいかにして明らかになったかを歴史的な経緯を交えて解説する。次いで教育の効果をもたらす要因を示し、それら要因への資源配分の在り方を検討する。

1 教育の効果分析の枠組み

　図表2-1は、学校教育を想定して「教育・学習を構成する要素」、「教育・学習」、「教育・学習がもたらす経済・社会的効果」の関係を示している。左手から見ていこう。教育や学習にはそれらをかたちづくる要素がある。ここでは学習する生徒や学生自身、教育を行う教師、教育や学習を管理あるいはサポートする職員、教育や学習に必用な施設、机や椅子、参考書や文具などの物品がそれにあたる。これらによって図の中央に位置する「教育・学習」という活動が実現する。そして、教育や学習の量や質は就労の機会や報酬に影響を与える。例えば、より多くの教育機会を得てより多くを学んだ者は、そうでなかった者

図表 2-1

と比べるとより安定した雇用の機会に恵まれ高い収入を得る傾向にある。更に、教育と就労の機会に恵まれた者は、修得した知識や技能を通して周囲の社会に貢献する。したがって、「教育・学習」は、右手に示す「教育・学習がもたらす経済・社会的効果」へとつながる。

　教育経済学では教育の効果や、教育の効果をもたらす要因について主に定量的手法を用いて実証的分析を行う。上記の連続性に基づけば、左から右への流れに即して、教育や学習がどのような要素によっていかに遂行され、どのような効果をもたらしたのかを明らかにすることとなるが、前者と後者は通常切り離して分析される。

　教育に関係する定量分析はアメリカにおいて、まず右手に示した教育経験と経済的効果の分析からはじめられた。アメリカでは1790年から国勢調査がはじまり、1900年代に入ると全国規模のデータ収集と活用が行われるようになった。第二次世界大戦後の1950年代から1960年代にはこれら既存データを活用した教育の経済効果に関する実証分析結果が数多く発表された。これに続いて左手に示す教育・学習を構成する要素が教育や学習活動に与える影響の分析が盛んになる。このような分析は機関レヴェルあるいは地域レヴェルのデータを要し、質問紙調査や目的に特化したデータ収集が必要となる。第１章で紹介した1960年代の「貧困との戦い」、1980年代の「危機に立つ国家」はまさにこれらの調査研究を政策的にも資金的にも可能とした国家計画であった。これにより、教育と学習の成果を上げるためにはこれらをかたちづくる人的・物的資源をどのように配置してそれぞれにどれほどの予算を充てるべきなのかという調査研究が1960年代以降に本格化し、1980年代にピークを迎えることとなる。

　次節では、教育及び学習がもたらす経済効果についてその測定方法を中心に説明する。1950年代から1960年代に発表された、教育には経済効果があるとの結論に至った研究と分析手法は後の教育経済学の礎といえる。教育の経済効果がいかに認識され実証的に導き出されたのかを振り返りたい。次いで、教育や学習を実現する要因に注目する。ここでは教育をかたちづくる物資・サービスと教育成果との関係を明らかにしようとする定量的分析方法を紹介するとともに、分析の結果が予算の配分へとつながる政策的工程を提示する。そしてその工程を踏んだ世界で初めての大掛かりな研究であった、ジェームス・コールマン（James S. Coleman）を代表者とする合衆国教育省による調査研究の事例を

紹介する。最後に教育の分野で定量分析から政策策定につなげるリスクと課題を提示したい。

2 教育の経済効果はいかにして明らかになったか

2-1　成長会計における「残差」から教育の効果へ

　教育効果の定量的研究と考察は1950年から1960年にかけてエドワード・デニソン（Edward F. Denison）、メアリー・ボウマン（Mary J. Bowman）等によって展開された。手法は成長会計に基づく生産関数を用いた分析であった[1]。当時経済成長をもたらす要因として（1）資本の蓄積、（2）人口あるいは労働力の増加、（3）技術進歩等から得られる生産性の向上が用いられていた。この手法は新古典派経済学を代表するロバート・ソロー（Robert Solow）とトレバー・スワン（Trevor Swan）によって1956年に発表されたことから、「ソロー・スワン成長モデル」として知られる（Solow, 1956; Swan, 1956）。上記の経済成長の三要因のうち土地等の物的資本と労働力については既にその実態は定量的にほぼ明らかであったが、技術進歩については資本と労働力だけでは説明することができず、説明できない部分は「残差」として捉えられていた。「ソロー残差（Solow residual）」とも呼ばれ、後に全要素生産性（Total Factor Productivity〈TFP〉）とも表現されて、技術進歩や効率化を含む有形無形の生産性を表す代表的な指標となる。この残差に教育の効果を見出したのがデニソンでありボウマンであった。以下にその考察モデルを示す。

　成長会計の算定方法で軸となる生産関数では、生産物の産出量と生産要素の投入量を以下のように表す。

$$Y = F(x_1, ..., x_n)$$

ここでは Y が生産量を示し、生産要素 x は n 種類あるとする。x は様々な要素から構成されるが、主要生産要素として資本（K）、労働（L）、土地（A）

1）本章では特に注目されたデニソン（Denison, 1962）を取り上げるが、続いて出版された Bowman & Anderson（1963）、Schultz（1963）、Bowman（1964）なども、批判的考察を含めて参考にされたい。

としてまとめると以下となる。

$$Y = F(K, L, A)$$

Y＝Output（経済成長の指標として生産高の向上など）

K＝Physical Capital, L＝Labor, A＝Land

これにおいて、生産高の向上 Y をもたらす資本、労働、土地の占める割合は、$Y = F(K^\alpha, L^\beta, A^\chi)$ と表され、$\alpha + \beta + \chi = 1$ であることが想定される。

　しかし、デニソンが米国の1909年から1959年までの経済成長を構成する要因を検証したところ、α と β と χ の和は 1 に満たない（$\alpha + \beta + \chi < 1$）ことが判明した。詳細を検証すると、既に解明されていた資本や規模の経済要因は確かに成長に貢献していたものの、最も重要な要因は労働者の「量」ではなく「質」の向上によってもたらされたものであることが観測された。そこで、それまでの労働量の検証から労働者の質の検証へと分析を進めたところ、教育や知識の向上が経済成長に大きく寄与したとの結論に至った。具体的には23％が教育年数の増加に起因し、20％が知識の向上によってもたらされたと結論づけた。「発見」ともいえるほどの、それまでになかった見解であり、分析の手法や仮説について批判も少なくなかったものの、教育が経済成長に貢献することの確かな結果として受け止められた。

　ソロー・スワン成長モデルでは、技術の進歩は外生的要因として位置づけられていた。しかし、デニソンとボウマンは技術の進歩を実現する要因として「教育」を位置づけたのである。つまり、ふたりは、教育によって個々人は「内生的」に技能を高めて技術を進歩させ経済発展に貢献するという新たな観点を投じたのであった。拠って教育経済学は後に「内生的成長理論」によって支えられることとなる[2]。

2）第 1 章で触れたが、内生的成長理論は1960年代に、人的資本、技術革新、それらによる外部効果が経済成長をもたらすと主張した Arrow（1962）、Uzawa（1965）らによって基盤がつくられた。その後、Romer（1986）、Lucas（1988）などが、技術革新も人的資本によりもたらされ、人的資本に絶え間なく投資することによって資本蓄積効果が逓減しないことを指摘した。内生的成長理論はこれらの議論を経て1980年代に定着したといえる。

2-2　生産関数による教育効果の推計

　それでは生産関数を用いて教育が内生的にどのように説明されるか見てみよう。経済学で多用する生産関数にコブ・ダグラス生産関数（Cobb-Douglas production function）がある。コブ・ダグラス生産関数は、1920年代のアメリカで、経済学者であり政治家でもあったポール・ダグラス（Paul Douglas）が資本と労働者の配分を計算しようと数学者であったチャールス・コブ（Charles Cobb）に相談したところ、コブが提示した数式であった（Cobb & Douglas, 1928）。当時は実証のためのデータが十分ではなくしばらくそのモデルの有用性が認められることはなかったが、1940年に入りアメリカの国勢調査のデータが拡大・安定するにつれて信頼性の高い実証が可能となった。ポール・ダグラスはその数式を用いた分析結果を1947年に自らが会長を務めていたアメリカ経済学会のスピーチで披露する。これを機会にコブ・ダグラス生産関数は経済学を中心に確固たる位置を占めることとなった。

　コブ・ダグラス生産関数では、国民総生産（GDP）をはじめとする経済生産量を、

$$Y_i = A_t + K_t^\alpha + L_t^{1-\alpha}$$

と表す。ここで、Y はGDP、A は技術水準、K は資本投入量、L は労働投入量、α は資本分配率、$1-\alpha$ は労働分配率である。サブスクリプト t は時間を表す。ここで両辺の自然対数をとると、

$$lnY_t = lnA_t + \alpha lnK_t + (1-\alpha)lnL_t$$

となる。この両辺を時間 t で微分すると、

$$\frac{\dot{Y_t}}{Y_t} = \frac{\dot{A_t}}{A_t} + \alpha\frac{\dot{K_t}}{K_t} + (1-\alpha)\frac{\dot{L_t}}{L_t}$$

となり、GDP成長率を、技術水準の上昇率である $\left(\frac{\dot{A_t}}{A_t}\right)$、資本分配率と資本投入量の変化の積である $\left(\alpha\frac{\dot{K_t}}{K_t}\right)$、労働分配率と労働投入量の変化の積である $\left((1-\alpha)\frac{\dot{L_t}}{L_t}\right)$ に分解することができる。したがってこの式を用いて三つの要因

37

のいずれがどの程度 GDP 成長率に貢献したかを分析することができる。更に、技術水準の上昇を左辺に置き、右辺に教育を含む技術水準の上昇をもたらすであろう要因を置くことによって、技術水準が何によってもたらされ、その効果はいかほどであったのか推計し得る。

2-3　教育の経済発展への効果

このモデルによって教育は技術水準の上昇に貢献する要因として位置づけられたわけだが、初期の研究で教育の指標となったのは、各国各地域の平均就学年数、識字率、標準あるいは特設テストの成績などであり、これらの量や質が経済発展にいかほど寄与するかが計測された。1960年代に入ると世界銀行が開発途上国への教育投資に乗り出す。1949年から1963年にわたって世界銀行グループの頭取を務めたユジーン・ブラック（Eugine R. Black）は、「教育は基本的人権であるのみならず、社会・経済的発展を実現する基本的構成要因であり、適切な計画に則った教育投資は特に貧困国にとって多大なる経済的効果を生む」との見解を表明し、1962年に教育プロジェクトへの融資に着手する[3]。ここにおける「適切な計画に則った」という文言は教育の効果を定量的に説明する必要性を更に掘り起こすこととなった。つまり教育に関連する例えば学校の設置などに対する融資がいつ、どのようなかたちで、いかほどの具体的な効果を生みどのような経済的なリターンを借入国と融資国・機関にもたらすかの検証が求められ、これが教育経済学のミッションとして加えられた。

このように、教育の経済効果をめぐる研究は国レヴェルでそして国際的な政策課題として世界的に進展することとなった。分析モデルも発展的に多様化し、第3章で具体的に解説するように、収益率法やミンサー型賃金関数をはじめとする分析モデルを使用して教育の経済効果の分析が盛んになった。近年はデータの充実に伴い教育に関する指標も細分化されてきている。例えば男女

3）ジョージ・サカロポウロス（George Psacharopoulos）とモリーン・ウッドホール（Maureen Woodhall）による *Education for Development* は、世界銀行が途上国の経済開発を行う目的と理由、教育の経済効果の解説、教育への投資効果を解明する方法と事例を包括的に説明している（Psacharopoulos & Woodhall, 1985）。最近の文献には、1950年から2014年までの139カ国を対象とした1,120件の教育投資収益率の分析結果をまとめた Psacharopoulos & Patrinos（2018）がある。

別、初等・中等・高等などの教育の段階別、地域別に分析することによって、各要因が経済に与える影響をより具体的に知ることができるようになり、実証分析成果が蓄積されている[4]。

3 教育の効果をもたらす要因

3-1　教育成果の要因分析

　コブ・ダグラス生産関数は経済発展を説明すると同様に、教育における成果を「生産物」とみなし、それを規定する要因を明らかにし各要因の効果を測定する。例えば学力テストの結果を教育の成果を示す指標と位置づけ、その成果をもたらす要因として、学校環境であればクラスサイズ（学生と教員の比率）、教員の資格や技能、教科書、参考書、学習施設の充足度などの効果を推計する。教育の制度や実践の効果に関心がある者にとっては、これら学校環境をめぐる要因の効果が関心事であるが、留意すべきは子どもの成績に影響を与えるのは学校教育環境の要因だけではないことである。親の収入や学歴及び家庭環境、友人や近隣の社会的経済的状況、そして子どもたち自身の性別や年齢などの生物学的属性が学業成果に影響を与えると想定する。これらそれぞれの影響を精査することによって、（1）子どもの学習成績が何に規定されるかを総合的に把握し、（2）学校教育がもたらす影響をより正確に測定することが可能となる。

　教育の成果に作用する要因を明らかにしようとした大規模プロジェクトの報告書として世界的に知られるのはアメリカの「コールマン・レポート（Coleman Report）」であろう。教育の資源配分の節で詳述するが、コールマン・レポートの正式名は「教育機会の平等（Equality of Educational Opportunity）」

---

4) 研究成果の文献サーベイも充実している。例えば、学校教育と収入の因果関係のモデル化に軸を置いた文献サーベイには Card（1999）、学校や環境要因を多面的に盛り込んだ計量経済学の分析レビューには Card（2001）がある。途上国における教育の経済効果に焦点をあてた Gunderson & Orepoulos（2010）や、注 3) で言及した Psacharopoulos & Patrinos（2018）にも注目されたい。日本においても妹尾・日下田（2011）、島（2013）、濱中・日下田（2017）が教育の社会的・経済的効果に関する国内外の研究をレビューしている。

であり、1964年の公民権法を受けて合衆国議会が教育省に依頼した教育機会の平等性に関する調査研究の報告書である。当時シカゴ大学に在籍していた社会学者ジェイムス・コールマンを研究代表とし、調査から報告書の執筆まで彼が主導したことからコールマン・レポートと呼ばれている。本研究は、当時の教育の機会が不平等であるとの認識のもと、その不平等性に作用する要因を明らかにしようとするアプローチをとっている。成績を教育の成果として、その良し悪しに何がどのように影響しているかを、生産関数を応用して算出したものである。より具体的には共通テストの結果を説明されるべき値とし、その説明を教育環境、生徒の属性や社会経済的環境に求めたのであった。本研究は第二次世界大戦中に軍事政策のために設計された研究に次ぐ戦後最も大がかりな社会科学の政策研究として位置づけられている。そしてこの後、教育の生産関数を用いた研究は、エリック・ハニュシェク（Eric Hanushek）、デビッド・カード（David Card）、アラン・クルーガー（Alan Krueger）、ヘンリー・レビン（Henry Levin）等によって発展的に繰り広げられる[5]。

3-2　教育の生産関数

　以下に教育の生産関数を応用した基本的な分析モデルを示す。
　i という学校に通う生徒が、一定の課程 t 期間を経て達成した教育成果を Y_i としてその成果を生む生産関数を以下のように表す。

$$Y_i = \alpha Y_{0i} + \beta S_{ti} + \chi P_{ti} + \varepsilon_{ti}$$

先述のように、教育の成果 Y_i には例えば全国共通テストなど地域間共通のテストのスコアが用いられる。ここでは学校が分析の単位になっているため、当該学校の学生による成績の平均値などが用いられる。Y_{0i} は分析の対象としている教育を受けなくても達成できる成績、つまり当該教育開始時に既に獲得されていた成績や能力の指標となる。研究対象となっている学校に優秀な生徒たちが集まっている場合は、この値は高くなるだろうから、学校教育自体の効果を正確に測るためにはそれ以前の要因効果が識別できるモデルをたてなくては

---

5) 代表的な関連文献には、Hanushek（1971）、Hanushek（1979）、Levin（1974）、Hanushek（1997）、Card & Krueger（1992）、Hanushek & Taylor（1990）、Taylor & Nguyen（2006）などがある。

ならない。S_{ti} は学校に関する要因であり、調査対象校属性及び学校や教育の特質を表す。例えば学校の近隣環境、設備、クラス規模（教員と生徒の比率等）、教員の特性や技能、私立か公立かなどが代表的な変数群である。P_{ti} は生徒自身の属性、親の特性、家庭環境に関する要因である。生徒の性別、人種、親の学歴や収入、近隣の社会的・経済的特性などが代表的な変数群である。α、β、χ は各変数群の効果を表す係数であり、ε_{ti} は誤差項である。この式によって、学校に関わる要因及び生徒自身や家族に関わる要因がどの程度生徒の成績に作用するかを分析する。翻って、どの要因にどれだけの資源を投入すれば、成績を伸ばすことができるかという演繹的な解釈のもとに、学校運営の資源配分の参考にもされる。

4 教育への資源配分と教育内の資源配分

　教育をめぐる資源配分について掘り下げよう。教育をめぐる資源配分は大きく、「教育への資源配分」と「教育内の資源配分」に分けられる。前者では資源を充てるべき対象について教育とそれ以外とがあり、複数の対象と同時並行的に検討されながら教育に充てる資源が決められる。個人が資源配分の主体である場合は、所得や資産のなかからどのくらいのお金を教育に使うのかを考えるだろうし、主体が政府であれば、国家収益のなかからどのくらいの予算を教育に使うかを決める必要がある。そのようなプロセスを経て、工程の後者である「教育内の資源配分」へと進む。教育への参加を決めた個人は学習に必用な様々な物品やサービスに資金を充てていくだろうし、学校を運営する機関は教育活動を可能にする様々な物品やサービスに予算を振り分けていく。先に示した図表2-1を拡張して、資源配分における選択肢を盛り込んだのが図表2-2である。中央に教育と学習の実践が位置づけられているが、教育や学習は他の個人及び社会による様々な活動と相まって、右手に示す経済的豊かさと社会的安定をもたらす。教育と学習を実現するためには個人と社会ともに費用を負担することとなる。左手に示すように、個人は教育を受けることを決め、学校は教育を運営することを決めたうえでしかるべき予算を充てていく。以下で、「教育への資源配分」と「教育内の資源配分」それぞれについて具体的に見ていこう。

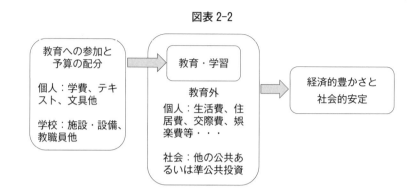

図表 2-2

4-1　教育への資源配分

　私たちは個人としてそして社会を構成する一員として、教育に予算を充てるべきなのか、充てる場合はどのくらいを費やすべきなのかを考える。以下ではまず個人としての見地から、次いで社会から見た場合の資源配分の在り方を説明する。

4-1-1　個人として：投資としての教育、消費としての教育

　私たちが使えるお金は無限ではない。したがって、教育のためにお金を使うときに、意識的あるいは無意識的に他の使途と比較しながら、出費するかどうか、出費する場合はどのくらいの金額かを判断する。衣食住に欠かすことのできない生活費や住居費のほか、交際費や趣味・娯楽・旅行等に充てる費用など様々な支出対象があり、通常使用可能な資金の範囲で検討し定めていく。その際に教育を「消費」と捉えるのか、あるいは「投資」と捉えるかによって、検討の内容や対象が異なってくる[6]。「消費」とは欲求を満たすために財・サービス（商品）を消耗することを指す。例えば知識欲に基づき教育を受け、知を得たこと自体で満足が得られる場合、教育に対する欲求は比較的短期間で満たされ、教育は消費として捉えられる。この場合教育と同時に検討される支出対

6）教育を消費と捉えるか、生産と捉えまた生産のための投資として捉えるかについては1970年代から1980年代にかけてアメリカを中心に議論が展開された。Lazear（1977）、Gullason（1989）などを参照されたい。

象の他の選択肢としては、食事やレジャー、趣味その他の個人消費が考えられる。

　一方「投資」は、将来的に生産能力の向上や資本を増加させるために現在の資本を投じる活動を指す。したがって教育を投資と捉える場合、教育を受けることによってなんらかのリターンを期待することとなる。例えば「なぜ私たちは大学に進学しようとするのだろうか」という問いに対し、大学で高度な学問に触れ、学習すること自体に意味があると考える場合は、大学での学びは消費に近い性質を帯びる。一方、将来の経済・社会的安定、所得の向上などの期待に基づき大学に進学する場合は、大学教育は具体的な経済効果や社会効果を有する投資の意味合いを帯びてくる[7]。高等教育へと教育の段階が上がるにつれて、教育への投資を選択しない者も増える。就労しない場合の機会費用が高くなる、就労しないと生活ができないなどの理由のほか、所持金を勉強に充てるよりも、銀行に預けるか、株式投資で運用してリターンを得ようとする者もいるかもしれない。

　初等中等教育の段階でも教育を投資と捉えているらしい状況が見られる。例えば難関私立中学を受験しようと小学生から学習塾に私財を投ずる場合、塾の費用及び私立中学の割高な授業料の支払いが子どもの将来の経済的成功を期待した選択であればその出費は親と子ども双方にとって投資と捉え得る。一方、難関私立中学の高質であろう教育を受けること自体で欲求が満たされるのであれば消費に留まる。荒井（2007）は、多大な資金を投じて自身の子どもを名門校に行かせる富裕層の行為は「ポトラッチ」に似て自身の富裕度を誇示する意味合いがあると指摘する。贅沢品を購入するのと同じ感覚で子どもを名門校に通わせる保護者はこれによって上流階級の一員であることを示す一方で、名門校を経ることで子どもが首尾良く社会・経済的に成功すれば実質的な利益ももたらされる。この場合は親にとって教育は消費であり投資ともなる。

　むろん教育は投資か消費かどちらか一方であるということではない。実際おおよそすべての出費において投資か消費かどちらか一方であることはないだろうし、むしろどちらの性質も帯びていることの方が自然であろう。したがっ

7）消費としての教育、投資としての教育を論じた文献には小塩（2003）の第二章、日本の大学教育における投資性と消費性に関する文献には松塚（2011）などがある。

て、教育投資説と教育消費説は相反するものではなく、どちらか一方を目的に教育を受けることはむしろ希である。それではなぜそのような切り分けをするかというと、それは「誰がその費用を支払うのか」という経済学上の問いに関わってくるからである。教育が純然たる消費財であれば親が子どもに買い与えるだけで事足りる。しかし教育が、経済的成功をもたらすための投資と考えれば、親だけでなく子どもにとっても、将来想定される収入を見越して学費の貸与を受けるという論理が成り立つ。更に、アダム・スミスが『国富論』で言及し人的資本論の要でもある、「教育はそれを受けた個人に利益をもたらすのみならずその個人が所在する社会全体に恩恵をもたらす」ことが確かであれば、その費用負担について政府の積極的関与を求める理由となる。実際教育の外部性、社会効果、間接効果に着目し、教育を「メリット財」あるいは「準公共財」と捉える経済学の論理は教育に公財政支出を充てる強力な根拠である。

4-1-2　社会にとって

　社会にとっての教育の資源配分を考えてみよう。ここで「社会」とは、個人や私企業などの「私」あるいは「民間」が主体ではなく、主に公的資金を配分する政府機関等の公的機関を指す。公的資金が教育に充てられるのは、第一に、国民一人ひとりの幸福、健康、福祉を安定向上させるためである。このため国民は憲法第26条に定められるところにより教育を受ける権利を有する。次いで、国民一人ひとりの教育の機会と多寡は国家経済に影響を与える。第3章で具体的に解説するが、教育量が多ければ多いほど生涯賃金は増加する傾向にありまた雇用も安定する。これによって国家はより多くの税収入を得ることができ社会保障も安定する。教育を受けた者は技術開発にも寄与し国家の技術発展や競争力の強化に貢献する。更に、学歴の高い者が多く住む地域は犯罪率が少ない傾向にあり、また教育を受ければ受けるほど栄養や健康状態が良好になることも認められており、これによりその地域における医療や福祉の負担は減少する[8]。

　このように教育は国民と社会の経済的豊かさと社会的安定に寄与し、これにより国家が教育に予算を配することの妥当性が裏づけられる。一方、図表2-2で示したように、国家に経済的豊かさと社会的安定をもたらすサービスは教育だけではない。教育が国民の健康増進に貢献することは確かであるが、医療や

介護の実践は病気の快復や健康の増進に直接的かつ短期的に貢献する。経済格差についても教育機会の向上によって是正されることが理論的にも実証的にも認められているものの、雇用機会の拡大のほか失業保険や生活保護といった福祉政策の拡充によって、より直接的かつ短期的に格差是正の効果が見込まれる。医療や福祉は教育同様政府の関与を必要とする公共財あるいは準公共財である。

　したがって、教育への公的予算配分は上述した個人による考慮と同じように、他の諸計画への予算配分と併せて検討しつつ決められる。上記の教育や福祉が関係する政策以外にも、道路や公共交通機関の整備、安全保障や治安に関わる施設や人員の配備、環境保護等々が同時並行的に検討される。日本では毎年各省庁が翌年度の政策実行に必用な経費について財務省に対して概算要求を行い、財務省はそれぞれの費用対効果を考慮しながら精査したうえで、各省庁の予算を積み上げ翌年度政府予算案を作成するが、そのプロセスがこれに該当する。

　このように、個人にとっても社会にとっても資源の使途において常に複数の候補があり、様々な選択肢のなかから教育への配分と配分額が選択・決定される。判断材料は政策的あるいは社会的な優先度や、公的資源と私的資源間のバランス、費用対効果など、多岐に及ぶ要素が絡み合う。先述の成長会計と生産関数は投資効果の高い計画を選定するうえで、また過去の予算配分の成果や効果を評価するうえで OECD 各国をはじめとするほぼすべての経済先進国で活用されている。

4-2　教育内の資源配分

　次に、教育内の資源配分、つまり「教育セクター内」で予算を振り分ける段階について考えよう。予算は各自治体などの行政単位の計画に即して配分される。計画の作成にあたって各自治体はその予算を教育セクター内のどの部分に

8）教育の社会的効果については先述の妹尾・日下田（2011）、島（2013）、濱中・日下田（2017）が文献をレビューしている。三菱総合研究所（2009）及び三菱総合研究所（2015）は、教育投資の費用対効果を検討する枠組みで、教育の私的及び社会的効果をめぐる主要文献を網羅的に整理したうえで、アンケート調査結果をもとに国内の状況を分析している。

図表2-3　教育の生産関数に用いられる教育のインプットとアウトプットの指標

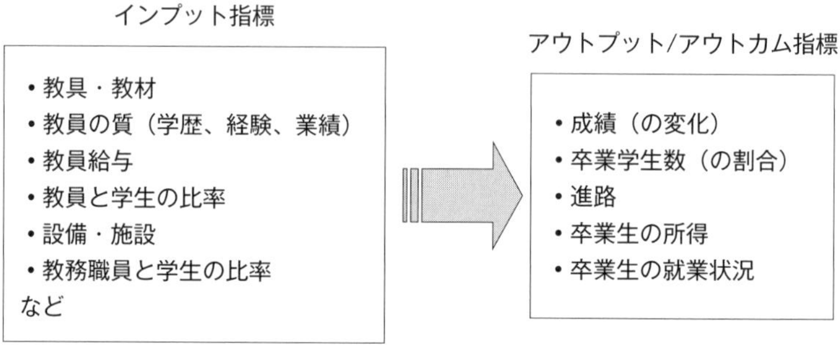

インプット指標

アウトプット/アウトカム指標

・教具・教材
・教員の質（学歴、経験、業績）
・教員給与
・教員と学生の比率
・設備・施設
・教務職員と学生の比率
など

・成績（の変化）
・卒業学生数（の割合）
・進路
・卒業生の所得
・卒業生の就業状況

どれだけ配分するかを決める。アメリカとイギリスをはじめとする会計先進国ではこのような教育内の予算配分に際し先述の生産関数や費用対効果に関する分析結果を参考にする。

その工程を学校教育の現場に即して考えてみよう。図表2-3では学校教育の効果を分析する際に使用する代表的な指標を示している。教育をかたちづくる物や人を左手に、教育によりもたらされる結果を検討する際に使用される指標を右手に置いている。前者は資本を投下する対象として「インプット」、後者はその成果として「アウトプット」あるいは「アウトカム」と表現される。

インプット指標にはまず、教具・教材の量や種類が用いられる。教員については学歴や資格、経験年数、大学教員の場合は研究業績なども使用される。教員の給与や教員と学生との比率も代表的な指標である。そのほか教室、図書館、運動場などの校内施設や施設内の設備に加えて近隣の環境や施設が勘案される場合もある。教務職員と学生の比率、学習支援、奨学金、留学支援などもインプット要因に含まれる。図中には示していないものの、最近では塾の講師料などもインプットの指標に含まれるべきかもしれない。これらの要因が相まってどのような教育成果を子どもたちにもたらすかが定量的に分析・検討される。

右手に示すように成果としてのアウトプットには成績を用いる場合が多い。複数の学校が対象となる全国レヴェルの調査や研究では共通テストのスコアが使用される。また特定のプログラムや補助金の導入効果を見る場合は前後の成績の変化を指標にしなくてはならない。入学しても卒業できない学生が多い地

域や国においては、卒業学生数の割合を成果指標とする研究が目立つ。これは、奨学金などの就学援助や学習・生活支援等の効果検証を目的とする場合が多いためで、途上国の教育開発事業等で有効である。大学卒業後の進路、所得、就業状況と大学での教育・学習経験との関係に関する研究は日本でも蓄積されている[9]。

　アウトプットあるいはアウトカムと表現される教育の様々な効果にどのインプットがどのくらい作用するのかという分析の結果は、発生した教育の成果が何によってどのくらい説明され得るのかという、あくまでも回帰的なアプローチによって求められる。しかしその結果が予算配分の際に参考にされることに注目しなければならない。多くの場合公立校に対する教育予算は児童生徒数と児童生徒当たりの費用単価に基づく算定方式で配分される。これはインプットに軸を置く予算配分であるが、アウトプット側に軸を置く場合、まずは成果を評価したうえでより成果を高める教育構成要因により多くの資源を投ずることが合理的と捉えられる。例えば教員の給与を上げたことによって生徒の成績が著しく伸びた一方で、参考図書の配布を増やしたものの生徒の成績には一向に影響している様子が見られないとなると、成績を上げるためには参考図書を増やすよりも教員の給与を上げることを優先することが合理的と判断される。

　以下では、教育の生産関数を用いた分析が教育政策に具体的に影響した最も初期の最もインパクトのあった、「コールマン・レポート」として知られる報告書とその経緯を紹介する。

4-3　コールマン・レポート

　先に触れたように、アメリカでは1960年代以降教育の生産性や費用対効果に関する研究が急速に発展し、それらの研究に基づく政策がとられるようになった。そのきっかけとなったのは通称「コールマン・レポート」と呼ばれる調査報告書である。コールマン・レポートの正式名は「*Equality of Educational Opportunity*（教育機会の均等）」（Coleman et al., 1966）である。全米 4 千校に在籍する60万人以上の生徒と教員を対象に行った合衆国教育省による教育調査でありその結果をまとめたものである。シカゴ大学及びジョンズホプキンス大

---

9 ）濱中（2012）、村田（2017）、矢野（2009）を参照されたい。

学で教鞭をとっていたジェームス・コールマンを中心に遂行され、調査と分析の方法、結果、解釈にはシカゴ学派特有の数理社会学的手法が反映されていた。報告書もコールマンの研究対象であった合理的選択理論を教育政策・運営に取り入れようとする内容であったことから「コールマン・レポート」という通称が広がった。本調査の内容と結果、そして結果を教育政策・運営へとつなげる展開には批判も多かったものの、その後の教育政策研究の在り方に大きな影響を与えるとともに、学校改革や教育の規制緩和を進めるうえで実践的参考とされた。

　「教育機会の均等」と銘打ったとおり、調査研究の目的は当時人種や所得によって偏りが顕著だった教育の機会を均等にする方策を探ることであった。仮説の段階からそれまでの教育政策研究とは大きく異なっていた。それまでは教育のインプットの平等を対象に研究が行われていたのに対し、コールマンは教育の平等は教育のアウトカム、つまり教育の成果によって評価されなくてはならないという見解に基づいていたことである。したがってプロジェクトではこれまでのように各学校や生徒に対してどのような教育資源が提供されているのかというデータに加えて、生徒の教育達成度を測るためにテストの点数を収集し分析した。どの資源をいかに使うことによってどのような教育成果が得られるのか、その成果の違いは教育の機会とどのように関係しているのかを明らかにしたうえで、成果へと導く教育機会の均等性を明らかにしようとした研究であった。

　対象は、初等教育の1学年、3学年、6学年、前期中等3学年と後期中等3学年の生徒らであった。彼らに共通のテストを課すとともに、生徒と教員双方から聞き取り調査を行った。それらの情報は生徒の属性や社会経済的環境、彼らが通う学校の様々な要素と併せて分析され、テストの結果が何によって規定されるのかについて明らかにしようとした。収集された情報は三種に大別される。一つ目は生徒らの人口統計学的属性で、人種、国籍、性別など、二つ目は社会経済的要因で、家族の所得、両親の教育、地域の環境など、三つ目は、教育環境の要因で、教師の言語表現力、学歴、給与、教師と学生の比率、図書館等学習環境などである。これらの分析アプローチは生産関数の概念を教育に導入した初期の代表的研究として頻繁に引用されるようになるが、コールマンをアメリカのみならず世界に知らしめた理由は二つある。一つは、研究の結果自

図表 2-4　初等・中等学校教員の平均給与（2018-2019 年実質ドル）

学校年	年間給与額	10年上昇率
1959-60	$43,055	
1969-70	$57,834	34%
1979-80	$52,100	-10%
1989-90	$62,566	20%
1999-2000	$62,545	0%
2009-10	$64,703	3%
2018-19	$61,730	-5%

出所：National Education Association, Estimates of School Statistics, 1960 through 2019

体が政策関係者から現場の教員に至るまで、教育に係る凡そすべての者にとって少なからず衝撃的な内容であったこと、二つ目は、その結果をもとに実行された教育政策は教育の現場を大きく変え、批判も含めて長年にわたる継続的な議論を引き起こしたことである。

　コールマンによる研究結果には二つの大きな発見があった。以下ではそれぞれの発見の内容と、その発見がどのように教育政策と教育の現場を変えたかを説明しよう。一つ目の発見は、生徒一人当たりに対する支出や図書館の規模、教員の給与など学校施設と教育の質に関する要因は、生徒の成績にさほどの影響を与えるものではない、ということであった。とりわけ教員については、統計的に有意な影響力を有していたのは教員の言語表現力のみであり、教員の給与についても有意な影響が確認されなかったのである。

　これは、教員の給料を高くしても生徒の成績が上がるわけではないと解釈され得るものであった。教育の成果に軸を置いた予算設計では、成果に対して効果の無い要因に予算を投入することの妥当性が問われることになり、教員の給与は上げにくくなる。事実本調査後、アメリカにおける教員給与はそれ以前よりも上昇しにくくなったといわれる。図表2-4は1959年から2019年までのアメリカの公立の初等・中等学校の教員給与を示す。60年代終盤より教員の給与は上がらなくなり、70年代の上昇率はマイナスに転じている。その後80年代には盛り返したものの、90年代以降は再び停滞し、直近の2010年代は再びマイナス

の伸び率となっている。

　二つ目の発見は、生徒の教育の達成度は、家族の社会経済的状況に強く影響を受けるだけでなく、共に学ぶ他の生徒の家族の社会経済的状況にも相当な影響を受けることであった。また、生徒家族の属性や経歴による影響は大きく、とりわけ人種の違いによる影響は多大であることが確認された[10]。家族の社会経済的要因の影響については、生徒の成績に対して決定的な効果を示したのは両親の所得と学歴であった。両親の所得が多いほど、また学歴が高いほど子どもの成績は良い傾向にあった。また「ピア効果」と呼ばれる学校内の他の生徒の影響も強かった。ピア効果とは、教育の場で共に学ぶ仲間（ピア）がもたらす効果である。つまり同じ学校で学ぶ生徒が勉強熱心であればあるほどピア効果が相乗的に高まり学業成績は向上するとされる。そしてクラスメイトの性質は学校区が指定されている通学環境においては子どもの住む隣人の性質をも物語ることとなる。

　生徒の成績差は社会経済的格差や住居環境の違いに原因があるという結果を受けて、黒人層を中心としたマイノリティーの学習環境面での対策が講じられることとなった。住居環境が成績に作用するのであれば、環境の悪い学校区に暮らす子どもたちの成績はいつまで上がらず、将来の所得も上がらないという見解に基づき、学習環境を改善する体制がとられたのである。具体的にはバス通学制度を実施し、白人と黒人の人種統合を進めることによって教育格差の是正を図ろうとした。この政策が白人コミュニティーから歓迎されたとは言い難く、多くの白人家族は郊外へ移転し、私立学校に転校する生徒も見られ、都市部ではドーナツ化現象の原因にもなったといわれる。この実態をコールマン自身フォローアップ調査で明らかにしており、性急な政策によって人種間分離がむしろ一層深刻になったことを認めている（Coleman, 1975）。その後もコールマン・レポートは長きにわたって学術と政治の両分野で論争の種となった。

　「子どもの教育には学校ではなく家族こそが重要なのだ」という考え方は、「学校よりも家族に対して政策的措置が必要である」と解される（そうであれ

10）人種はアメリカにおいて欠くことのできない説明変数である。本調査自体1964年の公民権法の制定に伴い合衆国教育省に委任されたものであり人種間不平等が論点であったことは間違いない。一方で、本調査研究は教育の政策に解を求めようとした政策課題であることから、政策対応の対象となった社会経済的要因と学校要因に焦点があてられた。

ば予算を教育より福祉などに厚く配分すべきとなり、例えば日本でいうなら文部科学省よりも厚生労働省の管轄となる）。一方でコールマンは、1980年代の研究のいくつかで学校の役割が重要であることを肯定している（Coleman & Hoffer, 1987）。例えば、生徒の属性など固定的な要因をコントロールすると、私立のカソリック校の生徒の成績が有意に優れており、それは学校や教員が学問の標準を高く設定し行動の規範を厳しく管理していることが理由であるとした。しかしこれらの状況は生徒たちの属する家族や近隣の特性と深く関わっている点では一貫していた。この頃からコールマンの研究は、学校と家庭や地域社会を含む全体の要因を網羅的に対象とした「社会資本」の重要性に言及する展開となる。

4-4　定量分析から政策策定につなげるリスク

　ここまで生産関数を応用した調査・分析によって効果的な教育実践や教育機会の均等を目指す方策について述べてきたが、最後にこのような定量的分析から政策や制度の策定へとつなげるアプローチのリスクについて触れておきたい。リスクとは、教育の生産関数にしても次章で述べる教育の収益率法にしても、統計的手法が適用されるデータは既存のもの、すなわち「過去のもの」であることに起因する。過去に獲得された成績について、それに影響したらしい要因とその効果を学校や家庭による過去の資源配分をもとに算出する。このような手法における教育の「到達点」は「過去の成績」であるが、私たちが今行っている教育や学習の成果はこれから実現するものである。したがって分析の結果はあくまでも過去から得られた参考情報であり、将来のための「解」とはならない。物的資本と異なり人的資本、とりわけ子どもの成長は定式化することができない。既存成果を目指して学習するものでもなく、予算は限られたなかでも創造的開放性を持って運用されなくてはならない。

　「関数」の捉え方と活用の仕方の細部についても留意を要する。例えば、既存データの定量分析に基づき、有力大学に入学する学生の家計は豊かな傾向にあり、彼らは在学中履修状況も成績も良く、就職先も順調かつ良好に決定していく、という観測があったとする。このような結果は、成績や就職を説明する回帰モデルにおいて、家計の所得変数の効果が有意にプラスな結果として出る。営利機関であれば、その変数に集中投資することによって、つまり、その

ような学生を優先的に入学させることによって、在学生のパフォーマンスを高く保ち、有力な就職先へと送り込むことが妥当と判断されるかもしれない。そのような学生を入学させたければ、保護者の収入が高い学生の入学を募ればよいとの解釈もあり得、事実私営の教育機関であればそのような認識のもとに入学者を募る場合もある。保護者の収入が高い学生の入学を募り、収入の低い学生の入学を抑えたいのであれば、入学金や授業料を高く設定するという戦略も成り立つ。これは経営管理におけるマーケットセグメンテーション、差別化、選択と集中などの論理と似ている。

　しかし、教育におけるこれらの戦略にはリスクや損失が伴う。まず、優秀で意欲があるが貧しい家庭の生徒や学生を見落とすこと、つまりそういった子どものちからを伸ばすことができないリスクである。これによりそのような子どもが得られたであろう教育の機会や恩恵が失われるばかりでなく、その子どもがもたらしたであろう社会的利益をも損なうこととなり、合理的でも厚生的でもない。学費が高い学校ほど羨望の的となる事態も想定され、教育の質と金銭的価値が乖離する可能性もある。教育費のインフレを招く危険もある一方で、教育の機会はますます不均等になり、社会経済的階層の固定化にもつながる。第7章で触れるが、数年来教育の民営化が世界的に進行しており、定量的分析に基づく一見合理的に見える教育経営「戦略」はより広がる可能性がある。

参照文献

Arrow, K. J.（1962）The Economic Implications of Leraning by Doing. *The Review of Economic Studies,* 29（3）, pp.155-173.

Bowman, M. J.（1964）Schultz, Denison, & The Contribution of "Eds" to National Income Growth. *Journal of Political Economy*, 72, pp.450-464.

Bowman, M. J. & Anderson, C. A.（1963）Concerning the Role of Education in Development. In C. G. Geertz（ed.）*Old Societies and New States*, pp.247-279, New York: Free Press.

Card, D.（1999）The Casual Effect of Education on Earnings. In O. Ashenfelter, R. Layard & D. Card（eds.）*Handbook of Labor economics*, pp. 1801-1863, Amsterdam: North Holland.

Card, D.（2001）Estimating the Return to Schooling: Progress on Some Persistent Econometric Problems. *Econometrica*, 69（5）, pp.1127-1160.

Card, D. & Krueger, A. B.（1992）Does School Quality Matter? Returns to

Education and the Characteristics of Public Schools in the United States. *Journal of Political Economy*, 100(1), pp.1-40.

Cobb, C. W. & Douglas, P. H.(1928)A Theory of Production. *American Economic Review*, 18(Supplement), pp.139-165.

Coleman, J. S., Campbell, E. Q., Hobson, C. J., McPartland, J., Mood, A. M., Weinfeld, F. D. & York, R. L.(1966)*Equality of Educational Opportunity*. Washington, D. C.: National Center for Educational Statistics(DHEW/OE).

Coleman, J. S.(1975)Recent Trend in School Integration. *Educational Researcher*, 4(7), pp.3-12.

Coleman, J. S. & Hoffer, T.(1987)*Public and Private High Schools: The Impact of Communities*. New York: Basic Books, Inc.

Denison, E. F.(1962)*The Sources of Economic Growth in the United States and the Alternatives Before Us*. New York: Committee for Economic Development.

Gullason, E. T.(1989)The Consumption Value of Schooling: An Empirical Estimate of One Aspect. *The Journal of Human Resources*, 24(2), pp.287-298.

Gunderson, M. & Orepoulos, P.(2010)Return to Education in Developed Countries. In D. J. Brewer & P. J. McEwan(eds.)*Economics of Education*, pp. 37-43, San Diego: Elservier.

Hanushek, E. A.(1971)Teacher Characteristics and Gains in Student Achievement: Estimation Using Micro Data. *The American Economic Review*, 61(2), pp. 280-288.

Hanushek, E. A.(1979)Conceptual and Empirical Issues in the Estimation of Educational Production Functions. *Journal of Human Resources*, 14(3), pp. 351-388.

Hanushek, E. A.(1997)Assessing the Effects of School Resources on Student Performance: An Update. *Educational Evaluation and Policy Analysis*, 19(2), pp.141-164.

Hanushek, E. A. & Taylor, L. L.(1990)*Alternative Assessments of the Performance of Schools: Measurement of State Variations in Achievement*. Journal of Human Resources, 25(2), pp.179-201.

Lazear, E.(1977)Education: Consumption or Production. *Journal of Political Economy*, 85(3), pp.569-597.

Levin, H.(1974)Measuring Efficiency in Educational production. *Public Finance Review*, 2(1), pp.3-24.

Lucas, R. E., Jr.(1988)On the Mechanics of Economic Development. *Journal of Monetary Economics*, 22(1), pp.3-42.

Psacharopoulos, G. & Patrinos, H. A.(2004)Returns to Investment in Education: A Further Update. *Education Economics*, 12(2), pp.111-134.

Psacharopoulos, G. & Patrinos, H. A.(2018)Returns to Investment in Education:

A Decennial Review of the Global Literature. *Education Economics*, 26(5), pp. 445-458.

Psacharopoulos, G. & Woodhall, M.（1985）*Education for Development*. Oxford: Oxford University Press.

Romer, P. M.（1986）Increasing Returns and Longer-Run Growth. *Journal of Political Economy*, 94(5), pp.1002-1037.

Schultz, T. W.（1963）*Economic Value of Education*. New York: Columbia University Press.

Solow, R. M.（1956）A Contribution to the Theory of Economic Growth. *Quarterly Journal of Economics*, 70(1), pp.65-94.

Swan, T. W.（1956）Economic Growth and Capital Accumulation. *Economic Record*, 32(2), pp.334-361.

Taylor, J. & Nguyen, A. N.（2006）An Analysis of the Value Added by Secondary Schools in England: Is the Value Added Indicator of Any Value? *Oxford Bulletin and Economics and Statistics*, 68(2), pp.135-260.

Uzawa, H.（1965）Optimum Technical Change in an Aggregative Model of Economic Growth. *International Economic Review*, 6(1), pp.18-31.

荒井一博（2007）『学歴社会の法則——教育を経済学から見直す』光文社新書、光文社。

ウッドホール, モーリン（著）、小川啓一（訳・解説）（2016）『教育の経済分析』東信堂。

小塩隆士（2002）『教育の経済分析』日本評論社。

小塩隆士（2003）『教育を経済学で考える』日本評論社。

島一則（2013）「教育投資収益率研究の現状と課題——海外・国内の先行研究の比較から」『大学経営政策研究』第3号、pp.15-35。

妹尾渉、日下田岳史（2011）「"教育の収益率" が示す日本の高等教育の特徴と課題」『国立教育政策研究所紀要』第140集、pp.249-263。

濱中淳子（2012）「"大学教育の効用" 再考——文系領域における学び習慣仮説の検証」『大学論集』広島大学高等教育研究開発センター、第43集、pp.189-205。

濱中淳子、日下田岳史（2017）「教育の社会経済的効果をめぐる研究の展開」『教育社会学研究』第101集、pp.185-214。

松塚ゆかり（2011）「大学教育の投資性と消費性」『生活経済学研究』33巻、pp.33-47。

三菱総合研究所（2009）平成20年度「教育改革の推進のための総合的調査研究——教育投資の費用対効果に関する基本的な考え方及び文献の収集・整理」報告書。

三菱総合研究所（2015）平成26年度「教育改革の総合的推進に関する調査研究——教育の総合的効果に関する定量的分析」報告書。

村田治（2017）「高等教育の経済効果」『経済学論究』71巻3号、pp.83-101。

矢野眞和（2009）「教育と労働と社会——教育効果の視点から」『日本労働研究雑誌』No.588、pp.5-15。

第**3**章

教育と労働市場 1
人的資本論

本章ではまず、人的資本論が理論として定着した経緯を振り返ったうえで、人的資本論の基本的な概念を説明する。次いで、人的資本論に基づき教育に投資をする経済的合理性を検討するための検証モデルを紹介する。世界的に使用されている「現在価値法」、「内部収益率法」、「ミンサー型賃金関数」を解説の後、国内外の検証結果を紹介する。最後に、教育への投資効果を検証する際の留意点について触れる。

1 人的資本の役割と意義

1-1 人的資本論とは

人的資本（Human capital）とは、訓練及び教育によって個々人に備わる知識や技能の総称である。人的資本論では、教育や訓練に投資することによって、個々人はより多くを生産し、高い収入を得、国全体の総生産と収入も増大することに注目する。第 1 章で述べたように、アダム・スミスは『国富論』第 2 編 1 章「資本の分類（Divisio of Stock）」のなかで人的資本に言及している（Smith, 1776; スミス, 2007）。人的資本とは経験のなかで育成される技能（Skill）、器用さ（Dexterity）、判断力（Judgement）であるとし、それらは教育や学習によって「資本として固定し、後に回収される」と記している。教育と学習がリターンを伴う投資対象となり得ることを明示したのである。

その後1928年に厚生経済学を専門とするアーサー・セシル・ピグー（Arthur Cecil Pigou）が『公共財政研究』のなかで、現在の寡少な消費は将来の機会を減少させるという観点から、教育は消費のようでありながら投資につながると指摘し、人的資本投資の意義を示した（Pigou, 1928）。その後、第二次世界大戦を経て社会経済が安定するにつれて、主要な経済学者が人的資本論の概念に触れるようになる。1954 年にはイギリスの開発経済学者ウィリアム・アーサー・ルイス（William Arthur Lewis）が「無制限労働供給による経済発展」と題した論文のなかで開発経済学の観点から、人々の知識を累積し教育制度を拡大・高度化することが資本投資の対象となり得ることに言及した（Lewis, 1954）。ルイスは発展途上国の経済問題を解決するためには伝統的な投入財を累積させるだけでは不十分であり、教育や訓練こそが開発計画の最重要事項でなければならないと説いている（Lewis, 1955）。ルイスは発展途上国の経済問題を説明する「二重経済モデル」などの功績が認められて1979年にセオドア・シュルツとともにノーベル経済学賞を受賞した。その後ゲーリー・ベッカーが1962 年に「人的資本への投資」（Becker, 1962）で就労後の教育・訓練を網羅して人的資本投資がもたらす収入や雇用他経済的影響を理論的に詳説した。ベッカーも1992年にノーベル経済学賞を受賞しているが、人的資本の理論化の功績によるところが大きい。実際1950年代から1970年代にかけて人的資本論の研究は勃興期にあり、代表的研究者にはベッカーの他、セオドア・シュルツ（Schultz, 1961）、ジェイコブ・ミンサー（Mincer, 1958）等が特に知られることは第 1 章で述べたとおりである。この間の人的資本論の発展によって教育と訓練は経済学の研究対象として定着した。

　人的資本論は教育と仕事、あるいは学校と労働市場との関係を経済学的に考える枠組みを提示する。学校教育を中心に教育や訓練を受けることが人的資本の向上をもたらし、その結果として労働市場における収入及び雇用の安定が得られ、ひいては国家の安定につながる。一方で教育には金銭的、時間的費用が伴うため、これらへの資本投入を投資と捉え経済的営みの一つとして教育の効果が考察された。このような研究は、限りある資源と向き合う個人そして社会にとって有用であると受け止められた。教育は、一方で国家や社会発展に貢献する国家計画として位置づけられ、他方で教育の内容、効果、機会を向上させることが問われた。前者は人材開発計画として、後者は教育改革として政策に

転換されるようになった。

1-2　人的資本論発展の背景

　1960年前後に人が経済社会において投資の対象となる「資本」である、との
議論が盛んになった背景には、欧米を中心とする教育先進国において教育が十
分に普及してきたことがある。特に教育の最終過程にある高等教育が一部のエ
リートもしくは富裕層だけのものではなく、市民全体に浸透しはじめたことが
その大きな理由であろう。教育が消費活動における他のオプションと比較可能
な資金配分の対象となり、教育を受けることは個々人にとって投資となること
が認識され、自分あるいは子どもという資本に投資するかどうかという検討が
可能になったともいえる。高等教育に辿り着く道のりも含めて、教育は一般市
民にとって豊かで安定した生活を実現する手段の一つとなったのである。

　一般市民に教育＝投資という概念が広がっていくなかで、人的資本論が社会
的そして政治的に認知されたのは、教育に投資をすることによって具体的な社
会問題が解決できると強調されたことが大きい。第1章で述べた「貧困との戦
い（War on Poverty）」で学校教育の強化が政策として提唱されたのは顕著な
例である。貧しい家庭の子どもを、自らのちからでは如何ともし難かった生来
の属性から解き放ち、貧困のサイクルから脱却させるために教育が有効である
と説かれた。教育機会の充足が社会の経済的困難を解決する「公的な課題」で
あると位置づけられたのである。

　私たちは生まれたときに既に一定の社会経済的環境のなかにある。その環境
が何によって規定されるかの答えは一様ではない。親や親族等の仕事や収入、
近隣の環境、人種や性別など生物学的属性、社会的に規定された階層などが作
用し得るが、これらを自ら変えることは少なくとも出生の時点ではできない。
しかし、生後の努力によって社会的経済的な地位や環境を向上させることはで
きる。それを可能とするのが「教育」や「訓練」なのだと説かれた。そして教
育や訓練を受ける家庭環境に無い子どもたちには政府が十分に支援すべきだと
いう主張も行われた。これが人的資本政策であり、人的資本政策は、教育を社
会資本として捉え、蓄積することによって、社会階層や人種、生物学的属性に
基づく違いや制限を克服あるいは是正し、子どもと社会を豊かにすることを目
的とする。人的資本論と人的投資仮説は1960年代に教育や人材開発政策を支え

る理論となり、その後も今日に至るまで、世界各国の政策に反映されている。

1-3　人的資本論に関わる研究

　教育や訓練が公的投資の対象であり社会資本として蓄積されるという見解の
もとに、人的資本論に関わる研究は教育の費用負担構造や公財政支出の研究に
まで及んだ。人的資本投資が公共政策として遂行され税金で賄われる以上、社
会投資という観点から適切な財政運用と、税金の投入に見合う社会的リターン
を確認することが求められる。税金や個人所得あるいは企業等機関の収入をど
のようにどれほど教育に配分するか、そこからのリターンはいかなるかたちで
どのくらい得られ、その結果は個人にとってそして社会にとってどのような意
味を持つのか。人的資本論はこのような問いに答えを出すための基盤的理論で
あり、概ね以下のことを説明する。

- 教育の多寡が生産性や賃金あるいは所得に与える影響
- 教育への社会的投資と経済発展との関係
- 個々人の教育への投資と、その投資に伴い就職、所得、雇用面で発生する
  経済的リターンとの関連性
- 全人口のなかでの教育投資配分（分散）と所得分配との関連性
- 投資に伴う利益率を判断材料とした教育需要の動き
- 企業内トレーニングへの投資と、その投資における企業と労働者の間の支
  払いの分担
- 学校教育と生涯教育の連続性と、生産性及び賃金あるいは所得との関係

　これらは同時に「教育と労働市場」をめぐるテーマであり、本章、第4章、
第5章で包括的に考察する。これらのテーマでは理論的解釈に加えて実証的研
究が進み、教育レヴェル、教育の種類や分野、教育を受ける地域・社会集団ご
とに教育の投資効果を論ずる様々な研究が生まれた。教育や学習の影響は多岐
に及ぶため、教育効果の研究は人間の様々な行為や行動を対象に発展する。教
育投資が消費行動に与える影響、教育投資が世帯全体の生計に及ぼす影響、教
育投資が健康や治安に及ぼす影響などの実証研究が次々と展開されることとな
った。本章では人的資本論の詳述に加えてこのような実証研究についても概観
したい。なお、教育と労働市場との関係は人的資本論のみによって説明できる

図表 3-1　高等教育進学者数の推移（過年度高卒者を含む）

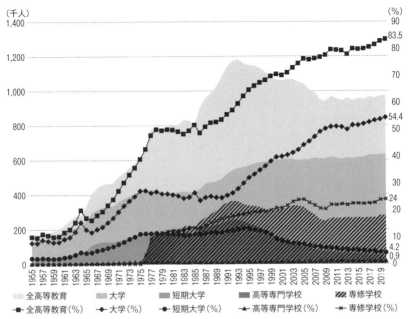

出所：文部科学省（2021）『学校基本調査（年次統計）』「第9表　高等教育機関への入学状況（過年度高卒者等を含む）の推計」をもとに作成。

わけではない。第4章では人的資本論の不完全性や教育と労働市場との関係を説明する他の理論についても考察する。また、教育の研究対象は学校教育に限られるわけではない。企業等の経営者も組織内訓練や研修に多くの費用を投じており、人的資本論は組織運営の観点からも影響力を持つこととなった。この観点について第5章で具体的に述べることとしたい。

2 人的資本論の基本概念

2-1　就学年数はなぜ増えるのか

　学校就学率はおおよそどこの国においても上昇し続けている。日本の高等教育の例を見てみよう。図表3-1は、1955年から2019年にかけての、高等学校卒業者の高等教育への進学者数と進学率の推移を示すグラフである。少子化によ

る就学年齢人口の減少から進学者数は1992年以降減少しているものの、進学率は年々上昇し、過年度高校卒業者を入れると2019年の段階で高等教育への全進学者は83.5％となっている。上昇を担っているのは2019年に54.4％となった大学への進学である。短期大学への進学率は1994年以降減少傾向にあり、専修学校進学率も2005年に23.9％に上昇した後は横ばいである。

このように60年以上もの間、個々人の就学年数は確実に増加しており、特に大学への進学者の増加が顕著である。この傾向は日本に限られているわけではなく、世界のほぼすべての国において国民の平均就学年数は、多少の上下はあったとしても徐々に増加している。

なぜ、就学年数は増えるのだろうか。そしてそれは教育を受ける個々人にとってどのような経済的意味があるのだろうか。このことを考えるときに、第2章で述べた、教育を「消費」の観点から捉えるか、「投資」の観点から捉えるかで異なる見解が生ずる。かつて高等教育は一部のエリート層と経済的に余裕のある家庭の子どもの選択肢であった。日本では第二次世界大戦後の好景気を経て国民全体の可処分所得が増加するにつれ、一般家庭の子どもたちも大学に進学できるようになった。この観点から考えると高等教育は「消費」として扱うことができる。これと同時に、大学に進学することによって将来安定した職業や生活を得たい、との思いから進学を選択することもあり、この場合高等教育は将来におけるリターンを期待した「投資」として捉えることができる。社会的評価の高い有力大学に入学、修了した経歴はより良い就職先を獲得することにつながることは経験的にも実証的にも明らかである。有力大学に確実に進学しようと予備校や塾に通うのも受験者にとっては投資であり、それを支える保護者も子どものために投資をしていると見ることができる。

2-2 教育と初任給との関係

図表3-2は、1976年から2019年にかけての、男子新規学卒者の初任給を学歴別にグラフにしたものである[1]。高校卒業者よりも高専・短大卒業者、高専・

1）初任給額とは、「調査実施年に採用し、6月30日現在で実際に雇用している新規学卒者（同年3月に学校教育法に基づく高校、高専・短大又は大学を卒業した者及び大学院修士課程を修了した者）の所定内給与額から通勤手当を除いたものであり、かつ、同年6月30日現在で同年度の初任給額として確定したものである」。厚生労働省『賃金構造基本統計調査で使用されている主な用語の説明』「18 初任給額」より。

図表 3-2　学歴別初任給推移（男）

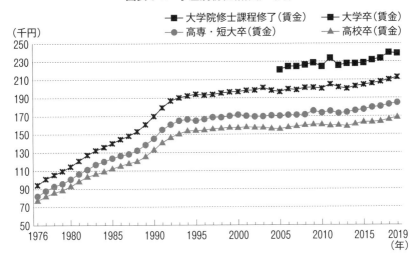

出所：厚生労働省（2019）『令和 2 年賃金構造基本統計調査　結果の概況』「第 3 表　学歴別新規学卒者の初任給の推移」をもとに作成。

短大卒業者よりも大学卒業者、大学卒業者よりも大学院卒業者の初任給平均額が常に上回っている。就学年数の長短が初任給に反映されるということは、教育をより多く受けた者の生産性がそうでない者の生産よりも高いとみなされ、それが初任給に反映されていると解釈される。日本では高校卒業者の場合も大学卒業者の場合も、学校教育を終えると直ぐに就職することが慣例であるため、初任給はまさにそこまでの就学経験が反映されていると受け止められる。翻って、就学年数によって給与に差が生じるという実態は、より高位な教育課程に進もうとするインセンティブを高め、就学年数を長くする効果がある。むろん上位課程への進学を欲する際に経済的恩恵のみを求めているわけではなく、純粋な知識欲や学びへの意欲、教養あるいは専門的知識や能力を身に付けることへの欲求、自由な学びや民主主義的志向なども大切な動機である。しかし、これらの要因を一定とした場合、より高い収入を求める行為は自然であろう。

2-3　教育と生涯賃金との関係

　人的資本論では更に、就学年数の長短は初任給に限らず生涯にわたって所得

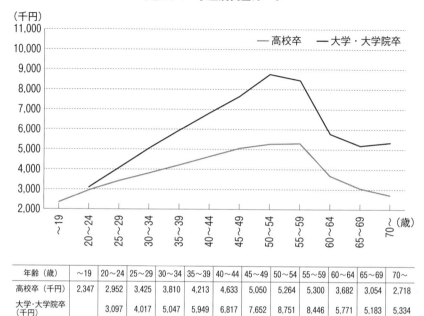

図表 3-3　学歴別賃金カーブ

（千円）

年齢（歳）	～19	20～24	25～29	30～34	35～39	40～44	45～49	50～54	55～59	60～64	65～69	70～
高校卒（千円）	2,347	2,952	3,425	3,810	4,213	4,633	5,050	5,264	5,300	3,682	3,054	2,718
大学・大学院卒（千円）		3,097	4,017	5,047	5,949	6,817	7,652	8,751	8,446	5,771	5,183	5,334
高卒対大卒		1.049	1.188	1.325	1.412	1.471	1.515	1.662	1.594	1.567	1.697	1.963

出所：厚生労働省（2019）『令和元年賃金構造基本統計調査』「第2表　年齢階級、勤続年数階級別所定内給
　　　与額及び年間賞与その他特別給与額」をもとに作成。

　に反映されると説明する[2]。教育を、生涯を通じて便益をもたらす投資だと考
えてみよう。学べば学ぶほど人は生産性を高め、生涯にわたって人的資本を蓄
積すると考える[3]。図表3-3は、高校卒業者と大学及び大学院修了者それぞれ
の賃金曲線を表したものである。その下にはグラフと対応する表を示す。グラ
フ中、縦軸が年収、横軸が年齢を表す。高校卒業者は19歳までには就職し、大
学・大学院卒業者は20歳～24歳の間に就職するとみなす。20歳～24歳の間、大

　2）ジェイコブ・ミンサーは1950年代より学校教育と就職後の訓練との関係に言及し、学び
　　　の量が多いほど次の学びを経験し生産性を高めて高賃金へとつながる仕組みを研究し、
　　　Mincer（1962; 1970; 1974）に包括的に著わしている。
　3）『令和元年度賃金構造基本統計調査』に報告された男子の高校卒業者と大学卒業者及び
　　　大学院卒業者の、所定内給与額を12倍し、年間賞与を加算した金額を年収として計算し
　　　た。集計当時における各年齢層を横断的に集計した値となっている。「所定内給与額」と
　　　は、きまって支給する現金給与額のうち、超過労働給与額を差し引いた額をいう。

図表 3-4　大卒者の費用と便益

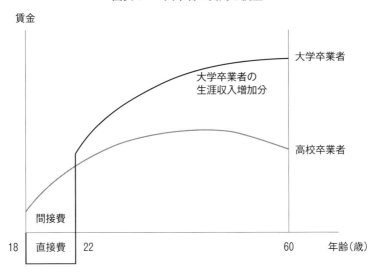

学・大学院卒業者が労働市場に出る頃彼らの平均収入は高校卒業者の約5％増であるが、年齢を増すにつれて差は拡大し、大学卒業者の年収がピークに達する50歳から54歳には66％、70歳以降は96％増となる。

　図表3-4では、大学卒業者と高校卒業者の生涯賃金の関係と大学進学に伴い発生する費用と便益に焦点をあてて賃金曲線を簡略化している。18歳で大学に進学するとする。この時点からその学生には費用として大学での就学に必要な直接経費（授業料その他の学費と就学に伴う全費用）とともに、間接費用が発生する。間接費用は放棄所得（Foregone earnings）[4]から構成される。通常この金額には高校卒業者の4年間の所得総額を使用する。

　次いで、大学卒業者が22歳で就職することを想定する。日本では大学卒業者の新卒の年収は高校卒業者の同じ年齢の年収と大差は見られていない。しかし就職後、大学卒業者の収入曲線は高校卒業者の曲線よりも急な勾配で上昇し、それは退職の時点まで継続する（ここでは60歳で退職することを想定）。大学卒業者の賃金スロープは高校卒業者の賃金スロープに比較してより急であり、

4）大学に進学せず働いた場合に得られる所得。大学に在学中は、就職すれば得られたはずの収入を失うことになる。これは教育を受けるための機会費用（Opportunity cost）として捉えられる。

また賃金スロープが頂点に達する年齢が高校卒業者よりも平均的に遅い。つまり賃金の上昇率が高くそれを維持する期間も長いということである。これらの説明としては、大学卒業者の方が昇進の可能性及び昇給率ともに高いこと、また学歴の高い者ほど訓練を受ける傾向にあることが指摘されており、より高い生産性をより長く維持するとされている[5]。スロープが孤を描いているのは経験的にも理論的にも説明が可能であろう。個人によって差異はあるだろうが、私たちは通常一定の年齢になると体力が減退し生産性の伸び率も減少していく。また退職に伴いあるいは退職の前後に大概の場合は収入や所得は減少する。例えば国立大学法人の場合、概ね55歳で原則昇給は行われなくなることもこのことを反映している。生物学的説明の他に、「利益逓減の法則」でも説明が可能であろう。人間に限らず、機械や技術の生産性も、単体では古くなるほどに下降する。

　図表3-4で大学卒業後の賃金曲線から下方の高校卒業者の賃金曲線に囲まれた部分が、大学卒業者が高校卒業者に上回って獲得する生涯収入金額を表し、大学卒業者にとっての「賃金プレミアム」とも呼ばれる。ここにおいて、高校卒業者を上回る大学卒業者の生涯収入分が大学に在学中の直接及び間接費用を合算した金額よりも上回っていれば、大学に進学することの便益が費用よりも大きく、大学教育に投資する経済的合理性があると判断することができる。

　大学在学中の放棄所得及び学費は決して少なくはない。しかし、大学卒業後から退職までは60歳で退職したとしても35年以上あり、この間に高校卒業者と大学卒業者それぞれの平均所得は大きく開いていく。労働政策研究・研修機構（2019）によると、学校卒業後常勤正社員で継続的に就労した場合の60歳までの生涯賃金（退職金を含めない）は、男性の場合で高２億１千万円、高専・短大卒２億２千万円、大学・大学院卒２億７千万円、女性の場合で高卒１億５千万円、高専・短大卒１億８千万円、大学・大学院卒２億２千万円となっている。また、退職金を受給の後、引退年齢まで非正社員として働き続けた場合を含めると、男性の場合、高卒で２億５千万円、高専・短大卒で２億６千万円、大学・大学院卒では３億３千万円となっている。

5）教育及び訓練を含む就職後の学習経験と賃金について、Bishop（1997）が企業による訓練に関する研究が盛んとなった時期の代表的な研究をレビューしている。日本を対象とした研究では、Kurosawa（2001）がある。

　このように教育の個人所得に及ぼす影響については一定の算出が可能である。しかし、教育をより多く経験することによって金銭外の様々な便益が得られることもまた確かである。例えば、学歴の高い者ほどリスクに中立的であるか、リスクを回避する傾向にあり、健康管理に関心が高く病気にもかかりにくく寿命も平均的に長い。消費行動も慎重で安定しており、情報を収集したうえで過不足なく消費し、文化的で教養性の高い買い物や娯楽を楽しむ傾向にあるとされている[6]。これらの特性は退職後も継続し、第2章で述べたように広く教育の社会効果や外部性をもたらす。

　戦後の就学年数の上昇については、可処分所得の上昇がもたらした影響が大きいであろうし、教育による経済・社会的効果のみを理由とすることはできない。しかし、教育に正の経済・社会的効果が望めないところに教育の費用を負担しようとするインセンティブは生じ難いこともまた確かであろう。その観点では、教育の便益をできるだけ明らかにして、そこにかかる費用と照らし合わせながら教育を受ける経済的合理性を確認することは、教育を受ける側と提供する側双方にとって有用な情報を提供するものと思われる。次節ではその測定方法と結果の例を紹介する。

3 人的資本の推計方法と推計結果

3-1　推計方法：教育の経済効果の測定モデル

人的資本を推計する際に用いられる代表的測定モデルは以下の三つである。
- 正味現在価値法
- 内部収益率法
- ミンサー型賃金関数

6）教育の金銭外の便益について、理論的展開と文献については Grossman（2005）が詳しい。教育と健康との関係について実証的観点からまとめられた報告書に、OECD（2007；2010）がある。日本を分析の対象とした文献レビューに Kagamimori, Gaina & Naser-moaddeli（2009）がある。

3-1-1　正味現在価値法

　正味現在価値（Net Present Value〈NPV〉）法は、大学を経ることによるプレミアムを人的資本量と捉えて定量的に明らかにしようとする方法である。正味現在価値法は、将来得られる便益の現在価値から費用の現在価値を差し引いた金額であり、人的資本に限らず投資の採算性を算出する一般的な投資判断基準の一つである。

　大学進学行動を想定してほしい。大学に進学した場合の費用（Cost）は先述のように授業料その他の学費や就学に伴う直接経費と放棄所得つまり高校卒業後に就職した者の税引き後所得から構成される。大学進学者は高校を卒業して19歳で大学に入学、22歳で卒業、23歳から60歳まで働くとする。そのとき t 歳において必要な教育コストを C_t として4年間の在学中に要する費用の現在価値（Present Value Cost〈PVC〉）は以下の式によって算定できる。

$$PVC = C_{19} + \frac{C_{20}}{1+r} + \frac{C_{21}}{(1+r)^2} + \frac{C_{22}}{(1+r)^3} = \sum_{t=19}^{22} \frac{C_t}{(1+r)^{t-19}}$$

　r は利子率である。現在価値を求めるためにはこの利子率が必要となる。つまり、現在の100万円の価値が1年後の価値とは異なることを想定し、大学に進学する費用と便益ともに、「1+r（年利）」で割り現在の価値を求めなくてはならない。例えば、大学教育に要する今年の費用が100万円であれば、来年の費用の現在価値は、「100÷1.01」であり、「99.002万円」になる。3年目の費用は、「1.01」の2乗で割る。在学期間を対象にこの計算を行うことによって大学教育費用の現在価値を算出する。

　次に大学教育を受けた場合の便益（Benefit）の測定方法である。まず、大学進学後に就職した者の税引き後所得を算出する。22歳から就労し、t 歳時における大学卒業者と高校卒業者の賃金差の現在価値（Present Value Benefit〈PVB〉）は以下のように表される。

$$PVB = \frac{B_{23}}{(1+r)^4} + \frac{B_{24}}{(1+r)^5} + \frac{B_{25}}{(1+r)^6} + \cdots + \frac{B_{60}}{(1+r)^{41}} = \sum_{t=23}^{60} \frac{B_t}{(1+r)^{t-19}}$$

これは、19歳の時点で評価した大学教育の便益の現在価値を表す。図表3-4に照らし合わせると、「大学卒業者の生涯収入増加分」と示されている大学卒業者の生涯賃金と高校卒業者の生涯賃金との差分が便益と捉えられる。23歳で就

職して60歳で退職すると仮定する。大学卒業者にとっての就職直後23歳の年収と高校卒業者の年収の差分を B_{23} とし、現在価値を求めるために $(1+r)$ の 4 乗で割ることとなる。これを60歳までを対象に行い大学教育を受けることの便益の現在価値を算出する。大学に進学すべきかを判断する際には、上記の費用 C と便益 B を比較して B が C を上回れば大学に進学する経済的妥当性があるということになる。

3-1-2　内部収益率法

　上記は教育の費用と便益の現在価値を比較する方法であるが、これをもとに教育の収益率を算定するのが内部収益率（Internal Rate of Return〈IRR〉）法である。上で例示した、高校を卒業して19歳で大学に入学、22歳で卒業、23歳から60歳まで働く場合を想定すると、教育の収益率は、

$$\sum_{t=19}^{22}\frac{C_t}{(1+r)^{t-19}}=\sum_{t=23}^{60}\frac{B_t}{(1+r)^{t-19}}$$

が成り立つ場合の r を求めることによって得られる。換言するなら内部収益率は、便益－費用＝0 が成り立つ割引率ということである。この割引率が大学教育を経ることの収益率であり、この率が高いほど大学進学の経済的合理性が高いと考えることができる。

3-1-3　ミンサー型賃金関数

　最後に、ミンサー型賃金関数について説明する。ミンサー型賃金関数は、本書で幾度か触れている労働経済学者であるジェイコブ・ミンサーが考案した関数モデルであり、収益率を測定するうえで、内部収益率法と並んで多用される。ミンサー型賃金関数は以下のように表される。

$$ln W_i=\alpha_{0i}+\beta_1 S_i+\beta_2 EX_i+\beta_3 EX_i^2$$

左辺に対数変換した賃金を被説明変数として置く。対数に変換することで説明変数の変化に対する賃金の弾力性を求められるので説得性を高めることができるが、対数に変換せず賃金のみを値にとる研究も少なくない。ミンサーは、賃金を説明する要因として「S＝School（学校教育）」、「EX＝Experience（経

験）」、「$EX^2 = \text{Experience}^2$（経験の2乗）」を右辺に置いた。まさに人的資本論を表象する公式といえる。ミンサーは多くの分析において、年齢から「6」を引いた数を学校教育年数「S」とした。小学校に上がる年齢を7歳とし、大学を卒業した年齢が22歳だとすると、22歳から「6」を引き、16年にわたって学校教育を受けたということでその年数が「S」の値をとる。「経験」は就業年数である。次の「経験」を2乗とするのは、賃金スロープが弧を描く、つまり就職後しばらくは生産性、賃金共に直線的に上昇するが、中盤以降は生産性及び賃金の上昇率は減少することを想定しているからである。α_{0i} は i という個人の教育以前の効果、つまり教育を受けなくとも得られる賃金への効果を表す。「β_1」、「β_2」、「β_3」は、i という個人の、学校教育、経験、経験2乗の効果を表す係数（偏回帰係数）である。「S」の係数が正の値をとれば、「学校に行くことは賃金にプラスの効果を持っている」ということである。対数変換しているため、例えばこの値が0.08であれば、学校教育の年数が1年増えるにつれて8％賃金が上昇する、といえる。S の係数の値が大きければ大きいほど、学校教育を受けることの経済的効果が期待できることとなる。

　学校教育後に就く職業によっては、学校教育の係数である「β_1」が少なく、学校教育以外の経験がものをいう場合もある。例えば職人である。料理職人、宮大工の職人など、それほど学校教育に依拠しない類の技能を有しており、その技能を鍛えることで生産性を高めまた賃金を上昇させる職業である。職人は職場での修行や仕事経験を通して腕を上げ賃金を上げる。彼らは最初の数年は、例えば徒弟制度のような環境下で技能訓練に終始する期間があり初期の賃金は限られている。しかし腕を上げて独り立ちをし、起業に成功すると高い収入を得る可能性がある。その技能を有する者による供給が需要に比して寡少な場合は、報酬は更に高くなるだろう。職種の体力依存性にもよるが、そのような技能の希少性は年齢が増してからも継続することがあり、その場合は、経験及び経験2乗の係数は学校教育の効果を表す係数より有意となり得る。

　ミンサー型アプローチは賃金統計データに容易に適用でき、上記に示された変数のみならず、分析対象者の属性や社会経済的環境要因など、研究の関心や目的に沿って様々な説明変数を加法的に追加できることが特徴である。先の内部収益率の算定方法は教育が所得になんらかの効果を有することを前提としているのに対し、ミンサー型賃金関数は教育以外の様々な要因分析に応用が可能

であり、教育の効果を他の例えば経験、年功、産業、職業、属性などの効果と併せて検討することができる。ミンサー型賃金関数は労働経済学、教育経済学ほか、主にミクロ経済学の分野を中心に活用されている。

3-2　人的資本の推計結果

　教育への投資収益率をめぐる研究は、主に経済学者と教育学者により行われ、アメリカやイギリスはもとより、日本を含む世界の主要国で実績が積まれている[7]。以下では最初に私的収益率、次いで社会的収益率[8]の推計結果を、主に既存研究の結果を参照するかたちで紹介する。日本の状況を把握したうえで、OECD 各国との国際比較を通して日本の特徴を考察したい。

3-2-1　私的費用と便益

　はじめに、教育を受けた当人が獲得する経済的便益である私的収益率に焦点をあてよう。

　島（2013; 2017）は、日本における教育投資収益率の計測はアメリカとイギリスで主たる目的とされてきた「教育への投資」の妥当性あるいは合理性の検証に留まることなく、1970年代以降「受験競争」と一体化していた進学行動の

7）日本における1960年代から2000年代にかけての教育の収益率について、妹尾・日下田（2011）は主要な研究を網羅的にレビューしている。また三菱総合研究所（2010）は、国内外の分析事例をまとめたうえで、教育投資の費用対効果分析を試行し、分析の手法や分析に有用なデータを整理している。

8）「私的収益率（Private rate of return）」については、教育費用の個人負担額と税引き後の所得あるいは収入とを対応させて算出する方法がほぼすべての分析で一貫して用いられている。他方「社会的収益率（Social rate of return）」の定義や測定に使用する指標及びデータは一様ではない。例えば、収益率研究の第一人者であるジョージ・サカロウポロスの初期の研究では社会的便益について、「社会にもたらされることが期待される便益」と定義しつつ、指標には税引き前収入のみを用いており、刑務所の費用や技術変革から得られる恩恵などは「外部効果」として計算には入れられなかった（Psacharopoulos, 1969; 1972, Psacharopoulos & Woodhall, 1985）。しかし Psacharopoulos & Patrinos（2018）では、「理想的には教育の社会的便益には女性の衛生管理の向上によって救われた幾人もの命など金銭外の社会的便益を含むべきである（p.3）」としつつ、「実証データが乏しいことから社会的収益率は通常観測可能な金銭の費用を用いている」と記している。最近では公的収益率の算出に使用される失業給付抑制効果や犯罪費用抑制効果なども社会的効果として社会的収益率に算入される場合もあり、都度観測対象の確認を要する。

背後にある経済構造の解明など、「社会的関心」に応えるという意義を有していたことに独自性があるとする。確かに、日本における教育投資効果の測定は、財政学と金融論を専門とする貝塚が1977年に所得分配の要因解明を目的にMincer（1974）及びBecker（1975）に基づき行ったものの（貝塚・石山・石田，1977）、その後しばらくは教育社会学者が牽引したといってよいであろう。研究のアプローチも経済学理論やモデルの検証と対応させた計量経済学的分析ではなく、内部収益率法を用いて性別、学歴別、企業規模別、産業別、大学・学部別に入念に割引率を測定するアプローチをとっている。矢野の一連の研究（矢野, 1978; 1982; 1984; 1991;1996）はその源流をなすとされ、島（2017）はこれら矢野の研究によって『賃金構造基本統計調査』（厚生労働省）を用いて算出し得るあらゆる教育投資収益率が計測されたといっても過言ではないと記している。

（1）日本国内の分析結果

　1990年代に入ると、教育学者と経済学者双方による収益率分析が展開される。ここでは、出版年と分析対象年ともに、比較的最近の研究結果に焦点をあてて教育の収益率を概観したい。高校進学率が充足されている地域や国においては、投資効果測定の対象となるのは自ずと高等教育となる。日本も例外ではなく、大多数の研究は大学進学者を対象としている。田中（1994）による1966年〜1989年を対象とした分析は、男子の私的収益率は9％から7％へと減少傾向にあることを指摘している。荒井（1995）による同じ年代（1965年〜1985年）を対象とした分析では、男子の大学教育収益率は8.65％から6.58％へとやはり減少傾向にあることが明らかである。女子の収益率は男子よりも高い傾向にあるものの、1974年から1993年にかけて大学の場合で9.91％から8.83％、短大の場合で11.44％から8.53％へとやはり減少傾向にあった（Arai, 1998）。より近年の島（2008）による1975年〜2003年を対象とした分析では、男子は1990年代後半から、女子は1990年代前半から収益率が増加していることを示しており、2003年のデータで男子が6.5％〜8.0％、女子が9.5％〜11.5％と算出している。

　岩村（1996）は1992年を対象に学部間及び大学間で男子の収益率を比較している。それによると、社会学系で7.79％〜10.49％、理工学系で8.07％

～8.99％と社会学系の収益率が高い傾向にあり、また難易度の高い大学ほど収益率が高い。経済企画庁経済研究所（編）（1998）は男子を対象に国立と私立で比較した結果、国立大学で1986年6.8％、1990年7.8％、1994年6.8％と推移し、私立大学で1986年5.9％、1990年6.7％、1994年5.9％と算出している。島（2017）もまた『賃金構造基本統計調査』等を用いて国立大学と私立大学の収益率を比較している。1999年を対象に、国立大学法人における平均収益率は8.6％、私立大学では6.5％と算出している。更に大学の偏差値レベルを勘案し、私立の偏差値が55以上の難関大学では8.7％、偏差値45以下の大学では5.0％と大学の難易度によって収益率が異なることも明らかにした。

　ミンサー型賃金関数を用いた分析では、Ono（2004）が1995 Social Stratification and Mobility National Survey〈SSM〉を用いた分析を行い、大学教育1年間の収益率は8.7％と算出している。矢野・島（2000）は初等教育から高等教育までの平均収益率が、1965年が10.2％、1995年は8.5％と減少していることを示している。また、濱中（2009）は、専修学校、短期大学、高等専門学校など機関種の効果を検証しており、専修学校で資格を取得して有資格職に就く女子は大学卒業者よりも教育効果が高いことを明らかにした。

　これらの研究結果から見えてくるのは、大学教育には確かな投資効果が期待できるということである。特に女子の収益率は男子よりも高い傾向にあることが一貫している。また公立のほうが私立よりも収益率が高いのは授業料など在学期間の費用が私立の方が高いことが影響しているのであろう。難関大学卒業生の生涯賃金が高いらしいという結果は、大学教育の効果以外にも、個々人の大学教育以前から備わっていた資質や能力、そして難関大学のシグナリング効果も考えられ、これについては第4章で具体的に考察したい。

　これまで蓄積されてきた研究によって、収益率は大学の設置形態、機関種、難易度、学部などの大学側の要因、就職する企業規模、職種、産業、そして景気変動によって異なることも明らかにされている。学校教育のあらゆる段階で私費負担が増大している今、教育の収益率の恒常的で詳細な分析は、教育を受ける者にとって、そして教育機関にとって有益な情報を提供するものと思われる。

（２）国際比較

　Blöndal, Field & Girouard（2002）は、1999年から2000年のOECD主要各国[9]における高等教育の私的収益率の計算で、平均値が男性11.7%、女性11.8%に対して日本は男性が7.9%、女性が7.2%と低いレヴェルにあり、その理由として授業料の家計負担が大きいことを示唆している。田中（2010）も日本の私的収益率はOECD各国と比較して低いことに言及し、日本では奨学金支援が不十分であり、高額な大学教育費用を家計が負担しているとし、日本の大学の国際競争力が低下することを憂慮している。以下では最近の国際比較データを確認して、日本の私的収益率の特徴を把握したい。

　OECDは毎年発刊している *Education at a Glance* のなかで、ほぼ毎年加盟国を中心とした各国の大学教育の費用と収益及び収益率を発表している。図表3-5は、2015年に集計された高等教育を修了した者の高校修了者に対する私的正味収益額を男女別に集計した結果である[10]。購買力平価GDPを年利２%で計算しドル換算で公開している。ここから読み取れるのはまず、ノルウェー、トルコ、スペイン、ベルギー、エストニアを除くと、男性のほうが女性よりも収益額が高いことである。特に日本においては女性の大卒賃金プレミアムが際立って低く、日本の大卒女性の収入は高卒女性よりもそれほど高くはない。第９章で具体的に述べるが、これは日本の大卒女性の生涯の労働量や賃金が高卒女性と比較して多くないことが主因と考えられる。日本の大卒女性は、結婚や出産を機に離職した後に復職しない場合が他国に比べて多いことも指摘されており（脇坂・奥井, 2005）、この点についてもジェンダーと教育経済学について考察する第９章で言及する。

　OECDの各国収集データに基づくと日本では男性の大学卒業者の正味収益が284,600ドル、女性の大学卒業者が21,000ドルと算出されている。2020年６月現在の為替レート（≒109円）で日本円に換算すると男性が約3,100万円、女

9）アメリカ、日本、ドイツ、イタリア、イギリス、カナダ、デンマーク、オランダ、スウェーデンが含まれている。イタリアのみ税引き後収入を対象としており、平均値の計算から除外している。

9）アメリカ、日本、ドイツ、イタリア、イギリス、カナダ、デンマーク、オランダ、スウェーデンが含まれている。イタリアのみ税引き後収入を対象としており、平均値の計算から除外している。

10）正味収益額については直近の *Education at a Glance* の2020年及び2019年度版に日本のデータが掲載されていないため、2018年度版から引用した。収益率については *Education at a Glance* の2019年度版から引用した。

図表 3-5　高等教育修了者の私的正味収益額（2015 年）

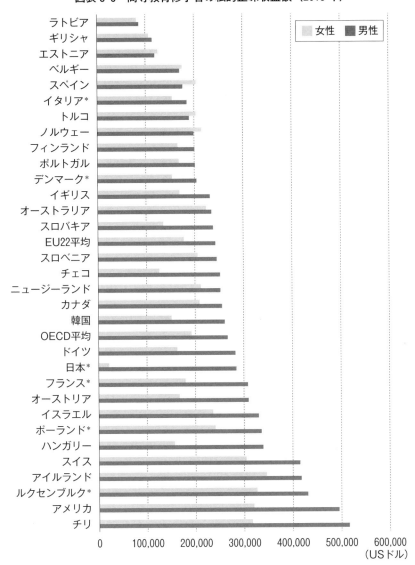

出所：OECD（2018）Tables A5.1a と A5.1b に基づき作成。＊は2015年前後のデータを用いていることを示す。元データの集計方法、技術的留意事項については次のサイトを確認されたい。（http://dx.doi.org/10.1787/eag-2018-36-en）〈2021年 5 月 1 日閲覧〉

図表3-6　高等教育の収益率

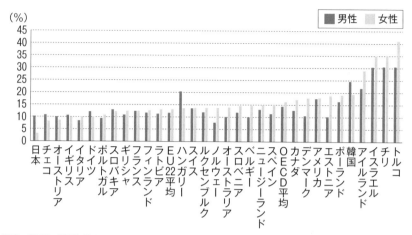

出所：OECD（2018）Tables A5.1a と A5.1b に基づき作成。元データの集計方法、技術的留意事項については次のサイトを確認されたい。(http://dx.doi.org/10.1787/eag-2018-36-en)〈2021年5月1日閲覧〉

性が約230万円となる。

　図表3-6は、OECD 加盟各国における高等教育の費用と便益を計算したうえで、内部収益率を算出したものである。まず男女の収益率を比較すると、多くの国において男性よりも女性の収益率が高いことが読み取れる。23カ国で女性の収益率が男性の収益率を上回る一方、男性が女性の収益率を上回るのは8カ国である。女性は高等教育を経たことによる便益の金額自体は男性よりも少ないが、高等教育へ進学することの投資効果は大きいということである。

　日本の収益率は際立って低い。大学に進学する学生とその家族にとって、大学教育から得られる便益に対して費用の占める割合が多いということである。先に示した正味収益額は際立って少ないわけではなかったことから、私的費用負担が多いことが原因であると思われる。この観測は、先述の Blöndal, Field & Girouard（2002）及び田中（2010）の見解と一致している。また、日本の女性の私的収益率は極めて低く、男性が10％なのに対して3.2％である。他国と比較しても最小であり、日本の男性と比較しても著しく少ない。

（3）用いられる指標
　ここで、私的収益率を算出する際に使用される指標データを確認しよう。図

図表3-7　後期中等教育の私的費用と便益

（単位：USドル）

	直接費用	放棄所得	費用総額	便益内訳（雇用効果を換算）			総便益額	正味回収額	内部収益率（%）	対費用便益率（%）
				総収入額	所得税効果	社会保障負担				
	(1)	(2)	(3) =(1)+(2)	(4)	(5)	(6)	(7) =(4)+(5)+(6)	(8) =(7)+(3)	(9)	(10) =(7)/(3)
女性	-2,700	-11,500	-14,200	214,200	-29,100	-20,500	164,600	150,400	32	11.6
男性	-2,700	-20,500	-23,200	292,300	-54,600	-28,400	209,300	186,100	25	9.0

出所：OECD（2020a）*Education at a Glance 2020: OECD Indicators* の Table A5.1.Private costs and benefits for a man attaining upper secondary education（2017）と A5.2. Private costs and benefits for a woman attaining upper secondary education（2017）を統合し平均値を抜粋して掲載している。

表3-7は先述した *Education at a Glance* に掲載されている OECD 各国における教育の私的費用と便益の算定表を、指標に焦点をあてて抜粋し翻訳したものである。後期中等教育を修了した場合と修了しなかった場合を例に挙げて比較している。ここでの目的は費用と便益の一般的算出に使用される指標を紹介することであるため実際の数値は OECD 平均のみを提示し、男女別にまとめる。

　表を左から追ってみよう。費用として換算されているのは、後期中等教育のために個々人が負担した教育の直接費用(1)次いで放棄所得(2)であり、それらを加算して費用総額(3)が算出されている。その右には、後期中等教育修了者の未修了者に対する便益が記載されている。うちわけは、左から、後期中等教育修了者が未修了者よりも余分に獲得した総収入額(4)であり、修了者個々人にとってプラスの値となる。次いで所得税効果(5)と社会保障負担(6)が記載されているが、これらは後期中等教育修了者が未修了者に比較して余分に負担する額となるため後期中等教育修了者にとってマイナスの値となる。(4)から(5)と(6)を引いた金額が後期中等教育修了者の総便益額(7)となる。その右は総便益額(7)から費用総額(3)を引いた正味回収額(8)であり、内部収益率(9)、対費用便益率(10)が続く。

3-2-2　社会的費用と便益

　教育には必ずしも金銭的便益として反映されない社会的効果があることを第1章及び第2章で述べた。社会的効果には、収入の向上以外の面で個々人やその周囲の者にもたらされる効果と、そのような効果と関係して公共経済や財政に利益をもたらす効果とがある。例えば、学歴の高い者はリスクに対して中立

的かあるいはリスクを回避する傾向にあり、健康管理や安全に関心が高く、家族や周囲の健康や安全にも気を遣う。これらによって教育を受けた者はそうでない者と比べて事故や病気を抑えた安定した暮らしを実現する傾向にあり、その恩恵は家族はもとより近隣の住民にも及ぶ。

　これら教育の波及効果あるいは外部効果は公共経済に利益をもたらす。事故や病気が少なければ、医療費にかかる費用を抑えることができ、国民健康保険制度の収支にプラスの効果をもたらす。犯罪が少なければ、警察や刑務所等の治安維持に充てる費用も低く抑えることができる。更に定量化が容易な社会的あるいは公的効果が、教育を受けた者のより高い収入から得られる税収増加額や、より安定した雇用から得られる失業給付抑制額などであり、これらが総合的に公共経済あるいは財政に影響を与える。このような教育の外部性がもたらす社会的な便益は、教育に公財政支出を充てる根拠でもあることは第1章で述べたとおりである。

　図表3-8は図表3-4の費用と便益を表す簡略図に社会的効果の位置づけを加筆したものである。個人の生涯賃金曲線に上乗せするかたちで弧を描く。これら社会的便益も頂点に達するのが、例えば大学卒業者は高校卒業者よりも遅く、その斜度は急であり、退職後も一定期間継続すると想定される。

（1）日本国内の分析結果

　矢野（1978）は、1965年～1974年を分析対象に、男子の社会的収益率は私立大学が6.5%～8.6%、国立大学が6.2%～8.0%、社会科学系が7.0%～8.6%、工学系が6.2%～8.0%と算出した。次いで矢野（1984）では、社会的収益率と私的収益率とが乖離する理由は公的負担部分の影響であることに着目し、公的負担に補助金と放棄税収入、公的収益に大学卒業者と高校卒業者の生涯所得格差に伴う税収入増分を用いて「公的収益率という第三の計測概念（p.51）」を提示してその計測結果を示している。1980年を対象に、国立大学の男子の場合で私的収益率は6.9%～7.1%、社会的収益率が5.4%、公的収益率が1%以下～2.3%、私立大学男子の場合で、私的収益率が6.5%～6.7%、社会的収益率が6.5%、公的収益率が7.7%～8.9%と計測している。更に、矢野（1987）は、女子の同じく1980年を対象とした分析で、就業率を考慮しない場合で、国立大学の社会的収益率を7.1%、私立大学の場合で9.2%、国立短大の場合で8.9%、

図表 3-8　社会的効果の位置づけ

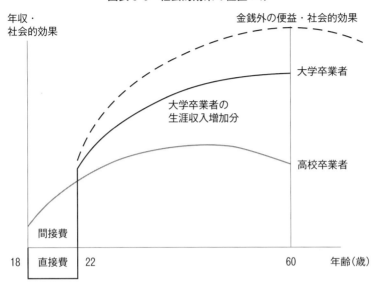

私立短大の場合で9.5%、公立高校で6.4%、私立高校で6.7%と算出した。よ
り最近の結果では、経済企画庁経済研究所（1998）が、1986、1990、1994年を
対象とした社会的収益率を私立大学で、6.6%、7.3%、6.4%、国立大学で、
5.3%、5.9%、5.1%であったと報告している。公立あるいは国立系の教育機
関で社会的収益率あるいは公的収益率が低い傾向にあるのは、公立校に公的な
補助がより多い一方で教育から得られた便益に課せられる税金が相対的に少な
いことを意味する。矢野は早期からこの観点を指摘しており、例えば矢野
（1984）は、国立系において私的収益率が高い傾向は、補助金や課税制度が国
立系進学者にとって有利に機能していることを示唆している。これらの結果は
教育の社会効果と社会収益率の研究を公共財政と関連させて継続的に研究する
ことの重要性を提起したといえる。

　事実、公的収益を含む教育の社会的収益率の研究は、高等教育の進学率が増
加するなか、教育の機会と財政を検討するうえで最近ますます重要性を増して
いる。三菱総合研究所（2010）では、主に2000年代後半に収集された複数の政
府統計を用いて大学教育の費用対効果を試算した。大学卒業者一人当たりの公
財政教育支出額は2,319,790円である一方、税収増加額は4,724,060円、失業給

付抑制額は10,278円、逸失税収抑制額は19,124円、犯罪費用抑制額は396円と算定した。これに基づき、大学卒業者一人当たりの純便益は2,434,068円、大学卒業者全体による純便益は1,105,670,506,928円と見積もっている。

島（研究代表・編著）(2018) による『平成29年度教育改革の総合的推進に関する調査研究～教育投資の効果分析に関する調査研究～』は、第3期教育振興基本計画[11] の策定に向けた調査研究であった。本報告書は、大学卒業者一人当たりの公的教育投資効果額は3,421,832円と算出した。いくつかの推計パターンを試行しており、例えば、公財政支出を研究費と案分して二分の一を教育費とした場合、一人当たりの効果額は4,734,439円、大学卒業者数をかけた総効果額は2.3兆円、公的収益率は9.7％と推定している。複数の課程に基づき分析し、いずれの場合も一定の投資効果が存在することを確認している[12]。

（2）国際比較

図表3-9は、私的収益率の説明でも使用したOECDの *Education at a Glance* が報告する2015年の高等教育修了者の公的正味収益額である。購買力平価GDPを年利2％でドル換算している。公的正味収益額については、高等教育への公財政支出の在り方も課税制度や社会保障制度なども各国まちまちであるため一概に比較することはできないものの、一貫しているのはデータを提供したすべての国において女性よりも男性のほうが著しく収益額が高いことである。後述するが、公的収益額の対象である所得税増額について男性の高等教育修了者が女性の高等教育修了者よりも極めて高いことが主因である。本データに基づくと日本では男性の大学卒業者から得られる公的正味収益額が119,600ドル、女性の大学卒業者の場合で76,200ドルとなっている。2020年6月現在の為替レート（≒109円）で日本円に換算すると男性が約1,304万円、女性が831

11）教育振興基本計画は、教育基本法に示される理念の実現と日本の教育振興に関する施策の総合的・計画的な推進を図るために文部科学省作成のうえで閣議決定される。第3期教育振興基本計画の対象期間は2018年度から2022年度であり、2018年6月15日付けで閣議決定されている。詳細は以下のサイトを参照されたい。https://www.mext.go.jp/a_menu/keikaku/index.htm 〈2020年6月6日閲覧〉

12）大学卒業者の費用便益分析の課題のほかに「高等教育の追加的投資による効果分析」、一卵性双生児を対象とした調査による「上記の調査研究内容を補強する追加の分析」を併せて三つの課題が設定されているが、本章では費用便益分析に焦点をあてている。

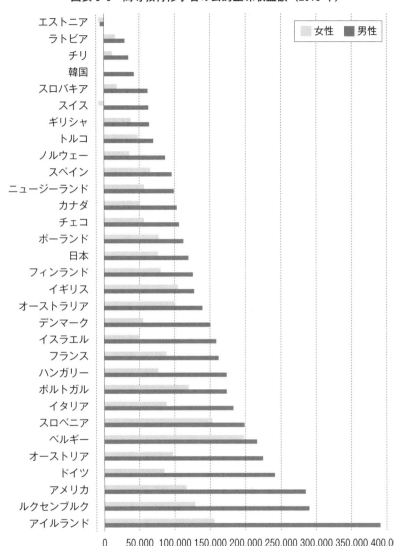

図表 3-9　高等教育修了者の公的正味収益額（2015 年）

出所：OECD（2018）Tables A5.2a と A5.2b に基づき作成。元データの集計方法、技術的留意事項については次のサイトを確認されたい。（http://dx.doi.org/10.1787/eag-2018-36-en）〈2021 年 5 月 1 日閲覧〉

万円となる。アイルランドの公的収益額が際立って高い点については、2008年のリーマンショックで深刻な打撃を受けた後の、2010年代中盤から若者を中心とした失業率の急速な減少、高等教育進学者の急増、高等教育進学プレミアムの上昇などで説明されている（OECD, 2020）。

　図表3-10は、OECD 加盟各国について高等教育の公的費用と便益を計算したうえで、公的内部収益率を算出したものである。まず男女の収益率を比較すると、多くの国において男性よりも女性の収益率が低いものの、日本、スロベニア、ベルギー、オーストラリア、イギリス、ギリシャでは女性の収益率の方が高い。これらの国では、女性が高等教育へ進学することの公的投資効果が大きいことを示唆している。

③ 用いられる指標

　教育の社会的な効果の観点から、費用と便益の算出に用いる指標を具体的に見てみよう。図表3-11は、*Education at a Glance* に掲載されている OECD 各国における教育の公的費用と便益の算定表を、指標に焦点をあてて抜粋し翻訳したものである。私的費用と便益の記述と同様、ここでの目的は費用と便益の一般的算出に使用される指標を紹介することであるため、実際の数値は OECD 平均のみを抜粋し、男女別にまとめた。私的費用分析の際と同様、後期中等教育を修了した場合と修了しなかった場合を例に挙げる。

　表を左から見ていく。直接費用(1)は後期中等教育のための公財政教育支出額であり、政府にとってマイナスの値となる。次いで後期中等教育修了者が放棄した所得から得られたはずの放棄課税額(2)が記載され、それらを加算して費用総額(3)が算出されている。その右には、後期中等教育修了者が算出する未修了者と比較した便益が記載されている。うちわけは、左から所得税効果つまり税収増加額(4)であり、政府にとってプラスの値となる。次いで社会保障負担から得られる効果(5)であり、これには、通常失業給付抑制額や犯罪費用抑制額などが算入され、政府にとってプラスの値となる。(4)と(5)を足して総便益額(6)が算出される。その右は総便益額(6)から費用総額(3)を引いた正味回収額(7)であり、内部収益率(8)、対費用便益率(9)が続く。

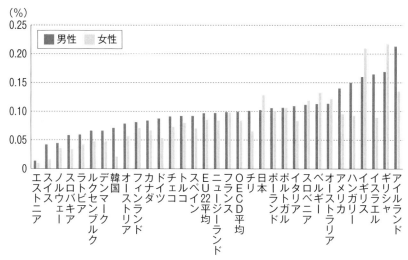

図表 3-10　高等教育の公的収益率

出所：OECD（2018）Tables A5.2a と A5.2b.に基づき作成。元データの集計方法、技術的留意事項については次のサイトを確認されたい。（http://dx.doi.org/10.1787/eag-2018-36-en）〈2021年 5 月 1 日閲覧〉

図表 3-11　後期中等教育の公的費用と便益

（単位：USドル）

	直接費用	放棄課税額	費用総額	便益内訳（雇用効果を換算）		総便益額	正味回収額	内部収益率（%）	対費用便益率（%）
				所得税効果	社会保障負担				
	(1)	(2)	(3)＝(1)＋(2)	(4)	(5)	(6)＝(4)＋(5)	(7)＝(6)＋(3)	(8)	(9)＝(6)/(3)
女性	-33,700	-2,200	-35,900	29,100	20,500	49,600	13,700	3	1.4
男性	-33,700	-4,700	-38,400	54,600	28,400	83,000	44,600	6	2.2

出所：OECD（2020a）*Education at a Glance 2020: OECD Indicators* の Table A5.3.Public costs and benefits for a man attaining upper secondary education（2017）と A5.4. Public costs and benefits for a woman attaining upper secondary education（2017）を統合し平均値を抜粋して掲載している。

3-3　人的資本推計の可能性と留意点

　日本では数年来大学の収益率を対象とした研究が充実し、内部収益率等の教育投資効果を参考に大学進学や大学運営の在り方を検討することが可能となった。学生や保護者にとっては、そのような情報を参考に、大学に進学するのか、進学するとすればどのような大学や分野で勉強するのかなどを検討するこ

とができる。大学や行政の立場からは、大学や学部の設置や運営の在り方を検討する際に参考にすることができる。とりわけ、私的収益率と公的収益率を比較分析して大学教育の費用負担あるいは公私の費用分担の在り方を検討することは適正な教育機会の環境整備に資する。日本は他の OECD 各国に比べると、公的収益率に比較して私的収益率が低く、女性は特にその傾向が顕著である。これは私費負担の占める割合が多いことを示しており、他の OECD 関係各国と足並みを揃えるのであれば公的資金をより多く大学教育に充てることによって私的負担を軽減する必要がある。このような対応は、日本の大学教育における教育機会の均等性と多様性を向上させる道筋でもある。また、大学教育市場の国境はもはや無いに等しい。他国の大学では自国外の学生にも積極的に財政支援を行っており、日本の支援不足は大学の国際競争力の低下にもつながる。

　一方で、大学教育の収益率をはじめとする経済効果指標の解釈や取り扱いの際には多面的な注意を要する。教育に関わる収益率の増減は教育費の増減や分担の在り方に起因するのか、景気循環の影響によるものなのか、大学教育そのものに賃金を上げる効果が無くなっているためなのか、あるいは算出方法に不備や欠陥があるのかなど、複数の観点から考察しなければならない。更に算定された収益率の捉え方についても注意を要する。例えばある学部や専門分野において収益率が低い、つまりその学部や分野を卒業しても他の分野と比較して就職がしにくく生涯賃金も低い傾向にある場合、学生個人はそのような学部への進学を踏みとどまるかもしれない。そのような場合に「採算が合わない」と判断してその学部を無くして良いかどうかについては大学による深慮が必要である。その特定の専門分野に雇用が少ないのはなぜなのか、そのような状態は一過性なのか長く続くのか。その分野が無くなった場合に中長期的にどのような問題が起こりうるのかといった問いに、産業や社会のニーズや期待を踏まえながらも学術振興の観点から、答えを見出さなくてはならない。経済学的にいうならば、教育は「市場の失敗」の対象になるからである。教育の持つ公共性と外部性は市場に収まらない。例えば一定の学びに対して需要が少なく、市場のメカニズムでは維持することができない場合であっても、正の外部性が見込まれる場合は公共財として費用を補い維持していかなくてはならない。それを見極めるのが大学人の知恵といえよう。

参照文献

Arai, K.（1998）Internal Rates of Return to Female Higher Education in Japan. *Hitotsubashi Journal of Economics*, 39（1）, pp.23-26.

Becker, G. S.（1975）*Human Capital: A Theoretical and Empirical Analysis, with Special Reference to Education, Second edition,* New York: National Bureau of Economic Research.

Becker, G. S.（1962）Investment in Human Capital: A Theoretical Analysis. *Journal of Political Economy*, 70（5）, pp.9-49.

Bishop, J. H.（1997）What We Know about Employer-Provide Training: A Review of the Literature. *Research in Labor Economics*, 16, pp.19-87.

Blöndal, S., Field, S. & Girouard, N.（2002）Investment in Human Capital Through Upper-Secondary and Tertiary Education. *OECD Economic Studies*, No. 34.

Grossman, M.（2005）Education and Nonmarket Outcomes. *NBER Working Paper*, 11582.

Kagamimori, S., Gaina, A. & Nasermoaddeli, A.（2009）Socioeconomic Status and Health in the Japanese Population. *Social Science and Medicine*, 68（12）, pp. 2152-2160.

Kurosawa, M.（2001）The Extent and Impact of Enterpise Training: The Case of Kitakyushu City. *Japanese Economic Review*, 52（2）, pp.224-241.

Lewis, W. A.（1954）Economic Development with Unlimited Supplies of Labour. *The Manchester School*, 22（2）, pp.139-191.

Lewis, W. A.（1955）*Theory of Economic Growth,* London: George Allen & Unwin, Ltd.

Mincer, J.（1958）Investment in Human Capital and Personal Income Distribution. *Journal of Political Economy*, 66（4）, pp.281-302.

Mincer, J.（1962）On-the-Job Training: Costs, Returns and Some Implications. *Journal of Political Economy*, 70（5 Part2）, S50-S79.

Mincer, J.（1970）The Distribution of Labor Incomes: A Survey with Special Reference to the Human Capital Approach. *Journal of Economic Literature*, 8（1）, pp.1-26.

Mincer, J.（1974）*Schooling, Expereicne and Earnings,* New York: National Bureau of Economic Research.

OECD（2007）*Understanding the Social Outcomes of Learning*, OECD.

OECD（2010）*Improving Health and Social Cohension throuh Education*, OECD.

OECD（2020a）*Education at a Glance 2020: OECD Indicators.* Paris: OECD Publishing.

OECD（2020b）*Education Policy Outlook: Ireland*, OECD.

Ono, H.（2004）College Quality and Earnings in the Japanese Labor Market.

Industrial Relations, 43(3), pp.595-617.

Pigou, A. C.（1928）*A Study in Public Finance*, London: Macmillan & Co.

Psacharopoulos, G.（1969）*The Rate of Return on Investment in Education at the Regional Level: Estimates for the State of Hawaii*, Honolulu: Economic Research Centre.

Psacharopoulos, G.（1972）Rate of Return to Investment in Education around the World. *Comparative Education Review*, 16(1), pp.54-67.

Psacharopoulos, G. & Woodhall, M.（1985）*Education for Development: An Analysis of Investment Choices*, Oxford: Oxford University Press.

Psacharopoulos, G. & Patrinos, H. A.（2018）Returns to Investment in Education: A Decennial Review of the Global Literature. *Education Economics*, 26(5), pp. 445-458.

Schultz, T. W.（1961）Investment in Human Capital. *American Economic Review*, 51(1), pp.1-17.

Smith, A.（1776）*An Inquiry into the Nature and Causes of the Wealth of Nations*, University of Chicago Press.

荒井一博（1995）『教育の経済学——大学進学行動の分析』有斐閣。

岩村美智恵（1996）「高等教育の私的収益率——教育経済学の展開」『教育社会学研究』第58集、pp.5-28。

貝塚啓明、石山行忠、石田祐幸（1977）「賃金所得分配の分析——人的資本アプローチ」『経済分析』第67号、経済企画庁経済研究所。

経済企画庁経済研究所（編）（1998）『エコノミストによる教育改革への提言——“教育経済研究会” 報告書』大蔵省印刷局。

厚生労働省（2020）『令和 2 年　賃金構造基本統計調査』。

島一則（2008）「大学進学の経済的効果についての実証分析」編著：塚原修一『高等教育の現代的変容と多面的展開——高等教育財政の課題と方向性に関する調査研究』pp.65-76、平成17－19年度　調査研究等特別推進経費調査研究報告書。

島一則（2013）「教育投資収益率研究の現状と課題——海外・国内の先行研究の比較から」『大学経営政策研究』第 3 号、pp.15-35。

島一則（2017）「国立・私立大学別の教育投資収益率の計測」『大学経営政策研究』第 7 号、pp.1-15。

島一則（研究代表・編著）（2018）『平成29年度　教育改革の総合的推進に関する調査研究——教育投資の効果分析に関する調査研究』。

スミス, アダム（著）、山岡洋一（訳）（2007）『国富論　国の豊かさの本質と原因についての研究（上・下）』日本経済新聞出版社。

妹尾渉、日下田岳史（2011）「“教育の収益率” が示す日本の高等教育の特徴と課題」『国立教育政策研究所紀要』第140集、pp.249-263。

田中寧（1994）「戦後日本の大学教育需要の時系列分析——内部収益率理論の再考察」『経済経営論叢』第28巻 4 号、pp.73-95。

田中寧（2010）「内部収益率のバリエーションと大学進学の経済的メリットの再考察」『京都産業大学論集』社会科学系列、第27号、pp.63-82。

濱中淳子（2009）「専修学校卒業者の就業実態——職業教育に期待できる効果の範囲を探る」『日本労働研究雑誌』No. 588、pp.34-43。

三菱総合研究所（2010）『平成21年度　教育改革の推進のための総合的調査研究——我が国の教育投資の費用対効果分析の手法に関する調査研究』文部科学省委託調査研究。

文部科学省（2021）『学校基本調査（年次統計）』。

矢野眞和（1978）「教育の投資収益と資源配分」著・研究代表者：市川昭午『教育における最適資源配分に関する基礎的研究』pp.103-145、トヨタ財団助成研究報告書。

矢野眞和（1982）「入学と就職の経済学」著：市川昭午、菊池城司、矢野眞和『教育の経済学』第一法規出版。

矢野眞和（1984）『教育の収益率にもとづいた教育計画の経済学的分析』学位請求論文、東京工業大学。

矢野眞和（1987）「女子教育の経済効果と地位」編著：袖井孝子、矢野眞和『現代女性の地位』pp.61-88、勁草書房。

矢野眞和（1991）『試験の時代の終焉——選抜社会から育成社会へ』有信堂高文社。

矢野眞和（1996）『高等教育の経済分析と政策』玉川大学出版部。

矢野眞和、島一則（2000）「学歴社会の未来像——所得からみた教育と職業」編：近藤博之『日本の階層システム 3 戦後日本の教育社会』東京大学出版会、pp.105-126。

労働政策研究・研修機構（2019）『ユースフル労働統計2019——労働統計加工指標集』。

脇坂明、奥井めぐみ（2005）「第7章　なぜ大卒女性は再就職しないのか」編著：橘木俊詔『現代女性の労働・結婚・子育て——少子化時代の女性活用政策』（経済政策分析シリーズ）pp.184-207、ミネルヴァ書房。

第**4**章

教育と労働市場2
人的資本論で説明できないこと

第3章では、人的資本論が教育の経済効果を説明する概念と、説明する方法について述べた。しかし、他の多くの理論と同じように、人的資本論もいくつかの反論や批判を受けてきた。本章では、人的資本論では説明し得ないとされる事象、人的資本論の説明力に対する疑問や異論及び追加説明の要求などについて述べたい。

1 人的資本論への疑問と反論

これまで人的資本論に対して寄せられてきた疑問と反論には以下がある。

- 教育が経済成長をもたらすといえるのか（経済成長が教育の普及を可能にしたのではないか）。
- 教育の効果を測ることはできるのか。
- 同じ教育を受けても賃金が異なるのはなぜか。
- 勉学に励んだ者とそうでない者の初任給が変わらないのはなぜか。
- 教育を受けなくても生産性や賃金が高い者がいるのはどのように説明されるのか。
- 生産性と所得を高めるために、それだけの量の教育は必要なのか。

1-1　教育と経済成長の因果関係

最初の「教育が経済成長をもたらすといえるのか」は、教育と経済の関係を

めぐる根本的な問いである。人的資本論は教育に経済的社会効果があるということを前提としている。しかし、本当に教育が社会・経済的成長をもたらすのか、社会・経済的に豊かになったから教育量が増えたのではないかという反論である。つまり、先に教育ありきではなく、経済発展の実現によって教育への参加が促されたという見解である。この問いへの答えとしてよく用いられるのは、第2章で述べたエドワード・デニソンによる米国の1909年から1959年までの経済成長を構成する要因に関する研究結果である（Denison, 1962）。彼は、この間の経済成長に対する労働者の貢献について、労働の量だけでは説明ができず、一人ひとりの生産性が高くなったことが主因であり、それを可能としたのが教育であったと結論した。もっとも、経済成長と教育への参加が同時並行的に進んでいて、経済成長によって教育参加の余裕ができたとの解釈も十分にあり得、教育が先であるという確定的な結論には至っていない。

1-2　教育の効果測定の可能性

　次の、「教育の効果を測ることはできるのか」は、研究手法の観点から教育効果の説明力を問うものである。人的資本論は、教育や訓練の効果が定量的に計測できることを前提に、教育が個人の生産性や所得を向上させると説く。これに対して、「教育の効果は本当に定量的に計測が可能なのか、可能であるとした場合でも、教育自体が生産性や所得を向上させるのか」という疑問が呈される。例えば所得の異なる成人二人について、教育の履歴のみをもとに所得の違いを説明することはできない。（1）個々人の基本的な属性である性別や年齢、人種、（2）社会的経済的な環境要因である居住地、両親の所得と学歴、近隣の環境、（3）就業者であれば就労する産業の種別や企業の規模、職位や職種など、教育以外の要因が私たちの所得に相当な影響を与える。したがって教育の効果を測定するときは、これらの要因を併せて勘案して、教育の効果のみを浮き彫りにする手続きが必要となる。実際、これらの要因の影響については統計的手法を用いて取り除き、教育による効果に絞り込んで推定することは可能である。難題は、定量化が困難な、またはその影響をコントロールしにくい要因があることである。例えば「アルファ要因」と呼ばれる、教育を受ける前から個々人に内在する意欲や潜在能力といったものである。高学歴の有能な就労者による生産性と所得の高さは、生まれながらの能力の高さによるもので

あり、能力の高い人間であるから高学位課程へと進み、その結果として教育年数が長くなったという考え方もできる。この場合、生産性と所得の向上に寄与したものは教育で習得された知識や技能よりも、生得的な能力であるということになる。

1-3　教育と賃金との不整合性

　次の、「同じ教育を受けても賃金が異なるのはなぜか」という問いは、教育の実質性を追求する。同じ教育を受けても賃金が異なる者がいることに着目し、「その教育」は労働者の所得を増やす実質的効果が本当にあるのだろうか、と問う。大学の学位を例にとるとわかりやすい。最終年次まで大学に在籍し順調に学習を重ねていた学生が、なんらかの事情で卒業を目前にして退学し働かざるを得なくなったとしよう。この学生は学位を取得することができないまま就職することになるが、学位を得て卒業する学生と同等の職と賃金を得られるだろうか。学位取得の有無以外は成績その他の面で両者に差異が無いとして、彼らの初任給は同額となるであろうか。更に生涯所得に差は生じないであろうか。この問いに対する答えが、学位を得て卒業した学生に有利なものであるとすれば、職場で評価の対象となるのは、学習と経験によって形成された人的資本よりも学位であるという可能性がある。事実、学習と経験の程度にかかわらず学位を有する者の所得が高い傾向が認められており、これは「シープスキン効果[1]」として知られる。

1-4　初任給に反映されない学びの実質

　このような実態から導かれる次なる問いが、「勉学に励んで卒業した者と、勉学に励まずとも卒業した者の初任給が変わらないのはなぜか」である。二人の学生が同じ大学で修了証書を得て就職を果たしたとする。一方は就学中勉学に励み他方は漫然と過ごした。教育に生産性向上の効果があるとすれば、前者

1）中世の大学の学位証書は羊の皮で作られていたことからシープスキンという。中世のヨーロッパでは大学を中心に学識者や主として学生が大学をめぐるペレグリナチオ・アカデミカが盛んであり、遠方の大学で学んだ証として証書を持ち帰った。学歴社会のはじまりだったといわれる。教育の効用における「シープスキン効果」については、Belman & Heywood（1991）、Hungerford & Solon（1987）などが詳しい。

のほうが後者よりも良い職と賃金を得るはずであるが、実際はそうでもない。日本の新卒市場はその最たる例であろう。最近でこそ採用にあたって在学中の成績を参考にする企業が現れてはいるが、多くの場合大学在学中の学業詳細よりも卒業大学入学時の難易度のほうが採用の可否や賃金の多寡を左右する[2]。

　かつて勉学に励むことなく漫然と過ごす大学生活が「モラトリアム」と表されていたが、「モラトリアム」たる所以は、大学に行くことによって社会の荒波に揉まれることを「先延ばし」にしたとしても「卒業する」ことを想定しており、それが許されていることを意味する。学位を持っていれば、在学中に勉学に励んだ者もそうでない者も、進路や給与に差異が見られないとすれば、彼らの生産性の評価は何に基づいて行われているのだろうか。この問いに人的資本論は答えていない。シープスキン効果は一定の解となる。加えて、大学への進学と卒業の事実が他者に対して自身の有能さを印象づけるシグナルとなり、職の獲得と賃金の保障へつながるとする「シグナリング理論」（後述）によっても説明される。

1-5　学歴で説明できない生産性

　次に、「教育を受けなくても生産性や賃金が高い者はどのように説明されるか」という問いである。近年の教育の効果は主に「学校教育」の効果を対象に測られる。しかし、義務教育修了後に職人を目指して修業に入る者はどうであろうか。彼らのなかにはその道を極めて高い収入を得る者もいる。高級料亭の板前、熟練技能を有する宮大工などの例が挙げられよう。「カリスマ美容師」にも大学進学履歴は必要ない。「腕」の良し悪しに加えて経営の才量などに恵まれると学歴を積まなくとも高い収入を得ることができる。アダム・スミスが人的資本の蓄積に教育（Education）のみならず「徒弟（Apprenticeship）」を対象にしていたことは、網羅的な観点であったことがわかる。この問題は上述

2）Ono（2007）は1回から2回の浪人であれば、浪人をして難易度の高い大学に進学したほうが将来的に年収が上がり大学への投資効果が高いことを明らかにしている。荒井（1995）は、同じ大卒であれば、よりレヴェルの高い大学を卒業した者のほうが規模の大きい企業に就職し賃金も高くなることを明らかにしている。松繁（編著）（2004）は国立大学卒業生を対象に、在学時の成績、分野、その他の経験が就職後の賃金、所得、キャリアにどのように影響するかを分析した結果を収録している。

した「教育の実質性」にも関係し、学校教育のみを対象として生産性や所得向上の理由を説明しようとすることは不十分ではないかという疑問を生じさせる。

1-6　教育量と労働市場のニーズの乖離

　最後に、「生産性と所得を高めるために、それだけの量の教育は本当に必要なのか」という問いである。人的資本論に対する反論というよりも、教育量と労働市場のニーズとの間の乖離についての説明を求める。「教育過剰（Over education）」は妥当な教育の供給の在り方に関する理論あるいは考察であり、どちらかといえば批判的な視点から就学年数の増加を評価する。例えば、高学歴者が労働の現場に必要とされない教育を受け、「高学歴者」として高い賃金を得ている場合、この労働者のための就学年数の増加は学歴インフレとみなされる。学歴インフレは、スキルミスマッチや低学歴者の就労機会の減少など負の影響をもたらす。

　以上の問いを具体的に考察するために、教育を受ける前から備わっている「アルファ要因」の効果、教育と同時に発生する「シグナリング」等人的資本以外の効果、教育後の失敗といえる「教育過剰」の三つに焦点をあてて、それぞれを説明する。

$\boxed{2}$ アルファ要因による効果

2-1　アルファ要因とは

　私たちには、生産力ほか様々なパフォーマンスに影響を与える要因が、教育を受ける前から備わっている。最初からある未知の要因という意味で「アルファ要因」と通称される。アルファ要因は、生まれながらに備わった遺伝的要素の能力「アビリティー（Ability）」や、学習しようとする意欲、難関校に進学しようとする野心などの「モビリティー（Mobility）」が含まれる。社会に貢献したい、世界平和のために尽くしたいという志を持ち、そのためにより高度な学問を修めようとする積極的な気持ちは「モビリティー」である。このようなアルファ要因は、教育を受ける前から存在し得るばかりでなく、教育の効果

に内在して教育の効果を押し上げる。見方を変えると、教育によって知識や技能が向上したように観測されても、その知識や技能を習得せしめたのは生得的なアビリティーやモビリティーによるところが大きい可能性がある。そのようなアビリティーやモビリティーが学習経験を促したのであれば、教育そのものの効果は減少する。

　生産性は、教育によって習得された知識・技能よりも、生得的な要因によって大きく左右されるのであろうか。もしそうであれば、生産性向上のためには教育に多くの予算を充てるよりも、個々人のアビリティーやモビリティーを高めるための予算を増やすほうが合理的ということになり、政策の方向性も変わる。具体的には就学前支援や、親世代の失業時の保障や食料供給プログラムなど、家庭や地域に向けた福祉政策の充実により多くの政府予算を措置するほうが妥当とされる。生活環境が悪ければ子どもに必要な栄養が不足し、心身に障害をきたし、無気力で向上心を欠く子どもが育つ。したがって、政策の策定にあたっては、予算配分の妥当性を明確に示す必要があり、そのためには実態を正確に把握できる信頼性の高い研究・分析による裏づけが求められる。

2-2　代理変数を用いたアルファ要因の認識方法

　成績を上げ、生産性を上げ、そして収入を増やすのは、教育の効果なのか、それとも生得的なアビリティーなのかという疑問に対する答えを探ろう。これには、教育の効果とアビリティーの効果を分離する工程を要する。第3章で解説したミンサー型賃金関数を援用しよう。ミンサー型賃金関数は以下のように表される。

$$lnW_i = \alpha_{0i} + \beta_1 S_i + \beta_2 EX_i + \beta_3 EX_i^2 + \varepsilon_i$$

lnW_i は i という個人の対数変換した賃金、S_i は教育年数、EX_i は経験年数、EX_i^2 は経験年数の2乗、α_{0i} は定数項、β_1 は教育年数の影響度を表す係数、β_2 は経験年数の影響度を表す係数、β_3 は経験年数の影響度を表す係数、ε_i は誤差項である。ここに、アビリティーを表す A_i を説明変数として置く。

$$lnW_i = \alpha_{0i} + \beta_1 S_i + \beta_2 EX_i + \beta_3 EX_i^2 + \beta_4 A_i + \varepsilon_i$$

　アビリティーの代理変数として使用される代表的な指標は IQ（知能指数）

である。これを加えることによって教育と就業経験の係数が低下することが想定される。その減少分が、教育と経験が賃金に与える影響に内在していたアビリティーの効果であると推定される。よって教育の係数である β_1 は、より厳密に教育の効果を表すと捉えることができる。

　IQ が教育経験になんらかの影響があり、教育経験が就職後の収入に影響があるのであれば、IQ を操作変数としてモデルに入れ込むことは然るべき手段といえる。しかし、IQ が能力の代理変数として十分な説明力があるかといえば、そうとは言い切れない。まず、IQ は一定の年齢に達しなければ測定できない。測定の前になんらかの習得的な経験を経ていないとは言い難い。実際、IQ を測定する時点までに行われた学習や躾が指数に相当な影響を与えるらしいことは心理学や生物学の領域でも実証されている[3]。更に、というより、そもそも IQ の測定によって生得的能力が明らかになるかどうかについても結論が得られているわけではない。親の教育レヴェルや家庭の社会経済的要因が子どもの IQ に強く作用することも報告されている[4]。したがって、IQ が、それを測定される個々人のみに備わる生得的能力であることを前提にすることはできない。

2-3　一卵性多胎児の研究

　このような見解への対応として進められたのが一卵性多胎児の研究である。多胎児の研究はもちろん教育の効果に関する研究に限られるわけではなく、先天性と後天性あるいは生得性と習得性を見分けようとする多くの研究で行われている。主に一卵性双生児の研究が多く、「ツインの研究」と総称される。一卵性多胎児は基本的に同じ遺伝子を持っていることを前提に、生得的能力は同一であり、統計学的には「一定」であると仮定される。そして、同一の遺伝子を持つ異なる人物の異なる教育経路を辿ることによってそれぞれの教育のもたらす影響をより正確に掌握できると想定される。双生児たちの成長する経過を個別に追うという研究もあるが、教育経済学の分野では一定数以上の双生児のサンプルを対象に定量的に検証する手法が主流である[5]。欧米各国では1990年

3）例えば Devlin, Daniels & Roeder（1997）、Turkheimer et al.（2003）を参照されたい。

4）例えば Rowe, Jacobson & van den Oord（1999）、Yeates et al.（1983）を参照されたい。

代から双生児を対象に教育の経済効果を推定する研究が盛んになり、Ashenfelter & Krueger（1994）、Ashenfelter & Rouse（1998）、Isacsson（2004）などが検証モデルとともによく引用される。主に賃金関数を応用し、（1）教育と生得的要因を中心的説明変数とし、（2）保護者の教育や所得など双生児双方にとって「共通」の家庭及び社会経済的要因、（3）婚姻の有無や配偶者の所得などの双生児それぞれにとって「異なる」要因をコントロール変数とする回帰分析によって教育の効果をより正確に明らかにしようとする。このような研究は、一卵性双生児と二卵性双生児の場合を比較する研究、地域や国を特定した比較研究、データ量や精度を上げつつ操作変数に発展的に試行を重ねる研究など、多面的な展開を見せている。日本では島・古川（2018）、Nakamuro, Inui & Yamagata（2017）らが、WEB調査で収集した一卵性双生児のデータを用いて Ashenfelter & Rouse（1998）と同様の手法で最小二乗法や固定効果モデルによる分析をしている。安井・佐野（2009）は独自に実施したアンケート調査に基づき能力変数と家庭環境変数を操作変数とした分析を行った。

　国内外含めこれらの研究結果は統一的とはいえない。しかし、生得能力などの能力変数をコントロールすると教育が所得に及ぼす効果は低下するが、学歴情報にありがちな測定誤差の修正によって教育の経済効果が安定的に存在するという結果はほぼ共通している。ただ、一卵性多胎児であっても生得的能力が同一であると断定できるわけではなく、教育が与える効果もライフコースのなかで多分に変わる。例えば一卵性双生児の一人が大学に進学し、一人が高校卒業直後に就労した場合、二人は異なる生活を経験するわけであり、そのときに出会った異なる人間や出来事は彼らの意識、思考、学習の量や質を変えるだろう。より厳密な教育の効果検証へと近づくために、継続的に分析手法を開発しつつ研究対象の拡大を図ることによって調査と分析の信頼性を高めることが求

5）一卵性双生児のペアに対して人為的に異なる教育経験をさせて違いを比較する実験もあるが選択の権利を奪うことから倫理的問題が発生する。双生児の出産という「自然現象」を「自然実験」として用い、その成り行きを追跡あるいは回帰して分析する意義は、自然実験を用いて因果関係を推定する方法論を確立したデービッド・カード（David Edward Card）、ヨシュア・アングリスト（Joshua David Angrist）、グイド・インベンス（Guido Wilhelmus Imbens）が2021年のノーベル経済学賞を受賞したことから確定的になったといえる。

められている。

$\boxed{3}$ シグナリング効果

3-1　シグナリング理論と情報の非対称性

　シグナリング理論は、アンドリュー・マイケル・スペンス（Andrew Michael Spence）によって1973年に発表された（Spence, 1973; 1974）。当時労働市場をめぐる研究で主流であった人的資本論を含む新古典派経済学は完全情報を前提とするが、シグナリング理論は不完全情報を前提とする。就職市場で売り手である労働者と買い手である企業との関係を考えてみよう。人的資本論ではこれら二者間の情報は対称的であり、企業は労働者の人的資本量を知ってそれを賃金へと反映させ、労働者はその賃金に対応する生産活動を行う。一方シグナリング理論は情報の不完全性に焦点をあて、売り手が買い手を知っているほど買い手は売り手のことを知らないことに着目する[6]。

　例えば、売り手である求職者は買い手である企業について相当に調べて志願する。求職者が手に入れる情報は、賃金や福利厚生などの雇用条件から研修制度、企業文化まで多岐にわたるだろう。一方企業は求職者が企業について知っているほど求職者のことを知らない。ここに情報の非対称性が生ずる。企業が知りたいのは、求職者がどのくらい仕事ができて組織に貢献するかであろう。求職者の生産性や意欲、協調性などについて知りたいだろうが、これらの情報は容易に観察することはできない。面接を複数回行うことによって求職者の可能性を「見抜こう」とすれども完全に見抜くことはできない。確かな情報は履歴書などに書かれた履歴や資格である。むろん、偽りの無い履歴が書かれていることを前提としている。卒業した高校、在学中のあるいは卒業した大学、所

6）「情報の非対称性」の存在について最初に言及したのはケネス・ジョセフ・アロー（Kenneth Joseph Arrow）である。彼は1963年に論文 Uncertainty and the Welfare Economics of Medical Care を発表し、医者と患者との間にある情報の非対称性が、医療保険の効率的運用を阻害するという現象を指摘した（Arrow, 1963）。その後学歴についても情報の非対称性をめぐり、「フィルター」としての高等教育の機能について論じている（Arrow, 1973）。

有する資格などを記載させることで、観察することができない情報を埋めようとする。かくして、学歴や資格は求職者から採用者への「シグナル」として機能する。その場合、教育費用はシグナルを形成するための費用、つまりシグナリング費用と位置づけられ、教育への投資は、シグナリング効果を向上させるためのシグナリング投資と捉えられる。この論理に基づくと、教育による人的資本形成が労働者の生産性になんら影響を与えない場合でも、一定の学歴を有する者に高い賃金を支払う力学が成立する。したがって人的資本論のいう、教育を受け学習を積むと生産性が上がるゆえ賃金も上がるという論理は完全ではないこととなる。スペンスは、情報の非対称性の理論化と、非対称が発生する市場分析の功績などが認められて、2001年にジョージ・アカロフ（George Arthur Akerlof）、ジョセフ・スティグリッツ（Joseph Eugene Stiglitz）らとともにノーベル経済学賞を受賞した。

　シグナリングと同様の概念に、フィルタリング、スクリーニング、ソーティングなどがある。フィルタリングは大学などを通して「ふるいをかける」工程が、労働市場における採用や評価に影響を与えるという、シグナリングにつながる機能である。シグナリングとフィルタリングは売り手が買い手に対して取引に有利な情報を提示しようとする際に機能する。一方、買い手は履歴書の請求や入社試験を行って情報を開示させ、その情報をもとに人材の質を確保しようとする。このような買い手側による、「ふるい分け」たり「選別」したりする行動を「スクリーニング」、「ソーティング」と呼ぶ[7]。

　それでは、シグナリング効果はどのような経験によってもたらされるだろうか。教育と労働市場に焦点をあてると、

- 大学への入学
- 大学入学の難易度
- 大学教育の質

がシグナルとして機能し得る。大学への入学については、一般的に大学に進学することによってシグナリング効果が高くなり社会からも認められやすい傾向

---

7) フィルタリング、スクリーニング、ソーティングについて具体的な説明は Arrow（1973）、Stiglitz（1975）、Stiglitz & Weiss（1990）、Lang & Kropp（1986）などを参照されたい。邦文では、荒井（1995）、小塩（2002）がシグナリング理論について日本の状況に即して詳述している。

にある。大学入学の難易度については、相当な努力を要する難易度の高い大学に進学すること自体が高く評価され得る。そして大学教育の質もシグナリングの対象となり得る。海外の大学と比較すると、日本は入学試験に難易性が集約されており、一旦入学した後は難関大学においても卒業することはそれほど難しくはないといわれる。それゆえか、大学で何をどのように学んだか、つまり教育と学習の「質」について就職の際に強く問われることは稀である。一方海外では、入学が容易なものの卒業に行き着くことが難しい大学が少なくない。フランスの公立大学のように門戸が広くほぼ全入だが、卒業できる者はその30％に満たないという例もある。簡単には卒業できないという実態が、真剣な学びが求められている証左となる。まさにそのような大学は在学中に学生を「フィルター」にかけていることとなり、その大学を卒業できたという事実が、社会や雇用主（企業）に対して送られる「シグナル」となる。

3-2　シグナリングのメカニズム

　シグナリング理論についてもう一歩踏み込もう。シグナリング理論は、「教育費用は、生産能力と負の関係にある」ことを前提としている。具体的には、能力の高い者ほど効率よく勉強するため教育に費やす費用は安くてすむ。能力の低い者は勉強に時間を要することから、能力の高い者と同じ学歴を取得するには相対的コストが高くなると仮定する。つまり能力の高い者は、安い教育費で卒業できるという見込みが立つからこそ教育を受けるのである。「能力がある」⇒「安い教育費で卒業できる」⇒「教育を受け卒業する」⇒「シグナリング効果を発揮する」⇒「能力があるとみなされる」という流れが想定される。

　このことを、能力の高い者と低い者それぞれの賃金、生産性、大学教育費用の関係から見てみよう。能力の高い者の賃金を W_H、限界生産性を MP_H、能力の低い者の賃金を W_L、限界生産性を MP_L とすると、企業が双方の能力を把握している場合は、以下のように賃金が設定される。

$$W_H = MP_H > W_L = MP_L$$

能力の高い者に対してより高い賃金を支給することになる。つまり生産性が賃金に反映されることになる。しかし企業が双方の能力を把握していない場合、つまり「情報の非対称」が生じた場合、賃金は以下のような設定になる。

$$W_A = pMP_H + (1-p)MP_L$$

　つまり能力の高い者と低い者との平均値 W_A が双方の賃金となる。しかし、その場合、企業は能力の高い者を採用するインセンティブを提示することができない。企業としては、以下のように賃金を設定することによって能力の高い者を採用したり維持しようとしたりする。

$$W_H > W_A > W_L$$

　能力の高い者の賃金を平均よりも高く設定し、能力の低い者の賃金を平均よりも低く設定しようとする。これによって企業は生産性の高い者を獲得しようとする。

　しかし、個々人の能力を把握するには膨大なコストがかかる。企業は観察可能な能力の証を求め、学歴をその証とみなす。このことは能力の高い者に学歴を得てシグナリング効果を持とうとするインセンティブとなる。この際に高い能力を有する者が教育を受ける条件は以下のように表される。

$$W_H - W_L > C_H$$
$$W_H - W_L < C_L$$

　まず、能力の高い者の賃金から低い者の賃金を引いた金額が、能力の高い者の教育費用よりも高く、能力の低い者の教育費用よりも低くなくてはならない。これが成立すると、

$$C_L > C_H$$

となり、能力の低い者の教育費用は能力の高い者よりも高い。図で表すと図表4-1のようになる。

　横軸が教育量で、S^* の就学歴を得ることによってシグナルを獲得することができる。縦軸は金額を示している。下から、C_H は能力の高い者にとっての教育費、W_0 はシグナルが無い状態での賃金、C_L は能力が低い者の教育費、W^* がシグナルを獲得した場合の賃金を示す。能力の高い者は教育量に対する限界教育費が低いために緩やかな線（C_H）、能力の低い者はより急な線（C_L）を描く。ここにおいて、能力のある者がシグナルを得た場合、$W^* - C_H$ を獲得し、能力の低い者がシグナルを得た場合は $W^* - C_L$ を獲得する。そうする

図表 4-1　シグナリング理論における教育量と教育費用・賃金との関係

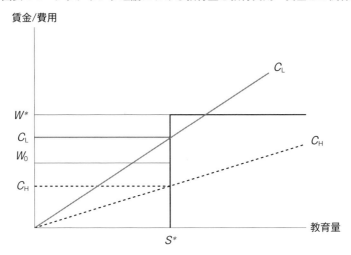

と、能力の低い者にとって賃金と教育費の関係は以下となる。

$$W_0 > W^* - C_L$$

　つまり、シグナルを得た場合の賃金から教育費を引いた額よりもシグナルを獲得しない（教育を受けない）場合の賃金の方が高い。よって、能力の低い者は教育を受けない。

　能力の高い者にとっての賃金と教育費の関係は以下となる。

$$W_0 < W^* - C_H$$

　シグナルを得た場合の賃金から教育費を引いた額はシグナルを獲得しない（教育を受けない）場合の賃金よりも高い。よって、能力の高い者は教育を受ける。

　スペンスが明らかにしたのは、もし教育が企業の生産向上になんら貢献しなかったとしても、学歴は社員と企業双方にとって価値があるということであった。適切な費用と便益の構造が設定されれば能力の高い者は自己の生産性の高さを伝えるためにより多くの教育を購入する可能性があることを示したのである。

3-3　人的資本論とシグナリング理論

　シグナリング理論は人的資本論に反論あるいは対峙する主張として捉えられることがあるが、そうではない。異なる観点を提示したのであって、人的資本論がいう教育が生産性を上げる可能性を否定しているわけではない。実際、学歴と所得間にある正の相関は、教育による生産性向上とシグナリング効果両方によるものであることに、ベッカーもスペンスも当然のように同意するだろう。ただ、両方の効果を定量的に見分けることはほぼ不可能と考えられるが、どちらがどれだけの比重を占めるかによって政策決定に与える影響は少なくない（村田, 2020）。例えば奨学金などの公的な就学支援制度を考えてほしい。奨学金はより多くの者に教育の機会を与え、生産性を向上させ、外部性をもって社会にも貢献するため、人的資本論は原則的にこれを支持する。一方シグナリング理論では、教育費は個人が支払う前提となっており、奨学金など公的支援の介入は、能力が低いとみなされていた者の大学進学の機会を広げ、シグナリング機能の信頼性を減退させることになる。企業の判断材料となる情報の信頼性が低下し、市場の均衡に基づく合理的な判断が難しくなる。むろん、それだからといってスペンスが就学支援に反対しているわけではない。理論をもって実態や可能性を分析することが重要であることはいうまでもないが、教育政策への適用においては、理念の遂行あるいは維持が重要であることを、人的資本論、シグナリング理論ともに否定することはない。

　ここでは学歴のシグナリング機能に焦点をあてたが、シグナルをもたらすのは教育だけではないし、シグナルを受け止めるのは企業などの雇用主だけではない。シグナリング理論は保険の売買などの商取引から政治的交渉まで多岐にわたった応用が可能であり、社会学、心理学、政治学などの分野でも高く評価されている。

$\boxed{4}$　教育過剰

4-1　教育過剰とは

　教育過剰（Overeducation）とは、教育を受けた者の学歴あるいは学歴に基

づく技能がその者が就いている仕事で必用とされる学歴や技能よりも高い状態を指す。人的資本論は、教育が人々の生産性と所得を上げ、経済成長をもたらすことを想定しているが、教育過剰はそのような教育の効果が順当に機能しない場合があることに着目する。西欧諸国では、労働市場に送り出される高等教育修了者が急増した1970年前後より懸念されてきた現象である。教育過剰に関する議論は、1960年代後半から1970年代前半にかけ、アメリカの大学卒業者の賃金プレミアムが下降し、私的収益率が減少したことを受け、リチャード・フリーマン（Richard B. Freeman）が労働市場で大学卒業者が過剰となっている可能性を指摘したことが発端となった（Freeman, 1976）[8]。その後、ラッセル・ランバーガー（Ruassell Rumberger）が、1960年代の大学卒業者は企業や政府関連組織のハイレヴェルな仕事に就いていたが、1970年に入ると多くの大学卒業者が正規の雇用を得ることができず、得たとしても従来高校卒業者が就いていた仕事に就職していると指摘した（Rumberger, 1984）。これ以降、大手通信企業を対象とした調査をもとに教育過剰が顕著な生産性の低下をもたらすことを明らかにした Tsang（1987）、教育過剰と労働意欲と生産性の関係について考察した Tsang, Rumberger & Levin（1991）、教育過剰と賃金及び仕事満足との関係を明らかにした Allen & van der Velden（2001）、Sanchez-Sanchez & McGuinness（2015）など、多くの研究が蓄積された。

　日本においても特に近年着実に研究が蓄積されている。欧米のように多量の研究成果が発表されているとはいえないものの、分野は教育学、経済学、社会学などにまたがり、また手法も歴史的サーベイ、理論、実証に及び、多様な研究が展開されている。例えば、伊藤（1986）は明治30年代終盤に高等教育進学者の就職難が問題となっており、40年以降は日露戦争後の恐慌と相まって「高等遊民」が社会問題となっていたと述べており、教育過剰が普遍的社会課題であることを指摘している。山内（2008）は、教育社会学の観点からサーベイによって日本の大学院における教育過剰問題を論じている。乾ほか（2012）は、日本の若年労働市場において教育過剰に伴う学歴ミスマッチが賃金に与える負の影響を分析した。平尾（2016）は、若年労働市場における教育過剰あるいは

8）翌年に小黒昌一によって翻訳されている（フリーマン, 1977）。また、Freeman（1980）は、大学教育の経済的価値について継続的に分析・考察している。

過少が賃金に与える影響を分析し、平尾（2019）は、特定企業の人事パネルデータを用いて、スキルミスマッチと仕事満足の関係を分析している。また、市川（2016）は、高等教育を受けた日本人女性の教育過剰の持続性をオランダとの比較によって明らかにした。

　これらの実績は日本においても教育過剰が多方面に影響を及ぼす継続的問題であることを物語っている。バブル経済の崩壊後に新規学卒者を中心に就職氷河期が起こったことは記憶に新しく、その影響はいまだに続いている。2020年にはじまった新型コロナウィルス感染症拡大の経済的打撃は深刻であり、その後の採用市場に長く深刻な影響を与えるだろう。技術革新の速度が速く産業構造も急速に変化するなか、労働市場で求められる技能は刻々と変化する。学習した内容と職場で求められる技能が乖離する現象は今後増えていくだろう。教育過剰（あるいは過少）と労働市場におけるスキルミスマッチはますます深刻な課題となることが予測される。

　以下ではまず、教育過剰はどういうときに起きるのかを確認する。次いで、教育過剰が起きているときに、そのことがどのようなかたちで表出するのか、つまり何をもって教育過剰と判断するのかについて検討する。最後に、教育過剰が起こると何が問題なのかについて考察したい。

4-2　なぜ教育過剰が起きるのか

　私たちの多くが「大学を出なければ良い職に就けない」と思っているが、それが現実だとすると背後には二つの異質の可能性がある。一つ目は、大学卒業者向けの仕事が増えて、高校卒業者向けの仕事が減っている可能性である。大学での学びを通して知識や技能を身に付けなくては生産性が上がらない仕事が増えている場合であり、これに対応するために教育量を増やすことは人的資本論が支持する論理である。この場合、大学卒業者は大卒ゆえの生産性を上げ、収益や所得などの経済効果と生産性とが連動する。もう一つの可能性は、大学卒業者であることがその者の生産性にかかわらず、仕事を得るための必要条件となっている場合である。先述のシープスキン効果やシグナリング効果が想定される状況であるが、これについても学歴に基づき能力があるとみなされた者が相応の生産性をあげてそれに見合う賃金が支給されていれば、教育過剰の問題は発生しない。

　問題は「大学を出なければ良い職に就けない」ことと「大学を出てなければ

仕事をこなすことができない」ことが乖離する状態において起こる。つまり「大学を出なくとも仕事をこなせるにもかかわらず、大学を出ていないと良い職に就くことができない」という状態であり、労働市場で大卒技能が不要なのにもかかわらず、大学卒業者が送り込まれると、教育過剰は続く。増え過ぎた高学歴者が、低学歴者がこれまで就いていた職業に割り込み彼らの職を奪う状況ともいえる。高校卒業者は、自分たちで十分にできる仕事であっても、大学を出ていないという理由でその職に就くことができない。

　他方で、大卒用に準備された仕事が大学卒業者でなくてもこなすことができる、という状況は雇用主側の問題である場合もある。企業や産業の活動が鈍化して人材に求める技能が低下あるいは停滞しているときに起こり得る。産業、企業のサービスや技術革新が遅れて活動や組織が発展できないことによって、雇用主が大学卒業者にふさわしい仕事を用意できていない状況である。いずれの場合も教育と労働市場との間でミスマッチが起こるが、その状態は以下のように定義される[9]。

　実際に到達した学歴を A（Attainment）とし、職場で求められる学歴を R（Requirement）とした場合、二者の関係が、

　A ＝ R であれば、実際に獲得した学歴と職場で求められる学歴が同一であり両者はマッチングの状態にある。

　A ＞ R であれば、獲得した学歴のほうが職場で求められる学歴よりも上回っており、教育過剰（Overeducation または Surplus education）の状態となる。

　A ＜ R であれば、獲得した学歴よりも職場で求められる学歴のほうが上回っており、教育過少（Undereducation または Deficit education）の状態である。

4-3　教育過剰はどのようなかたちで表れるか

　それでは上述の定義に基づき、どのような状況が観察されたときに、教育過剰が起こっていると判断するのか。教育と労働市場の研究を専門とするラッセル・ランバーガー（Ruassell Rumberger）は、以下のいずれかの状況が見られたときに教育過剰が起こっている可能性があると述べている（Rumberger,

9）多くの研究に共通する概念と定義を示すが、定義の実証への適用例として Duncan & Hoffman（1981）、Linsley（2005）などを参照されたい。

1981)。

（1）教育を受けた者の経済的地位が下降している。
（2）教育を受けた者の技能が仕事で求められている技能よりも上回っている。
（3）教育を受けた者が仕事に対して達成感が得られず、不満足である。

（1）の状況はフリーマンが指摘したような、大学教育の収益率低下、大学卒業者の就職難や失職、賃金の低下あるいは停滞などのかたちで表れる。第3章で解説したように、大学教育の経済効果は収益率法で計測することができ、大卒収益率の変化は大学卒業者の需給バランスの変化を反映することは確かである。しかし大学卒業者の収益率及び需要と供給ともに、他の様々な要因でも変化する。例えば、供給サイドでは少子化等人口動態の変化、需要サイドでは大学卒業者を優先雇用する産業の景気低迷や研究開発費の削減などが収益率を短中期的に変動させるマクロ的要因である。したがって、収益率の低下のみをもって教育過剰が構造的に起こっていると判断することはできない。一方で、教育収益率が上昇したからといって教育過剰ではないと言い切ることもできない。なぜなら、教育過剰の有無は供給サイドの観点からは大学の専門や課程の違いによって異なり、需要サイドの観点からは産業や職業単位で異なり得るからである。また、就業者の性別や年齢などによっても教育需給のバランスは異なる。したがって、教育過剰の有無を確認するためには、就労の場と就労者の属性をより細分化したミクロレヴェルの研究が必要となる。

そこで、（2）と（3）を明らかにすることが問われる。（2）の場合技能を学歴に置き換えると、一定の職業で求められる学歴とその職業に就いている者の学歴とを比較することによって観測することができる。（3）は、「達成感」「不満足」という主観的な指標が対象となるため、就労者への聞き取りや質問紙調査などが必要となる。このような教育過剰を把握する方法として、McGuinness（2006）は、「客観的計測法」と「主観的計測法」を挙げている。客観的計測法は職業分類別に各職業に必用とされる技能を明らかにし、それに対応する学歴を定める。そのうえで、その学歴と当該職業に就いている者の学歴とを比較することで教育過剰か否かを判断する。これによってランバーガーがいう（2）の、教育を受けた者の技能が仕事で求められている技能よりも上

回っているか否かを把握することができる。職業が同じであれば学歴も同じであるとみなすために大まかな計測となりがちであることは否めないものの、最近は職業毎の需給展望や求められる技能及び学歴に関する情報が充実してきており、活用性は向上するものと思われる[10]。世界統計や全国統計から職業、産業、企業規模など特定のカテゴリー別に平均的教育年数を収集し、調査対象とする組織の教育年数と比較するアプローチも客観的計測法に挙げられる。時系列で変動を分析したり、産業間・職業間・企業間で、世界や全国の平均と調査対象組織との乖離度を推定したりすることが可能であろう。

　「主観的計測方法」について McGuinness（2006）は二つの方法を挙げている。一つ目は就業者の職業や担当している仕事で求められている学歴と、就業者自身の学歴を尋ねて比較する方法である。二つ目は就業者に学歴と仕事の間にミスマッチがあるかを直接尋ねる方法であり、質問紙やインタビューを通して調査が行われる。「自覚的」な意見や兆候を聞くことができるという意味では、ランバーガーのいう（3）の、教育を受けた者が仕事に対して達成感が得られず不満足である状況などを把握することが可能となる[11]。

4-4　教育過剰で何が問題なのか

　教育過剰が起こっているときに、具体的に何が問題となるのか。ここでは、就職の機会に及ぼす構造的な問題と、職場で起こるスキルミスマッチについて

---

10) 代表的な情報提供サイトは、合衆国労働省が主宰する Occupational Outlook（職業展望）、英国キャリアサービスが提供する Job Profiles（職業プロファイル）、ドイツ連邦雇用庁が主宰する BerufeNet: BERUFENET - Berufsinformationen einfach finden（専門職情報ネット）、フランス雇用局が提供する ROME: Répertoire Opérationnel des Métiers et des Emplois（職業雇用実用リスト）などが挙げられよう。所有情報等については松塚（2019）を参照されたい。

11)「達成感」や「満足度」の程度を探ることを可能とする質問項目を作成して調査対象者に尋ねる。平尾（2019）は、「仕事満足」と「会社コミットメント」をスキルミスマッチがもたらす影響として分析しているが、仕事満足を探る質問に「仕事に対して面白さを感じる」「仕事を通じて自分が成長していることが実感できる」「私は、この会社で働くことに満足している」「現在担当する仕事を続ければ力がつく」、会社コミットメントを探る質問に、「職場で必要とされている実感がある」「友達や親戚に当社への入社を勧めたい」「会社に行くことが楽しい」「この会社では、まじめに努力しつづければ報われるという実感がある」「社外の人に対して、『私は Z 社の社員です』と自信を持って言える」を用いている。

取り上げる。

　高学歴者が急速に増加し、労働市場がそれらを吸収・活用することができない場合、高学歴者は職を得る機会を失うか、あるいはこれまで低学歴者が就いていた職業に就くこととなる。前者は高学歴者の急速な増加の直後に起こりがちであり、後者はしばらく間を置いた後に起こり得る。この状態が長く続くと、低学歴者の相対的な雇用機会は減少すると考えられる[12]。職を得ることができた高学歴者は幸運かというと、ランバーガーの定義にある（2）と（3）の状態に陥り、結局のところ高学歴者も低学歴者も不幸になることが予想される。

　ミスマッチは上記のように、高学歴者が低学歴者の就いていた仕事に就く場合のほかに、労働市場が高学歴者を吸収しているかの如く見えても仕事の内容は大卒の技能に対応していない場合にも発生する。Tsang & Levin（1985）は、仕事への尽力を決定する企業等組織の生産構造を図表4-2のように表してミスマッチの発生とその影響を説明した。まず左上に示されるように、特定の要求・期待、能力・技能、バックグランドを有する労働者が右上に示される特定の性質を有する仕事と出会う。ここで教育は労働者の特性と仕事の特性どちらに対しても影響を与える。労働者の学歴は彼らの要求・期待、能力・技能、バックグランドの多くを左右することはもとより、学歴によって労働市場で用意されている企業等組織の特性も変わってくる。ここでいう物的側面とは、給料や昇進等の労働条件、社会的側面とは同僚や上司との関係などの職場環境を指す。ここで、労働者の性質と仕事や職場の性質がマッチするかミスマッチとなるかを示すのが中央上のボックスである。ここにおいて技能のミスマッチ、期待感のミスマッチ、要求のミスマッチが起こり得る。教育過剰は技能の活用と職業への期待感と強く関係し、マッチングするかミスマッチとなるかを左右する。その結果如何で、その下のボックスに示すように、労働者の仕事満足度や職場でのふるまいは変わり、健康や体調の良し悪しにも影響を与える。

　したがって、仕事にちからを尽くすかどうかには三つの要因が影響していることとなる。一つ目は、中央に示すように、技能、期待、要求がマッチしてお

12）日本では、渡辺（1979）が教育過剰下における代替雇用の問題について経済学理論を用いた考察を展開した。日本の代替雇用の実証研究については野呂・大竹（2006）、筒井（2005）、玄田（1994）などがある。

図表4-2　組織の生産構造

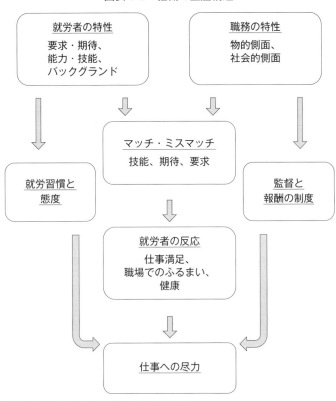

出所：Tsang & Levin（1985）p.99をもとに作成。

り、仕事に満足しているか、二つ目は左手に示す、労働者の就労習慣と態度、そして三つ目が右手に示す監督と報酬の制度である。中央の流れは、労働生産の付加価値を高める流れでもあることをTsang & Levin（1985）は強調しており、教育過剰が発生すると、仕事への尽力度が減少し、付加価値生産性が減退することとなる。

　このような問題は職場内で閉じられるものではない。仕事満足度の低さは消極的理由による転職へとつながる。教育過剰が労働市場全体で起きている場合は、いずれの職場においても満足感は得られない可能性が出てくる。これが高等教育収益率の低下につながるのであれば、高等教育に投資した個々人そして社会は損失を被ることとなる。

参照文献

Allen, J. & van der Velden, R. (2001) Educational Mismatches Versus Skill Mismatches: Effects On Wages, Job Satisfaction, and On-The-Job Search. *Oxford Economic Papers*, 53(3), pp.434–452.

Arrow, K. J. (1963) Uncertainty and the Welfare Economics of Medical Care. *The American Economic Review*, 53(5), pp.941–973.

Arrow, K. J. (1973) Higher Education as a Filter. *Journal of Public Economics*, 2 (3), pp.193–216.

Ashenfelter, O. & Krueger, A. (1994) Estimates of the Economic Return to Schooling from a New Sample of Twins. *The American Economic Review*, 84(5), pp.1157–1173.

Ashenfelter, O. & Rouse, C. (1998) Income, Schooling, and Ability: Evidence from a New Sample of Idenetical Twins. *Quarterly Journal of Economics*, 113(1), pp. 253–284.

Belman, D. & Heywood, J. S. (1991) Sheepskin Effects in the Returns to Education: An Examination of Women and Minorities. *The Review of economics and Statistics*, 73(4), pp.720–724.

Denison, E. F. (1962) *The Sources of Economic Growth in the United States and the Alternatives Before Us.* New York: Committee for Economic Development.

Devlin, B., Daniels, M. & Roeder, K. (1997) The Heritability of IQ. *Nature*, 388 (6641), pp.468–471.

Duncan, G. & Hoffman, S. (1981) The Incidence and Wage Effects of Overeducation. *Economics of Education Review*, 1(1), pp.75–86.

Freeman, R. B. (1980) The Facts about the Declining Economic Value of College. *Journal of Human Resources*, 15(1), pp.124–142.

Freeman, R. B. (1976) *The Over-Educated American.* New York: Academic Press.

Hungerford, T. & Solon, G. (1987) Sheepskin Effects in the Returns to Education. *The Review of Economics and Statistics*, 69(1), pp.175–177.

Isacsson, G. (2004) Estimating the Economic Return to Educational Levels Using Data on Twins. *Journal of Applied Econometrics* 19(1), pp.99–119.

Lang, K. & Kropp, D. (1986) Human Capital Versus Sorting: The Effects of Compulsory Attendance Laws. *The Quarterly Journal of Economics*, 101(3), pp. 609–624.

Linsley, I. (2005) Causes of Overeducation in the Australian Labour Market. *Australian Journal of Labour Economics*, 8(2), pp.121–143.

McGuinness, S. (2006) Overeducation in the Labour Market. *Journal of Economic Survey*, 20(3), pp.387–418.

Nakamuro, M., Inui, T. & Yamagata, S. (2017) Returns to Education Using a Sample of Twins: Evidence from Japan. *Asian Economic Journal*, 31(1), pp.

61-81.

Ono, H.（2007）Does Examination Hell Pay Off? A Cost-Benefit Analysis of "Ronin" and College Education in Japan. *Economics of Education Review,* 26（3）, pp.271-284.

Rowe, D. C., Jacobson, K. C. & van den Oord, E.（1999）Genetic and Environmental Influences on Vocabulary IQ: Parental Education Level as Moderator. *Child Development,* 70（5）, pp.1151-1162.

Rumberger, R. W.（1981）*Overeducation in the U.S. Labor Market.* New York: Praeger.

Rumberger, R. W.（1984）The Job Market for College Graduates, 1960-1990. *Journal of Higher Education,* 55（4）, pp.433-454.

Sanchez-Sanchez, N. & McGuinness, S.（2015）Decomposing the Impacts of Overeducation and Overskilling on Earnings and Job Satisfaction: An Analysis Using REFLEX Data. *Education Economics,* 23（4）, pp.419-432.

Spence, M.（1973）Job Market Signaling. *Quarterly Journal of Economics,* 87（3）, pp.355-374.

Spence, M.（1974）*Market Signaling: Informational Transfer in Hiring and Related Screening Processes.* Cambridge: Harvard University Press.

Stiglitz, J. E.（1975）The Theory of "Screening," Education, and the Distribution of Income. *The American Economic Review,* 65（3）, pp.283-300.

Stiglitz, J. E. & Weiss, A.（1990）Chapter 4. Sorting Out the Differences between Signalling and Screening Models. In M. O. L. Bacharach, M. A. H. Dempster, & J. L. Enos（eds.）*Mathematical Models in Economics*（Chapters available at: http: //www. statslab. cam. ac. uk/~mike/CFR/publications/mathmodelsinecon. html）. University of Oxford.

Tsang, M. C.（1987）The Impact of Underutilization of Education on Productivity: A Case Study of the U.S. Bell Companies. *Economcis of Education Review,* 6（3）, pp.239-254.

Tsang, M. C. & Levin, H. M.（1985）The Economics of Overeducation. *Economics of Education Review,* 4（2）, pp.93-104.

Tsang, M. C., Rumberger, R. W. & Levin, H. M.（1991）The Impact of Surplus Schooling on Worker Productivity. *Industrial Relations,* 30（2）, pp.209-228.

Turkheimer, E., Haley, A. P., Waldron, M., D'Onofrio, B. & Gottesman, I. I.（2003）Socioeconomic Status Modifies Heritability of IQ in Young Children. *Psychological Sciences* 14（6）, pp.623-628.

Yeates, K. O., MacPhee, D., Campbell, F. A. & Ramey, C. T.（1983）Maternal IQ and Home Environment as Determinants of Early Childhood Intellectual Competence: A Developmental Analysis. *Developmental Psychology,* 19（5）, pp. 731-739.

荒井一博（1995）『教育の経済学——大学進学行動の分析』有斐閣。

市川恭子（2016）「なぜ高学歴女性の就業率は低いのか？——男女別学歴ミスマッチの影響の日蘭比較」『日本労働研究雑誌』667号、pp.37-52。

伊藤彰浩（1986）「日露戦争後における教育過剰問題——"高等遊民"論を中心に」『名古屋大學教育學部紀要』No.33、pp.189-201。

乾友彦、権赫旭、妹尾渉、中室牧子、平尾智隆、松繁寿和（2012）『若年労働市場における教育過剰——学歴ミスマッチが賃金に与える影響』内閣府、ESRI Discussion Paper Series No.294。

小塩隆士（2002）『教育の経済分析』日本評論社。

玄田有史（1994）「高学歴化、中高年化と賃金構造」編著：石川経夫『日本の所得と富の分配』pp.141-168、東京大学出版会。

島一則（研究代表・編著）（2018）『平成29年度　教育改革の総合的推進に関する調査研究——教育投資の効果分析に関する調査研究』。

島一則、古川彰（2018）「生得的能力等をコントロールした教育投資収益率の計測」研究代表・編著: 島一則『平成29年度　教育改革の総合的推進に関する調査研究——教育投資の効果分析に関する調査研究』pp.114-122。

筒井美紀（2005）「新卒労働供給の変貌と中小製造業における高卒技能工の配置と分業範囲」『日本労働社会学会年報』第15号、pp.3-24。

野呂沙織、大竹文雄（2006）「年齢間労働代替性と学歴間賃金格差」『日本労働研究雑誌』No.550、pp.51-66。

平尾智隆（2016）「若年労働市場における学歴ミスマッチ——教育過剰の発生とその賃金への影響」『日本労務学会誌』第17巻2号、pp.4-18。

平尾智隆（2019）「スキル・ミスマッチと仕事満足の関係——人事マイクロ・パネル・データによる検証」『日本労務学会誌』第20巻1号、pp.19-36。

フリーマン, リチャード・B.（著）、小黒昌一（訳）（1977）『大学出の価値——教育過剰時代』竹内書店新社。

松繁寿和（編著）（2004）『大学教育効果の実証分析——ある国立大学卒業生たちのその後』日本評論社。

松塚ゆかり（2019）「企業が大卒に求める資質と技能——人材の国際流動化時代における高等教育の課題」『経済セミナー』No. 709、pp.48-55。

村田治（2020）「人的資本理論とスクリーニング仮説——実証研究のサーベイ」『経済学論究』第74巻3号、pp.1-45。

安井健悟、佐野晋平（2009）「教育が賃金にもたらす因果的な効果について——手法のサーヴェイと新たな推定」『日本労働研究雑誌』No.558、pp.16-33。

山内乾史（2008）「"教育過剰"再考——大学院について」編著：山内乾史『教育から職業へのトランジション——若者の就労と進路職業選択の教育社会学』pp.45-72、東信堂。

渡辺行郎（1979）「進学過剰問題と代替雇用」『日本労働協会雑誌』第21巻6号、pp. 13-26。

第 **5** 章

教育と労働市場3
学校教育後の技能形成

　ここまでは主に学校教育を中心に、教育と経済との関係を考察した。しかし、技能や知識の修得は学校教育を修了した時点で終わるわけではない。就職後も訓練や経験を通して人的資本は継続的に蓄積される。本章では教育と労働市場との関係について、学校教育後の技能形成に焦点をあてる。就職後に経験する職場内訓練や職場外訓練は生産性や賃金にどのように影響するのか。生産性や賃金は年齢とともにどのように変わるのか。年齢とともに変わる生産性や賃金は雇用の継続性とどのように関係するのか。以下では、これらの問いに答えつつ、就労者や雇用主は人的資本形成において、どのような意思決定を行い、そしてその決定が生涯の所得の伸びや変化にどのように影響するかを明らかにしていきたい。

1 | 訓練と生産性と賃金

1-1　就学年数と賃金カーブ

　図表5-1は、就学年数別に年齢と賃金との関係を表す賃金カーブを大まかに描いたものである。就学年数9年（前期中等教育修了相当）、12年（後期中等教育修了相当）、16年（4年制大学修了相当）の場合を想定している。このように就学年数で異なる賃金勾配について、まずはこれまでの章で述べてきた諸理論と照らし合わせつつ、留意点を確認しよう。

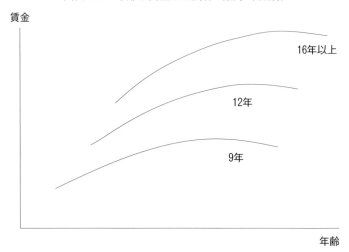

図表 5-1　年齢と賃金との関係（就学年数別）

（縦軸）賃金　（横軸）年齢

16年以上

12年

9年

（1）就学年数が長い者ほど平均賃金が高い傾向にある。

（2）どの就学年数においても賃金は年齢とともに上昇するが、賃金の「上昇率」は年齢とともに徐々に減少する傾向にある。

（3）就学年数の長い就労者の賃金がより急速に上昇し、学歴別の賃金格差は年齢とともに拡大する傾向にある。

　一つ目の、就学年数が長いほど平均的に生涯賃金が高い傾向にあることは、OECD各国を中心に世界のほぼすべての国で共通している。第3章では人的資本論をもとに、就学年数が増えると生産性が向上し、これにより賃金が上昇することを説明した。第4章では、必ずしも生産性が向上しなくても、学歴の高い者の収入が高い理由を、シグナリング理論を用いて説明した。

　二つ目の、年齢とともに継続して賃金が上昇する傾向は、労働者の生産性が学校卒業後も上昇を続けることを示唆している[1]。そのうえで重要な役割を担っているのが就職後の教育訓練である。就職後の教育訓練には座学から実技ま

1）生涯にわたって形成される人的資本と所得との関係を理論的に説明した初期の研究として Ben-Porath（1967）が知られる。

で幅広い種類の学びが含まれるが、大きく OJT（On the Job Training：企業内訓練）と Off-JT（Off the Job Training：企業外訓練）」に分けられる。OJT は日常の業務に就きながら行われる訓練である。その範囲は広く、具体的業務に関わる企業内研修などは明確に識別できる一方、日常の業務のなかで上司や先輩から仕事のノウハウについて非形式に学ぶ場合などは訓練として認識できない場合もある。いわゆる「Learning by doing（仕事をしながら学ぶこと）」による経験的な積み重ねで構成されるために明確な区切りが無いものの、継続的に生産性を向上させる効果があるとされる[2]。一方 Off-JT は通常の業務を一時的に離れて行う教育や訓練であり、在籍する企業から派遣され MBA 取得のために経営大学院で学ぶなどの例がある。また、仕事に関係する技能向上のために就労しながら英会話学校で学んだり会計士や税理士などの資格取得のために専門的訓練機関で学んだりするのも企業外訓練である。

　三つ目に挙げたのは、就学年数の長い就労者ほど賃金は急速に上昇し学歴別の賃金格差は年齢とともに拡大する傾向である。学歴別賃金平均のスロープは交差することはない。就学年数の長い就労者の賃金勾配が急であるということは、教育への投資と OJT への投資が補完関係にあることを示唆している（Mincer, 1962）。事実、教育年数の多い就労者は卒業後もより多くの人的投資を行う傾向にあることが論じられている（Marcotte, 2000）。

1-2　生産性と賃金と雇用の継続性

　賃金が年齢とともに上昇するという事実は、なぜ雇用が継続するのかという問いにも一定の答えを出す。換言すると、生産性と賃金の関係如何で雇用の継続性は変わり得る。生産性と賃金の関係とそれらの雇用継続性への関係を説明する二つの代表的な仮説として、人的投資仮説とシャーキング仮説を取り上げよう。前者は既に説明してきたように、人が教育や訓練を受けることによって生産性が上がりそれに伴い賃金も上昇するという考え方であり、ベッカー（Becker, 1993）等の人的資本論がこれを説明する。後者のシャーキング仮説は、スタンフォード大学経営大学院に長年在籍し、人事経済学の先駆者として

2）Learning by doing は内生的成長理論に基づき Arrow（1962）、Javanovic & Lach（1989）らによって理論化された。

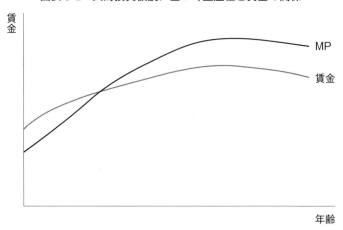

図表 5-2　人的投資仮説に基づく生産性と賃金の関係

知られるエドワード・ラジアー（Edward Lazear）が提唱した（Lazear, 1979）。

　はじめに人的投資仮説に基づく生産性と賃金の関係を図表5-2に示す。「MP」は Marginal Productivity（限界生産性）を意味し、労働者の年齢が上昇する毎に変化する限界生産価値を示す。横軸に年齢、縦軸に賃金を置くと、年齢が若いときには賃金が限界生産価値を上回ることを想定している。具体的な例としては、新卒採用直後は仕事に不慣れであり、新入社員研修なども行われるために、生産実績以上に高い賃金を獲得していることを想定する。しかし年齢を経て就業年数が長くなるにつれて社員の生産力は高まり、その限界生産価値は賃金を上回ることとなる。この時点から企業は、入社後しばらく仕事のノウハウを教え研修等に投資した分を回収していく。企業にとってはこの期に社員を継続して雇用することの意義が実現する。一方生産性と賃金ともに一定の年齢以降上昇率は低下すると考えられている。若年労働者の方がより多くの人的資本を蓄積しその蓄積量が減少するにつれてリターンも減少するとされる。

　これに対して、ラジアーが指摘したのは、賃金と生産性についてこのような関係が続くのであれば、なぜ定年退職制度が存在するのか、という疑問であった。限界生産価値が賃金を上回り続けるのであれば、企業は社員に退職を求め

図表 5-3　シャーキング仮説に基づく生産性と賃金の関係

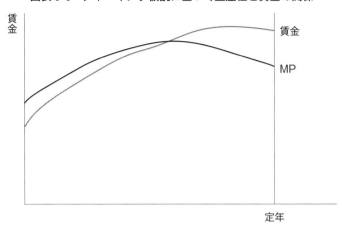

る経済的合理性が無い。その観点からラジアーが提示したのがシャーキング仮説である。シャーキング（Shirking）には、責任や義務などから逃れたり、仕事を避けたりさぼったりするという意味がある。ラジアーによると、生産性と賃金との関係は図表5-3のようになる。人的投資仮説での想定とは異なり、シャーキング仮説では入社時の賃金は生産性を下回る。生産性を上回る賃金を先送りすることによって労働者が仕事を怠ることを避ける狙いがあるとする。追って割高の賃金が獲得できることを知る労働者は、そこに行きつくまで解雇されないよう、できるだけ高く評価されるよう努めるだろうとの前提による。この枠組みであれば企業が定年退職制度を設ける理由も明白となる。賃金が限界生産価値を上回り続けると企業は不利益を被るために、社員を怠けさせないためのインセンティブとして足りうる一定期間の後に企業は労働者に辞めてもらわなくてはならない。

　しかし就労の初期において限界生産価値がしばらく賃金を上回るのであれば、企業は若い労働者を次から次へと入れ替えることによって高い利益を獲得できることになる。賃金と限界生産価値とが逆転する時点まで若い労働者を入れ替えるのが合理的である。しかしながら実際は企業にそのようなインセンティブがあるようには見えない。特に日本の企業は新卒の若い社員が早期に会社を辞めることを嫌う。

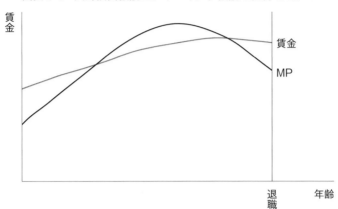

図表 5-4　人的投資仮説とシャーキング仮説の組合せモデル

賃金

賃金

MP

退職　　　年齢

　そこで樋口（1995）が示したのが、図表5-4に示す人的投資仮説とシャーキング仮説の「折衷型」のプロファイルである。限界生産価値と賃金の関係について、入社時以後しばらくの間は人的投資仮説が説明し、退職に近づく段階ではシャーキング仮説が説明する。つまり、入社当初からしばらくは限界生産価値が賃金を下回るが就業経験を積むにつれて限界生産価値が賃金を上回る段階に入る。しかし更に年齢が増すと再び限界生産価値は賃金を下回る。この後、労働者は退職を迫られることとなる。

2 技能種と訓練費用負担と転職

　ここまで雇用関係が継続するなかにおける労働者の生産性と賃金の関係を見てきた。本節では、技能の種類が生産性と賃金そして雇用の継続性にどのように影響するかについて考えたい。先にふれた、在職中に行う OJT や企業を離れて行う Off-JT が生産性、賃金、雇用の継続性とどのように関係するかを考えてみよう。OJT への投資は多種多様である。秘書が庶務と並行してワープロの技能を高める、弁護士が法廷での経験を積む、投資銀行家が新しい金融商品を創り出す、政治家が失政から学ぶなどもその例である。OJT は労働者の人的資本の重要な部分を成し、Mincer（1962）は人的資本の少なくとも 2 分の 1 が OJT により形成される可能性を示唆している。Off-JT は在職する組織

外で行う教育訓練である。

　以下では Becker（1993）による理論を用いて、OJT と Off-JT は技能形成に
どのように関わるのか、その費用負担の在り方はどうか、更に、賃金や雇用の
継続にどのように影響するのかを検討する。この検討の枠組みはベッカー
（Becker, 1962）の発表以後、近代労働経済学で訓練・賃金体系・転職等を分
析するうえで概念的にも方法論的にも基礎となった。

2-1　一般的技能と企業特殊型技能

　ベッカーは訓練を、General training（一般的訓練）と Specific training（企
業特殊型訓練）の二種に大別した。General training により修得された技能は
General skill（一般的技能）であり、この種の技能はどの職場においても有効
であり生産性を上げると定義される。一般的技能の例としては、タイプ技能、
運転技能、計算機の使い方などが挙げられる。これらはどの企業に勤務しても
役に立つ汎用的な技能やノウハウとされている。ここで留意が必要なのは
General skill を「一般的」と訳さざるを得ないがゆえにベッカーが定義した
General とは異なる意味合いで捉えられがちなことだ。ベッカーは General
を、Specific（企業特殊型）に対比する概念、つまり企業特殊型ではない、と
いう意味で用いている。特定の企業に依拠することのない技能であり、勤務す
る企業が変わっても有効な技能である。より簡易にいうなら「持ち運び可能な
技能」であり、今後「ポータブルな技能」と表現しよう。そのような技能は、
初歩的な技能から高度な技能まで幅広い。初歩的な技能には先述した、ワープ
ロを使用する技能やエクセルでの集計技能などが挙げられる。運転免許や外国
語の言語能力なども、特定の企業や組織以外でも活かせる技能であるが、その
修得にとりわけ専門的な知識を要するわけではない。一方高度な技能には、高
等教育以上の教育や訓練が必要とされる高度な技能、例えば医師、弁護士、
IT 関連の高度技術者の技能などがある。医師の技能は、病院、地域、そして
国が違っても有効であろう。初歩的でも高度であっても、ベッカーのいう「一
般的技能」は、組織や地域を越えてポータブルであることを意味する。

　これに対し企業特殊型技能はその技能を修得した特定の職場においてのみ生
産効力を発揮し、その職場を去った時点で価値を失うものと定義される。企業
特殊型技能の例には、企業独自の生産技術、特定企業の業務慣習や組織構造の

知識などがあり、極端な例では陸軍での戦車の運転技能などが挙げられる。更に例を思いめぐらすと、ある菓子屋のみが作り上げることができる独自の生産技術がごく少数の職人の手によって受け継がれており、その菓子は他の菓子店では取り扱い得ない状況にある場合などは、その技能は企業特殊型技能である。業務の慣例や組織構造に象徴される場合もある。例えば職場において上司の慣習、好み、くせなどを熟知しこれらを忖度することによって順当に業務が進み生産が実現している場合、得意先の好みを熟知してそのツボを押さえることによって販売や営業が成立している場合などが考えられる。これらの技能は職場が変わって上司が変わり、得意先が変われば少なくとも当面は生産力を発揮しないことになる。企業独自の業務習慣、業務技術、生産技術が他の企業では無効である場合、それらの技術やノウハウは企業特殊型といえる。

　もっとも、特定の職場や単一の企業でのみ有効な技能、つまり純粋な企業特殊型技能というのは存在しないといっていいだろう。現実には大概の訓練は一般的訓練と企業特殊型訓練両方の性質を併せ持っているだろうし、それによって養われる技能も一般的技能と企業特殊型技能両方の性質を併せ持つものである。特定の企業でより効果を発揮するだろうが、ある程度は他の企業でも有効である。しかしながら、これら二つの技能を概念的に分離することによって訓練の在り方と生産性向上の仕組み、賃金の上昇、雇用の継続性など労働市場における数々の事象を分析することができる。

2-2　ベッカーの理論モデル

　ベッカーモデルの概要を説明しよう。まず雇用期間を二段階（期間）に分け、1期（労働者が採用された直後）の全労働費用を TC_1、2期の費用を TC_2 とする。同様にそれぞれの各期間における限界生産価値をそれぞれ VMP_1、VMP_2 とし、r を利子率とする。雇用主にとって二期間を通じて雇用関係を最適化できるのは、

$$TC_1 + \frac{TC_2}{1+r} = VMP_1 + \frac{VMP_2}{1+r}$$

の状態においてである[3]。上記等式の左は、二期間における雇用費用の現在価値、右は労働者の限界生産性の現在価値である。

　まず、OJT が第1期目においてのみ行われるものとし、企業は訓練費用[4]

H を支払うとする。すると、企業側の1期の費用総額は、訓練費 H と訓練期間に支払われた賃金 w_1 である。したがって $TC_1 = H + w_1$ と表される。2期にトレーニングは行われないものとし、この期間の企業が負う費用は賃金と同一であり、すなわち $TC_2 = w_2$ の状態となる。したがって、上記の均衡状態における等式は以下のように書き換えられる。

$$w_1 + H + \frac{w_2}{1+r} = VMP_1 + \frac{VMP_2}{1+r} \tag{1}$$

これを基本とし、以下で労働者と雇用者との間で訓練費用と便益をどのように共有するかを検討するためにいくつかの等式を提示する。まず、$w_1 + H - VMP_1$ を G として置き換え、

$$G = \frac{VMP_2 - w_2}{1+r} \tag{2}$$

とする。訓練後、労働者は VMP_2 の収益を企業にもたらし、企業はその労働者に w_2 の賃金を支払う。したがって G は2期に訓練を受けた労働者を雇用することに伴う企業にとってのゲインを表す。

また、(1)の等式を(2)と併せて並べ換え、

$$w_1 + H = VMP_1 + G \tag{3}$$

としておく。

2-3　一般的訓練の費用は誰が支払うのか

すべての訓練が「一般的である」と仮定してみよう。訓練後、その労働者の限界生産価値はあらゆる企業において VMP_2 まで上昇するため、企業はその労働者に VMP_2 と同額の賃金を支払うことを余儀なくされる。そうしなければ個人収益の最大化を求める労働者は他社に転職するからである。したがって訓練後の賃金 w_2 は VMP_2 と同額となり、等式(2)における G はゼロであり、

3）利潤の最適化を求める企業は1ユニット人的資本を投入したとき（すなわち一名社員を付加したとき）これに伴う収益が実質賃金に等しい価値となるよう、すなわち、w（実質賃金）＝MVP（限界生産価値）の状態となるようその投入量の水準を決定するとされる経済的均衡状態をベースとしている。

4）講師への報酬や訓練機材の購入などを含む。

企業は一般的訓練を提供したことによる収益を得ることはできない。G が 0 なのであれば、等式(3)は、

$$w_1 = VMP_1 - H$$

となる。つまり、最初（訓練前）の賃金は、その労働者の同時点における限界生産価値マイナス訓練費用である。言い換えると、訓練を受けている期間、労働者は割安の「訓練期間賃金」を受けることにより一般的訓練費用を支払っていることになる。訓練後の期間においては、労働者は訓練後の限界生産価値と同額の賃金を受け取ることにより訓練に対するリターンを受け取るのである。

　労働者が一般的訓練の費用を割安の賃金で働くことによって支払う例は少なくない。例えば板前や大工など職人と呼ばれる職業には修行が伴う場合がある。その多くは修行すなわち訓練期間は低賃金で働くが、腕を磨いた後は修行を施した個人や企業に依存することなく生産活動を行うことができる。腕次第で間もなく訓練期間の自己投資分を回収することができる。同じく、医療インターンは、学位を取得した者でもレジディンシーの期間は低い賃金でしかも長時間労働するケースが多くこのこと自体が問題になっていたりもするが、彼らの投資はインターン終了後に十分に回収され得る。一般的技能はポータブルであり、個人に身に付き個人とともに動きその技能への投資はその個人によって回収される。したがってその費用は技能を身に付ける個人が支払うという論理である。

　しかし、企業が一般的訓練の費用を支払う場合もある。MBAの資格取得を企業がスポンサーするなどは良く知られるケースである。優秀な人材を引き寄せるためのインセンティブとしてこのような制度を実践している企業も少なくない。しかしその制度を利用した社員は身に付けた技能がスポンサーであった企業のみならず他の企業でも売り物になることに早晩気づく。MBAの授業内容も資格も特定の企業のみに通用するように設計されているわけではない。業界別に異なるカリキュラムを学ぶ場合もあるが、それは同じ業界で異なる企業にアピールするより強力な武器になる。

　企業が一般的訓練のスポンサーになることは、無料訓練の恩恵を受けた社員がこれによって獲得した技能を同等に評価する他社に移るリスク、またこの移動によって訓練費用に費やしたいわば企業にとっては人材育成のための投資を

失うリスクを抱えている。実際このリスクを回避するために、企業は資格等取得の費用を支払う際に、例えば資格取得後5年間企業に在籍することを条件とするなどの対策をとる場合も少なくない。

2-4　企業特殊型訓練の費用は誰が支払うのか

　上述の論理は企業特殊型訓練においては全く異なってくる。純粋なる企業特殊型訓練であればその訓練から得られた技能価値は、労働者がその企業を辞めた時点で無くなる。結果、その労働者の他企業での賃金は訓練とは無縁に、訓練前の生産性を対象に支払われる。そのような企業特殊型訓練の費用は誰が払うのか。

　まず、企業が特殊型訓練の費用を支払うと仮定する。訓練後、労働者の限界生産量は上昇するだろうが、訓練費用を回収する必要があるため、賃金を上げず、当該労働者の生産価値を下回る賃金を支払うことになる。VMP_2 が w_2 を上回るため、訓練後にゲインが得られる（したがって等式(2)における G はプラスとなる）。しかしながら、もし訓練を受けた労働者が訓練後に転職した場合、その企業には損失が生ずる。したがって、企業は訓練後に社員が辞めないという確信が無い限り、企業特殊型訓練費用の支払いを躊躇することになる。

　それでは次に労働者側が企業特殊型訓練の費用を支払うとしてみよう。この場合労働者は訓練期間中に低賃金を受けることにより訓練費用を支払い、訓練後の期間において高い賃金を受け、これを回収する。しかしながら労働者側は企業が訓練後も彼を雇用するという確かな保証を持たない。もし解雇された場合、企業特殊型技能は他社に持ち込んでも価値が無いために、訓練に支払った費用金額を失うことになる。したがって労働者は企業が彼を解雇しないという確信が無い限り企業特殊型訓練への投資はしたがらない。

　よって企業そして社員共に企業特殊型訓練への投資を躊躇する。この問題は労働者と企業とを退職まで拘束する法的な雇用契約が無い限り存在する。企業と社員双方の思いを等式(2)と(3)に立ち返って整理する。VMP_2 が w_2 を上回るため等式(2)における G はプラスとなり、(3)の G を(2)で置き換えると次の式となる。

$$VMP_2 > w_2$$

$$w_1 = VMP_1 - H + \frac{VMP_2 - w_2}{1+r}$$

$(VMP_2 - w_2)/(1+r)$ が多ければ多いほど 1 期における労働者の賃金は高く訓練費用負担は少なくなる[5]。このことは、第 2 期目の生産性が高く賃金が低くなるというジレンマを発生させる。第 2 期目の生産性が高く賃金が低いという状態は企業側にとっては悪い状態ではない一方で、第 1 期目の賃金を抑え訓練費用である H を増やすことが企業に問われる。

　企業、労働者の両方が訓練への投資をしたがらないというジレンマを脱却する手段として、ベッカーは訓練後の賃金を工夫することにより、離職も解雇も回避でき、したがって訓練投資を促すことができる可能性を示唆している。

　社員の訓練後の賃金、w_2 が以下のように表されるような雇用契約を想定してみよう。

$$\widehat{w} < w_2 < VMP_2$$

$\widehat{w}$ は他社での賃金を示す。この枠組みにおいては、企業と労働者共に企業特殊型訓練が産出するリターンを獲得することができる。労働者の訓練後の賃金 w_2 は彼の他社における生産価値よりも高いが、現在の会社における生産価値よりも低い。労働者は現在の企業に勤続したほうが条件が良いため、離職するインセンティブが生じない。同様に、企業側もその社員を解雇するよりも雇用していた方が有益である。労働者の限界生産価値よりも低い賃金で雇用できるからである。これにより企業、労働者双方が企業特殊型訓練のリターンを得ることができ、したがって訓練後に両者が離れる可能性が理論上無くなるのである。

　企業特殊型技能は企業と労働者が共有し得、したがってその費用も共同で拠出する。個人も企業も企業特殊型技能に投資するために、それを回収しようとする意思が働く。その技能は他社で使えないために同じ企業に残ろうとする。一方企業側も技能投資後はその労働者を留め組織のために生産性を上げてもら

5）つまり労働者は第 2 期目の生産性を高くしなくてはならない一方で、第 2 期目の賃金を上げるためには第 1 期目に訓練費用を自己負担しなくてはならない。

122

い、回収しようとする。これによって、企業特殊型技能を保有している人の雇用はより長くなる傾向がある。

2-5　企業特殊型訓練が示唆すること

企業特殊型訓練においては労働者の賃金と限界生産価値との関係性を訓練の前後で分離していることに留意する必要がある。訓練期間中は労働者が訓練費用の一部を負担しているために、彼らは限界生産価値を下回る賃金を受け取る。訓練後は、労働者は訓練を受けた企業で限界生産価値を下回る賃金を受け取るが、その賃金は他の企業での限界生産価値を上回っている（すなわち他社の企業の賃金よりは現在の企業の賃金の方が高い）。

この枠組においては、長期雇用や終身雇用などの雇用契約を成立させる意味が深まる。なぜなら、企業特殊型訓練に投資した労働者並びに企業は、両者共に雇用契約を解消したがらないだろう、と考えられるからである。実際、企業特殊型訓練における費用の共同負担の概念は労働市場における多くの事柄を説明する。中途採用者よりも長く勤務する者のほうが解雇されにくいという暗黙のルールは、特に経済不振時の一時解雇などに表面化する。長年同一の企業に勤続した社員は新しく採用された社員よりもより多くの企業特殊型技能を身に付けていると思われる。企業の業績不振時に労働者の限界生産性が低下したとしても、特に中高年の社員は、限界生産価値と賃金との間にバッファーを有しており、そのために生産価値の低下時においても完全解雇を免れる場合がある。言い換えると、企業内特殊訓練を経ている労働者はその賃金を上回る量を生産しているため、企業は業績が急落した際でも、これらの社員を留め置く、あるいは一時的に解雇しても景気の回復時に再雇用する可能性を有している。これと逆の理由で、在職年数が短い社員ほど解雇される可能性が高いということになる。このことは同時に、企業特殊型技能を有する労働者が解雇された場合は他社において仕事を見つけるのが困難であることも意味している。企業特殊型訓練を経た労働者は雇用主を変えると損失を抱えることになる。したがって、企業特殊型技能を蓄積した労働者は一時解雇の後の失職期間、元の雇用主から再度リコールされるまで「待機」する傾向にある。

企業特殊型訓練は企業と社員との間に「絆」を創り上げるため、離職もしくは解雇により両者が離れる可能性は年功とともに減少する。これは日本におけ

123

る終身雇用制度を支えてきた力学の一つでもある。しかし2010年代後半から相次いで導入されている、職務内容に基づき必要な技能や経験を有する人材を雇用する「ジョブ型雇用」のニーズが増えるようであれば、労使関係や職場での人的資本開発の在り方にも相応の変容が認められていくことであろう。

2-6　ベッカーモデルの日本への適用

　ここまで、技能種別に異なる訓練負担構造とそれが影響する雇用の継続性について説明してきた。まとめると、一般的技能に比べて企業特殊型技能の占める割合が多いと、雇用のスパンは長くなり、転職は抑えられ、経営不振時にあってもできるだけ解雇を避けようとする。他方、転用可能でポータブルな技能の需要が高まれば高まるほど転職は進む。この論理はおそらく多くの国や地域において適用できるであろう。以下では日本への適用性を50年ほど遡って考察しよう。

　日本の雇用の特色は、「終身雇用」とも呼ばれる長期にわたる雇用慣行にある。日本の男子の平均勤続年数は13.5年と、アメリカの4.3年、イギリスの8.1年、ドイツの10.9年、フランスの11.1年、イタリアの12.4年など他のOECD各国と比較して顕著に長い[6]。日本の長期雇用の慣行は歴史を遡ると江戸時代以前の丁稚奉公にあるという説や、1900年代に入り農業から工業中心の経済に転換する頃、熟練工の高い転職率を抑えるために年功序列、定期昇給性、退職金制度を導入する企業や官営工場が現れたことにはじまったという説がある。しかしこれらは明文化され定着した制度ではなく、実際第二次世界大戦時には労働力不足による短期労働者の賃金上昇によって長期雇用の慣行は一時衰退した。現代における長期雇用制度は第二次世界大戦後徐々に定着したものである。大戦終了後、日本の大手企業は人員整理に反対する大争議を経て、その後の高度経済成長期には指名解雇を避ける傾向が定着した。また、1950年代から60年代にかけては神武景気、岩戸景気などの好況、その後の継続的経済成長のなか、多くの企業にとって問題は労働力不足であり、できるだけ労働者を留めておこうとする慣習が一般化した[7]。

6）労働政策研究・研修機構（2019）の第3-13-2表「性別・年齢階級別勤続年数（2017年）に基づく。

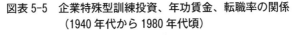

図表 5-5　企業特殊型訓練投資、年功賃金、転職率の関係
（1940 年代から 1980 年代頃）

　これらの時代背景が雇用や訓練にどのような影響を与えたかについて、上述したベッカーのモデルに即して考えてみよう。まず、大戦後の1945年から1991年にかけての急速かつ継続的経済発展によって雇用者側において労働者の雇用を維持しようとするインセンティブが高まり、好景気とも相まって一定企業内に留まることによる確かな昇進が実現した。このことは労働者側にとっても一定企業に留まろうとするインセンティブとなり転職率は低く抑えられた。このような状態における雇用主と労働者との関係は、ベッカーのいう企業特殊型訓練への投資意欲を高める。事実ミンサーと樋口は、日本の企業では企業特殊型技能と訓練が占める割合が非常に多いことを理論と実証両面で説明し、それがゆえに長期雇用が戦後長く継続してきたと述べている（Mincer & Higuchi, 1988）。企業特殊型訓練の重要性は産業構造の観点からも説明できる。戦後しばらくの間日本企業の競争相手の多くは国内にあった。国内企業間の競争が主流であり、技術力も営業力も企業内で切磋琢磨をして競争力を積み上げていくことができていた。

　上記の力学を示すのが図表5-5である[8]。特定企業の企業特殊型訓練を積むことによって、その職場における生産性は高くなり、年功賃金の上昇率は高くなる。年功賃金上昇率が高ければ転職へのインセンティブが低下する。転職しない者はより多くの企業特殊型訓練を積もうとする。したがって、企業特殊型訓練と高い年功賃金上昇率と、低い転職率はそれぞれの傾向を相互に強化し合う性質を有している。

---

7) 日本の終身雇用あるいは長期雇用制度の歴史と特徴については黒田（2018）、関口（1996）、野村（2007）などを参照されたい。

8) Yukari Matsuzuka（2004）"Changes in the Long-term Employment System in Japan," Keynote Lecture at IIRA 5th Asian Regional Congress: Seoul.に基づく。

図表 5-6　企業特殊型訓練投資、年功賃金、転職率の関係（1990 年代以降）

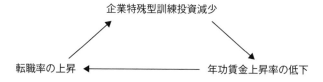

　一方、1991年のバブル経済以後の景気後退・低迷によって、企業内訓練は減少したことが報告されている[9]。まずもって、業績不振の企業にとって訓練費用は真っ先に削減対象になりがちである。更に深刻な不振に陥ると社員の解雇にも踏み切らざるを得なくなる。したがって景気後退は雇用を途絶えさせ、訓練の機会を奪う。他方で、1990年代に入り、急速な技術革新が進み、これまで国内で繰り広げられていた企業間の競争は国際市場での競争へとシフトしていった。多くの業界が規制緩和に踏み切り、市場のニーズ、業態、そして労働者に求められる技能も多様になった。これによって、企業における訓練の在り方や内容も変化する。国際的な競争環境において技術革新が急速に進むと、一企業だけで純粋培養された人材では十分に対応できなくなる。企業内の情報の種類と幅には限りがあるため、外部から多様な情報を取り入れて社内の情報と技術を更新していかなくてはならない。このため、新しい人材を外部からあるいは外国から柔軟に採用して、次々と新しい情報と技術を取り入れて組織も活性化していくことが求められる。そのような情報と技術は企業を特定して生産性を上げるのではなく、例えばITや金融など産業単位でニーズのある高度専門的技能として企業の枠を越えて有用である場合が多い。したがって、企業特殊型技能価値の相対的減少と雇用の流動化は相伴って発生すると考えられる。このことを図表5-6で表す。

　ベッカーの、技能と賃金と雇用期間を説明するモデルに即して考えると、企業特殊型訓練への投資が減少すると、年功に伴う賃金の上昇率が低下する。そうすると転職の可能性が高まり、転職が増えるとますます企業特殊型訓練への投資は減少する。不景気時には賃金が上がらなくても雇用不安があるため、転

9）「能力開発基本調査」は、バブル経済以後に労働者の職能開発・向上のための Off-JT または計画的な OJT が著しく減少したことを示している。このことについては第10章「『学び直し』の経済学」で具体的に言及する。

職したくてもしない者も増えることから、一概にこのシナリオどおりに事態が展開されるわけではない。しかし、技術革新や国際競争の激化は産業経済の構造的な変化であり、景気が良くなったとしても企業特殊型技能の生産性や訓練投資が戻ることはない。したがって、構造的な変化による雇用や技能訓練への影響はむしろ確実に起こるだろうと考えられる。事実、若い世代を中心に転職率は徐々に上昇し、雇用の流動化が進んでいる兆しもある[10]。2010年代には経団連を中心に企業側も横並びの新卒一括採用を見直し、多様かつ柔軟な採用方法へと確実に転換している。外国人の積極的採用も重要課題として挙げられており、能力・成果主義を中心に据え、より多様かつ大きな人材プールのなかからの採用と人事を通して、日本企業の競争力を強化していく姿勢ととれる。

3 外生的（環境的）要因の技能需給への影響

私たち個々人としての生産性は変わらなくとも、その市場価値は変わる場合がある。つまり、受けた教育、教育以前に有していた能力、そして実質的に「何ができるか」にかかわらず、環境的あるいは外生的な要因によって個々人の生産価値は変わる。したがって、教育に投資をしても、あるいは純粋に学んだ成果に対して、想定していたほどの経済効果が伴わない場合があるし、逆に期待していた以上の経済効果がある場合もある。

そのような外生的環境的な要因として、以下では、人口、産業、職業などのコーホート（人口集団）の効果と、産業構造の変化が教育の需要と市場価値に与える影響について考えたい。

3-1　コーホート効果とスキル需給バランス

コーホートの変化によって一定の技能の需要と供給が変わると、その技能の価格は変わる。ここではそのようなコーホート効果を三つの段階から具体的に取り上げよう。一つ目は人口動態の変化、二つ目は産業構造の変化、三つ目が職業需要の変化が技能の需要や、その技能を養成する教育の需要にもたらす影

---

10) 例えばリクルート社によると、2009年〜2013年の5年平均を1とした場合、転職決定数の伸び率は2014年度1.55、2015年度1.63、2016年度1.79、2017年度は2.13、2018年度は2.61であった（株式会社リクルートキャリア, 2020）。

響である。

3-1-1　人口動態とスキル需給

　まず、人口動態の変化、より具体的には労働市場における労働者数の増減が
もたらす影響から考えてみよう。人口動態の変化は、コーホート効果の最もマク
ロ的な例である。そのときどきに形成する人口集団が変化することを指し、
近年でいえば少子化、しばらく前には団塊の世代と名付けられたベビーブーマ
ーなどが代表的な例である[11]。

　少子化の影響を考えてみよう。少子化とは出生率が一定期間継続的に減少す
ることをいう。身近な日本の例をとると、日本の人口は2005年に減少局面に入
り、その後も減少の一途を辿っている。総人口は、2020年10月1日現在、1億
2,571万人、年少人口（0〜14歳）は1,529万人であり、総人口に占める割合
は、12.0％である。国立社会保障・人口問題研究所（2013）によると、中位推
計（出生中位・死亡中位）では、合計特殊出生率は2010年から2014年まで概ね
1.39で推移し、その後2024年の1.33に至るまで緩やかに低下し、以後やや上昇
して2030年の1.34を経て、2060年には1.35になると推定している。

　このような人口動態の変化が学校教育の需要に大きな変化をもたらすことは
明白である。したがって出生時の人口動態をもとに、初等教育から高等教育ま
で、推定に即して学校運営体制を修正・整備することが求められる。義務教育
の場合は全入の原則に則り整備される。大学の場合はこれまでの供給体制に対
して需要量が減少することから、学生をめぐる競争が激しくなる。一方で、入
学者の絶対数は減少しても、進学率は上昇するだろうから、このことが労働市
場に及ぼす影響まで計測する必要がある。

　少子化に伴って大学の卒業者数が減少した場合、景気が一定だとすると、大
学卒業者の賃金にはどのような変化が予測されるだろうか。市場のメカニズム
に基づき、なんら操作が入らなかった場合、売り手（卒業者）市場においては
彼らの市場価値は上昇する。逆に、出生率が高くベビーブーマーの世代の大卒

11）ベビーブーマー（Baby boomers）とは、第二次世界大戦終結後に、復員兵の帰還に伴
　って出生率が上昇した、概ね1946年から1964年頃までに生まれた世代を指す。第二次世界
　大戦後のベビーブームは世界的現象であるが「ベビーブーマー」という場合はアメリカで
　のベビーブーマーを指すことが多い。

者は需要に対して供給が上回る傾向にあり、買い手（雇用主）市場においては彼らの市場価値は減少する。

3-1-2　産業構造とスキル需給

　スコープをより絞って、産業構造の変化がもたらす影響を考えてみよう。労働市場を産業単位で考え、例えば、情報技術産業において、技術者の需要が急速に高まり、当該分野の社員を大勢採用する必要が出てきたとする。情報技術を学んだ工学等関連分野の卒業生の賃金にどのような影響があるだろうか。市場原理に基づくと、雇用主側がこれら卒業生をいち早く獲得しようとすればするほど高い賃金を提示することが想定され、したがってこれらの技能を有する者の賃金は上がると考えられる。

3-1-3　職業とスキル需給

　より絞り込んで、職業や専門単位で考えてみよう。例えば弁護士の需要と供給を例にとろう。離婚する者が増えると離婚訴訟専門弁護士の需要が増え、国際訴訟が増えると国際取引法を専門とする弁護士の需要が増え、不動産売買が盛んになると不動産専門の弁護士の需要が増える。市場の原理に基づくと、これらすべての状況において、彼らの賃金は変動する。図表5-7はそのメカニズムを説明する。不動産売買専門の弁護士を例にとろう。図中縦軸が彼らの賃金、横軸が労働者数である。「S」がサプライを表し供給曲線、「D」がディマンドを表し需要曲線である。供給曲線は労働市場における不動産売買弁護士の供給を表し、右斜め上に向くのは賃金が上がれば上がるほど、その仕事に就きたいという者が増えることを想定している。むろん私たちは賃金だけを理由に職に就くわけではない。賃金以外の労働条件に加えて職場や周囲の環境、文化、その時々の家庭の事情等様々な要素を総合的に考え就職する。しかしここでは他のすべてを一定とし、賃金のみが判断基準となると仮定する。一方、需要曲線は右下方への傾斜をとる。需要するのが不動産専門弁護士を採用しようとする企業でも、弁護を依頼する個々人でもよい。採用において当該弁護士に支払うべき賃金が高いと多くの人数あるいは多くの時間を雇うことができない。賃金が安ければ安いほど、より多くの弁護士を雇うことができる。（1）が初期の時点だとして、供給曲線と需要曲線の交点で弁護士の数あるいは時間

図表 5-7　需給と価格の変動

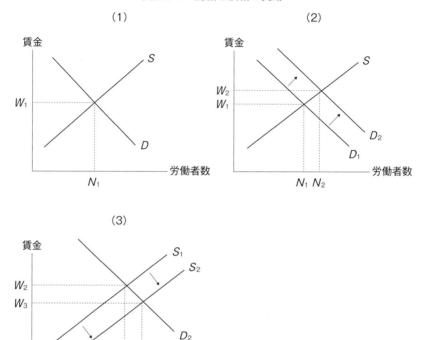

(1)

賃金

S

W_1

D

労働者数

N_1

(2)

賃金

S

W_2
W_1

D_2

D_1

労働者数

N_1 N_2

(3)

賃金

S_1

S_2

W_2
W_3

D_2

労働者数

N_2 N_3

と賃金が設定される。

　さて、例えばアメリカで不動産売買が急に盛んになって不動産専門弁護士の
需要が急増したとする。そうすると（2）が示すように、需要曲線が右斜め上
へと押し上げられることとなり、D_1 から D_2 へとシフトする。ここでの不動産
専門弁護士の賃金と数は W_1、N_1 から W_2、N_2 へと変わる。つまり賃金が上
がり不動産専門弁護士の数も増える。不動産専門弁護士の数が増えるにつれて
状況は（3）へと移行する。N_2 から N_3 へと数が増えるにつれて、需要が一
定の場合は供給曲線が S_1 から S_2 へと押し下げられる。そして、彼らの平均賃
金は W_2 から W_3 へと低下する。

　実際、不動産売買の浮き沈みの激しい市場では、需給の変動は就業の存続性

に深刻な影響を与える。アメリカで弁護士になるためにはロースクールで学び、司法試験に合格するために然るべき金銭及び時間的な出費をしている。その費用を補うに充分な高収入を見込んでも市場の変化によって収入は費用を下回る結果になる可能性もある。したがって、一定の職業の需要が伸びているとき、それがどれくらい伸びるのか、どのくらいの労働者を吸収するのか、そしてその伸びがどのあたりで止まったり縮小したりするのかということをある程度展望しなければならない。第4章で教育過剰や技能と職務のミスマッチについて述べたように、各々が培った技能が効果的に使える職場に就かないと、仕事に満足感や充実感が得られず就労意欲が薄れ個人にとっても雇用主にとっても損失が出る。失業につながれば社会的な損失も発生する。

3-1-4　スキル需給の変動に対応する方策

　私たちはほぼ自律的にどの職業に就けばどのくらいの賃金を得ることになるのか、という情報を踏まえつつ一定の職業を得ようとする。求職者が情報の収集に意欲的であり、収集する情報が正確であれば個々人の裁量に任せるのでいいだろう。しかしながら職業が多様化し、産業構造が急変し、職場で求められる技能も日々変化すると、個々人の収集する情報だけで十分な判断をすることが難しくなる。企業側も必要なときに必用な技能を有した人材を敏速に獲得したいと望む。そして国家としても、成長産業に適切に人材を配置して、一方で技術発展を促進し、他方で国民の生活を安定させなくてはならない。就業が断たれた場合に給付される失業保険の出費、就業していれば得られたはずの機会費用、消極的な転職に伴う諸費用などは、個人と社会双方にとって避けたい出費である。実際、雇用の流動性の高い西洋諸国においては、このような出費を避けるための方策は産官学が連携して取り組む国家的政策課題である。

　例えば情報化が急速に進んだ1990年代の後半、アメリカは低・中所得層を含むあらゆる国民に情報技術のニーズが高まることを見込んで、全米科学財団に二年制大学を中心とした高度技術者養成のためのインセンティブプログラムを設置した。それまでの全米科学財団は博士を中心とした高度人材の養成を担っており、二年制大学は管轄外であった。連邦政府は情報技術を浸透させるためには技術力を底上げすることが必須であると判断しこれを全米科学財団に託したのであった。全米科学財団は専門の部門（Division of Undergraduate Education）を設置し、「ATE〈Advanced Technological Education〉プログラム」を立ち上げ、州の教育管轄であるコミュニティーカレッジや短大の工学系の学部に膨大な投資をはじめた。科学、技術、工学、数学（STEM〈Science, Technology, Engineering, Mathematics〉）を学ぶ学生に対して集中的に授業料の免除を行い、当該分野のカリキュラム開発や産業連携を支援し、コミュニティーカレッジに対して集中的な援助を行った。この投資はその時点でのニーズに対応したものではなく、5年、10年後の経済状況、産業構造を予測した教育投資であった。ちなみに、最近は日本でも多用されるSTEMという用語はこのプロジェクトによって広く行きわたったものである。本プロジェクトは全米科学財団が初めてトップ層以外の科学技術教育に介入したことでも知られる。それまでコミュニティーカレッジで学ぶ学生の多くは2年の就学の後に就職する者が多かった。ATEプログラムは地元の企業と連携して就職の風通しを良くする一方で、2年修了者に四年制大学への編入を促した。その後コミュニティーカレッジから四年制大学への編入は一般的になり、アメリカのコミュニティーカレッジは多岐的な役割を担うこととなる[12]。これらの技術職にある中間層がアメリカの情報科学技術発展の基盤を支えたと言っても過言ではない。

3-2　産業構造の変化が与える影響

　賃金に影響を与える外生的あるいは環境的要因の最後の例として、産業構造の変化を挙げたい。第1章第2節の教育経済学発展の経緯でも述べたが、1990年以降の知識基盤社会・経済の発展は高学歴者の需要を増加させ、低学歴者の需要を低下させたとされる。米国の80年代以降、日本の90年代以降拡大し続ける所得格差には様々な要因が影響しているであろうが、欧米の経済学者の間ではこの間の格差拡大は高学歴者の需要増加と低学歴者の需要減少によって概ね説明されると結論した[13]。それを説明する構造的要因として議論の中心となったのが第2章でも言及した「Skill-Biased Technological Change（スキル偏向的技術進歩）」であった。一定の高度な教育を経なければ活用できない技術が増加し、その技術を活用できるか否か、あるいはそのような技術の恩恵を受

---

12) Bailey, Jaggars & Jenkins（2015）はアメリカのコミュニティーカレッジが担う様々な役割についてその変遷と今後の行方を具体的に考察している。

13) Card & DiNardo（2002）、Katz & Autor（1999）らが網羅的に議論している。

ける立場にあるか否かが収入の差につながったという説である。この間に開発された技術は低技能者に取って代わる一方で、その技術を使える高技能者の生産性が上昇したという見解もある[14]。

　留意したいのは、ここでいう高学歴者とは技術を開発する者たち、つまり理数工学系の学問を経た者を指しているわけではない。むしろそれを使用する立場にある、学問分野にとらわれないより多くの者たちである。新しい技術に基づく製品は次から次へと生まれ、コンピューターにしてもアプリケーションにしても機種や仕様は日々変わる。その急速に変わる機器やサービスを効果的に活用し生産へとつなげるために必要とされたのが高度な教育であった。より具体的には、必要な技術を見極め、その情報を収集し、情報の適切な活用方法を見出し、不足があればその理由を明らかにして解決し、そのために周囲とコミュニケーションをとりつつ、自らと周囲の改善に努めることができる人材、それらを可能とする資質や技能（コンピテンス）をもった高技能者を育成する高い水準の教育で、これが高学歴と捉えられた。

　これら一連のコンピテンスは、2000年代に入り日本でも盛んに議論された、分野横断的に大学生に期待される汎用的技能につながる。例えば文部科学省は2008年に、分野横断的に学士課程教育が共通して目指すべき汎用的技能として、「コミュニケーション・スキル」、「数量的スキル」、「情報リテラシー」、「論理的思考力」、「問題解決力」を挙げた[15]。経済産業省は2006年に、「社会人基礎力」として、「前に踏み出す力」、「考え抜く力」、「チームで働く力」の3つの能力を提示し、「職場や地域社会で多様な人々と仕事をしていくために必要な基礎的なちから」とした[16]。

　しかしながらこれらコンピテンスの多くは「非認知的能力」であり、学力などの認知的能力と異なり定量的に測定することが容易ではない。「コミュニケーション・スキル」、「チームで働く力」、「問題解決力」などの能力について、大卒者が高卒者より多く有していると断定することはできないのである。した

14）一連の見解や考察は、Autor, Levy & Murnane（2003）、Berman, Bound & Machin（1998）などで概観することができる。

15）文部科学省中央教育審議会大学分科会（2008）「学士課程教育の構築に向けて（審議のまとめ）」より。

16）経済産業省（2006）「社会人基礎力に関する研究会——"中間とりまとめ"」より。

がって、急速な技術変化によって低学歴者に比して高学歴者の生産性が相対的に上がった、というのは、学歴別に教育内容や能力を確認しこれに対応する生産性の変化を計測して判定した結果とはいえない。賃金格差が拡大した事実を結果と捉え、既知の情報である「学歴」にその理由を見出したに過ぎない。

　この観点は前章で述べたシグナリング効果や教育過剰の問題と重なる。現代の産業構造の変化に対応するためには高学歴が必要である、という解釈は、その解釈自体がシグナリング効果を高める材料を増やし、教育過剰を促す結果となれば、実質的生産性が説明しない賃金や所得の格差はますます拡大することになるだろう。

参照文献

Arrow, K. J.（1962）The Economic Implications of Learning by Doing. *Review of Economic Studies*, 29(3), pp.155-174.

Autor, D. H., Levy, F. & Murnane, R. J.（2003）The Skill Content of Recent Technological Change: An Empirical Exploration. *Quarterly Journal of Economics*, 118(4), pp.1279-1333.

Bailey, T. R., Jaggars, S. S. & Jenkins, D.（2015）*Redesigning America's Community Colleges: A Clearer Path to Student Success*. Boston: Harvard University Press.

Becker, G. S.（1962）Investment in Human Capital: A Theoretical Analysis. *Journal of Political Economy*, 70(5), Part 2, pp.9-49.

Becker, G. S.（1993）*Human Capital, 3rd ed*. Chicago: University of Chicago Press.

Ben-Porath, Y.（1967）The Production of Human Capital and the Life Cycle of Earnings. *Journal of Political Economy*, 75(4), pp.352-365.

Berman, E., Bound, J. & Machin, S.（1998）Implications of Skill-Biased Technological Change: International Evidence. *Quarterly Journal of Economics*, 113(4), pp.1245-1279.

Card, D. & DiNardo, J. E.（2002）Skill-Biased Technological Change and Rising Wage Inequality: Some Problems and Puzzles. *Journal of Labor economics*, 20(4), pp.733-783.

Javanovic, B. & Lach, S.（1989）Entry, Exit, and Diffusion with Learning by Doing. *The American Economic Review*, 79(4), pp.690-699.

Katz, L. F. & Autor, D. H.（1999）Changes in the Wage Structure and Earnings Inequality. In *Handbook of Labor Economics*, 3A(26), pp.1463-1555, Elsevier.

Lazear, E. P.（1979）Why is There Mandatory Retirement? *Journal of Political Economy*, 87（6）, pp.1261-1284.

Lucas, R. E., Jr.（1988）On the Mechanics of Economic Development. *Journal of Monetary Economics,* 22（1）, pp.3-42.

Marcotte, D. E.（2000）Continuing Education, Job Training, and the Growth of Earnings Inequality. *Industrial and labor Relations Review*, 53（4）, pp.602-623.

Mincer, J.（1962）On-the-Job Training: Costs, Returns, and Some Implications. *Journal of Political Economy*, 70（5）, pp.50-79.

Mincer, J. & Higuchi, Y.（1988）Wage Structures and Labor Turnover in the United States and Japan. *Journal of the Japanese and International Economies*, 2（2）, pp.97-133.

株式会社リクルートキャリア（2020）「"転職決定者データからみる" 2020中途採用市場」Press Release。

黒田兼一（2018）『戦後日本の人事労務管理——終身雇用・年功制から自己責任とフレキシブル化へ』ミネルヴァ書房。

国立社会保障・人口問題研究所（2013）「日本の将来推計人口——平成24年1月推計の解説および参考推計（条件付推計）」『人口問題研究資料第327号』。

関口功（1996）『終身雇用制——軌跡と展望』文眞堂。

野村正實（2007）『日本的雇用慣行——全体像構築の試み』ミネルヴァ書房。

樋口美雄（1995）「賃金と労働生産性をめぐる議論」編：労働大臣官房政策調査部『日本的雇用制度の現状と展望』pp.56-68、大蔵省印刷局。

ラジアー, P・エドワード、ギブス, マイケル（著）、樋口美雄、成松恭多、杉本卓哉、藤波由剛（訳）（2017）『人事と組織の経済学・実践編』日本経済新聞出版社。

労働政策研究・研修機構（2019）『データブック国際労働比較2019』労働政策研究・研修機構。

第**6**章

教育費の負担構造と教育における政府の役割

　第2章では、教育に社会的効果があることに着目して、政府による教育への関与及び教育予算の支出が経済的に合理的であることを説明した。本章ではなぜ政府が教育に関与し資金を提供するかについて、更に掘り下げてゆきたい。政府あるいは国家が教育に何を期待しているのか、そして国民は教育を受けるうえで政府に何を求めているのかを経済学の観点から確認しよう。はじめに教育費の負担構造を概観する。教育費を負担する当事者として、教育を受ける者とその保護者などの「個人」、「企業」、「政府」の三者を想定して教育資金の流れを把握し、それぞれがなぜ教育費を負担するのかを教育経済学の枠組みで確認する。そのうえで教育費の負担者と負担の理由に焦点をあて、政府による教育への関わりとその理由と妥当性を考察する。

1 教育費の負担者と負担の理由

1-1　教育費負担者と負担の流れ

　教育の費用を負担する当事者は、（1）教育・訓練を受ける個人あるいは親などの保護者、（2）企業・産業団体、（3）国、県、市町村などの公的機関、の三者である。ここではそれぞれを「学生」、「企業」、「政府」として図表6-1に費用負担の流れを示す。

　学生を中心に置いて、右が政府、左が企業、上が教育機関である。これらの

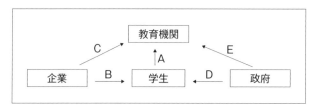

図表6-1　費用負担の流れ

間の教育資金の流れを一つひとつ追ってみよう。「A」は、学生自身が直接教育機関に授業料を支払う場合を示す。「B」は、学生が学校に支払う授業料を企業が補償する場合である。「C」は、企業や産業団体が直接教育機関に資金提供を行う場合である。「D」は、政府の学生に対する直接的資金提供である。奨学金やローンなどがこれに当たる。「E」は、政府が教育機関に公的資金を投入する場合である。例えば、大学であれば運営費交付金や助成金、競争資金などのかたちで政府から教育機関に公的資金が支払われる。むろん、資金の流れはこれらのいずれかに限定されるわけではなく、様々な組合せによって、教育費用は負担される。

1-2　教育費負担の理由

　上述の三当事者が教育に対してなぜ費用を負担するのかを、教育経済学の観点から整理し、リストアップしてみよう（図表6-2）。まず、「A」の学生または保護者が負担する場合を見てみよう。これは、学校教育と卒業後の教育・訓練を含めて大きく三つの観点から説明できる。第一に、「消費としての教育」である。第2章で述べたように、消費として教育を受ける場合は、学ぶこと自体に意味と価値を見出し、充実感も得ることができる。食事、レジャー、趣味その他の個人消費と同様に、教育を消費するために個人は費用を負担する。第二に「人的資本投資」として教育を受ける場合である。教育を受けることで学力、能力、技能が身に付き、それらを活用することによって生産性が上がり、これに伴い高い賃金や職位、安定した雇用機会や社会的地位が望める。人的投資仮説は、これらを教育のリターンとみなし、そのリターンを見越して教育に費用を投ずる行為に注目する。第三に「シグナリング仮説」が説明する費用負担である。人的投資仮説は教育を受けることによって生産性が実質的に向上す

図表 6-2　個人や企業、政府が教育費を負担する理由

A．学生自身（もしくはその保護者）が直接授業料を支払う場合
- 消費としての教育
- 人的資本投資
- シグナル投資

B．学生が学校に支払う授業料を企業が補償する場合
- 人的資本投資
- インセンティブプログラム
- 福利厚生

C．企業が直接教育機関に援助する場合
- 産学共同計画
- 社会貢献、税控除
- 広報
- ビジネス戦略
- その他　（卒業生組織の寄付など）

D．政府が学生に補助する場合

E．政府が教育機関に補助する場合
- 公平性や機会均等の確保
- 学力向上、科学技術の発展
- 雇用増大、生産力向上、税収入拡大
- 国際的競争力の強化
- 外部効果

ることを想定しているのに対し、「シグナリング仮説」は、教育や訓練が生産性を上げることには着目せず、教育を受けることを選択した事実に着目する。第４章で詳述したように、大学に進学した（特に難関大学に進学した）という選択と大学で学んだ経験を「シグナル」として企業や社会に送ることによって、より良い雇用条件を引き出すことができるため、学生とその保護者にとって教育費を支払う理由となり得る。シグナリング効果を期待しての教育投資は、教育の需要者が行うことが特徴的であり、政府や企業が負担する理由になることはない。

　次に、「B」の企業等民間団体が学生に対して教育費を払う場合を見てみよう。ここでは、社会人学生つまり社員の教育費用をその所属企業などが支払うことが想定されている。具体的な例として、入社後に企業が社員に対してMBA などの資格取得機会を提供しその費用も企業が負担するケースがある。企業が社員の教育費用を負担する理由として、第一に「人的資本投資」が挙げられる。企業は、社員を国内外の大学等機関が提供する教育や訓練プログラム

に派遣し専門知識や技能を修得させ、企業のためにそれらの知識や技能を活用してほしい、という期待のもとに社員の教育費用を負担する。そのような場合、企業はその社員に対して「人的資本投資」を行ったといえる。第二に、優秀人材の獲得や、積極的業務奨励のための「インセンティブプログラム」として企業が社員の教育費を支払う場合がある。例えばアメリカの1990年代後半の好景気の折には成長企業を中心に「人材獲得戦争（War for talent）」ともいわれる現象が起こり、その際、研修機会の提供は各社にとって優秀人材獲得のための有力なアピール手段であった（Michaels, Handfield-Jones & Axelrod, 2001）。第三が、福利厚生として企業が社員の教育訓練費を負担する場合である。社員の心身を健康に保つために、カルチャースクール、ヨガやエアロビクス、フラワーアレンジメントなど、業務と直接関係の無いプログラム参加への費用を企業が負担することがある。外部講師を招いて講演会や実技を行うなどの費用を社員と企業と共同で負担する場合もあり、これらは福利厚生の一部をなす。生産性を直接高めることはないとしても、社員の趣味を尊重し健康を増進することによって間接的な生産性向上が期待でき、その観点からは人的資本投資の一環を担っている。

次に、「C」の企業が直接教育機関に教育・訓練費用を支払う場合である。第一に産学共同で行う R&D（研究開発）等が挙げられよう。企業と大学の研究者が協働あるいは連携して研究を行い、その成果を産業へと反映させる。大学で行う特定の研究活動に対して企業が資金を提供したり、大学の研究者と企業の研究者による共同研究費用を企業が負担したりする。

第二に、「社会貢献」を目的に企業が大学に資金を提供する例である。多くの場合その資金に対して税控除が適用される。そのような企業の活動概念は「企業責任（Corporate Responsibility〈CR〉）」、「企業の社会的責任（Corporate Social Responsibility〈CSR〉）」、あるいは企業による「フィランソロピー（Philanthropy）」などと表現される。1980年代にアメリカを中心に盛り上がった動向であり、日本でも1990年代から産業における主要関心事の一つになった。企業は経済活動を行うだけではなく周辺のコミュニティーに奉仕したり、慈善活動を行ったりすることによって社会的な責任を負うことが大切であるという考えであり、教育はそのような活動の対象になりやすい。もっとも、企業の社会的責任をめぐる活動は、景気が好調で企業に余裕があるときに活発にな

る傾向にある。社会貢献を目的に教育機関などの非営利団体に提供された資金は税制上の優遇措置が適用され、所得税や法人税の控除が受けられることもあることから、経営戦略の一つとして位置づけることもできよう。

　第三に、広報として企業が教育費を負担する場合である。端的な例では、企業が教育機関の活動や施設のために寄付をすると、活動案内や建造物に企業の名称がつけられたり記念碑ができたりする。これは企業にとって広報になる。寄付講義にもそのような効果がある。企業の社員が寄付として講義を無料開講した場合、企業名が出ることによる宣伝効果があり、また先述した社会貢献という捉え方もできる。一定の戦略性をもって教育に資金提供を行うことのメリットは少なくない。

　第四に「ビジネス戦略」としての性格がより強いかたちで教育機関に物資を提供する場合である。電算機器メーカーによる小中学校へのデスクトップコンピューターの寄付や、生徒たちが使用できるノートパソコンの格安提供の例を考えてほしい。子どもたちが、そのメーカー名や製品ロゴが刻まれたコンピューターを使い、あるいは身近に眺めながら毎日を過ごすことで、メーカーの名称やロゴは彼らの記憶にしっかりと植え付けられる。その製品が必ずしも際立って優れたパフォーマンスを発揮する必要も、仕様が最新の機種である必要もない。企業名が無意識にでも子どもたちの脳裏に刻まれることは相当な宣伝効果を有し「ブランドロイヤルティー」の構築に有効だとされる。幼少の頃から親密感をもたせるために子どもの身近なところに商品を置くのはアメリカを中心に大手製造業者の定着したビジネス戦略となっている。子どもらが成人になり自らコンピューターを購入する際に、そのメーカーを「知っている」ことによって、安心感の高い消費が促され、メーカーにとって大いなるアドバンテージになる。

　上記のような見返りを期待せずに企業や産業が教育機関に資金を提供することもある。卒業生組織による寄付金や援助金も見返りを期待しない。高校や大学の卒業者で構成される集団組織が、母校の発展と後輩のより良い学びを願い教育費用を負担する場合である。

2 教育への公的関与の理由

2-1 教育費政府負担の理由

　ここから政府が教育費を負担する場合に焦点をあてていこう。税金などから成る公的資金を教育に充てるのはなぜなのか。その理由は前掲図表6-1の資金提供も、「E」の教育機関への資金提供も同じである。第一の目的として挙げられるのは、教育を受ける者の公平性と機会均等を確保することである。特に義務教育は、国民の権利であると同時に義務であり、政府により保障されるべく費用も賄われる。

　第二に、国民の学力を向上させ、国家の科学技術力を発展させる目的が挙げられる。科学技術の発展は国民の生活を豊かにし、生活の質を向上させ、国の競争力を強化する。国全体の利益に関わることであるからこそ、その実現に資する教育の費用は政府が負担する。

　第三に、教育によって学力が向上し、科学技術が発展すると、雇用は増大あるいは安定し、生産力が向上して国家の税収入の拡大・安定をもたらす。国民一人ひとりがより多くを生産し収入を得ることによって、税収入も拡大して国家の発展につながる。したがって教育は国家的利益に資する営みであり、その費用は政府予算を充てるに十分な理由となる。

　第四に、教育により国際的競争力が高まることが挙げられる。第1章で述べたとおり、1980年代のアメリカで政府による教育投資の強化が行われたが、それは日本の貿易収支がアメリカを上回ったことがきっかけであった。教育は上述の技術力の強化、雇用の拡大、生産性の向上と相まって、またその結果として国際的競争力を高める。

　最後は、外部効果の存在である。「エクスターナリティー（外部性）」とは、ある経済主体の意思決定、行為、活動などが他の経済主体の意思決定に影響を及ぼすことをいう。例えば個人的便益に基づく行為が他の多くにも意図せざる便益を生む場合、「正の外部性」が発生するとされる。

2-2　教育の外部性

　教育の外部性の重要性を指摘したのは、ウォルター・マクマホン（Walter W. McMahon）であった。彼は、以下の七つを教育の外部性として挙げている（McMahon, 1982）。

（1）効果的な民主主義と民主的組織の形成に貢献する。
（2）市場と技術変化への効果的な適応を可能とする。
（3）犯罪率を下げ、刑罰制度の費用を減らす。
（4）福祉、メディケイド（低所得者向け医療費補助制度）、失業保険、公共医療の経費を下げる。
（5）資本市場の欠陥、不完全性を補完する。
（6）地域及び州の公益事業を活性化する。
（7）生産における補完性、相互性を有する。

　まず、教育は効果的な民主主義を確立・維持し、民主的な組織運営のために必要であるとされる。この背後には、効果的な民主主義のためには、国民の一部ではなく全員が教育を受けることによって民主主義国家を形成するという前提がある。したがって国は国民に対して教育の機会を保障するが、国民は一定の価値観と規範を共有して国家の一員として行動するように求められる。次いで、教育は物やサービスが取引される市場を有効に機能させ、技術変化への適用力を向上させるとされる。教育を受けた個々人がその恩恵を受けることはもとより、市場の機能や技術変化を更に高度化するため社会全体にも恩恵がもたらされるという。教育を受けた者ほど罪を犯さない傾向にあることは実証されており、犯罪が少なければ警察や保安の費用を抑えることができ、これも教育の社会的効果であり外部性として位置づけられる。加えて、教育を受けた者ほど健康であり病気にかかりにくい。また学歴が高いものほど雇用が安定している傾向にあることから、福祉、メディケイド、失業保険、公共医療の経費を下げる外部効果がある。

　教育は、資本市場の欠陥、不完全性を補完する外部性を有するとされる。資本市場は、市場に居るすべての人が同量の情報を持っていると仮定している。しかし、私たちが持つ情報量や情報の内容は同じではない。例えば、学歴が高

く知的好奇心が豊かな親や保護者ほど学校教育に関してもより多くの情報に接する機会を持ち、子どもにとって有益な情報を多く持っている傾向にある。一方、仕事に追われ家計の苦しい親や保護者は、子どもの教育に関する情報を収集する暇さえ無い。したがって教育市場には、一方で多くの情報を持ち、一方では持てない者が共存していることから、市場原理をそのまま適用して教育の需要、供給、価格を見計らうことはできない。不利な状況にある親や保護者には援助が必要であって、その援助は個々人からではなく公的に支出されなければならない。

　地域や州の公益事業を活性化することも、教育の重要な外部効果として位置づけられている。日本では初等・中等学校であれば市町村などの地方自治体、高校であれば都道府県の公益事業を活性化することを意味する。特に初等・中等教育は地域性が高く、大多数の子どもたちが地元の小学校や中学校に通う。学校運営は地域の重要な事業であり、そこから様々な公益的事業も発生する。大学になると、学生は日本各地から、そして海外からも来る。その点初等・中等教育のような地域性は薄れるだろうが、大学が所在する地域は学生や教職員が集まることにより、また教育研究という学術的活動により活性する。生産との補完性、相互性がもたらす外部効果も指摘されている。学習すればするほど生産性が高まり、生産技術が向上するとその技術を使えるようなより高い教育の必要性が高まる。生産技術の向上は、より高度な教育を求め、高度な教育を受ければ受けるほど生産性が高まるという相乗効果が生まれる。

2-3　外部性の実証

　これらマクマホンが指摘した教育の外部効果と社会的効果は次々と実証された。なかでも教育が失業保険給付や社会保険料にもたらす影響は定量化が可能であるため、OECD各国においてはほぼ毎年分析がなされており、第3章で述べたように国家間の比較結果も発表されている。定量化が容易ではないとされている社会的効果についても地域あるいは国単位で研究が進められており、これまで実証されてきた効果には以下がある。

（1）犯罪件数（犯罪率）、治安への効果
（2）成人や児童・幼児の死亡率への効果

（3）健康管理（食事、衛生、病気・事故予防、病時の対処、嗜好品〈喫煙や飲酒など〉）への効果

（4）子育て環境と子育て効果（子どもの成績・進路・品行・社会活動など）への影響

（5）消費の質と量（消費の傾向、計画的出費、クーポンの利用など）

2-3-1　犯罪件数（犯罪率）、治安への効果

　教育量と犯罪件数との関係を探る実証研究は少なくない。概ね、教育は犯罪を抑制する効果があり、それによって社会費用が削減され得るという結果である（Lochner, 2004; Machin, Marie & Vujić, 2011; Lochner & Moretti, 2004など）。先進国と途上国両方を対象に研究が展開されており、経済の発展度にかかわらず治安や警備に要する費用は深刻な問題であることがわかる。日本においても実証的な研究が行われており、例えば島（研究代表・編著）（2018）は、大学教育への公財政支出の効果を分析しているが、刑務所の収容費用を学歴別に算出し、大学を卒業することによって犯罪に伴う費用は一人当たり1,538円抑制できると算出している（p.23）[1]。

2-3-2　成人や児童・幼児の死亡率への効果

　教育と成人及び幼児の死亡との関係をめぐる研究は、幼児死亡率の高い途上国を対象とする場合が多い。母親の学歴や就学年数に特に注目が集められており、女子の教育経験と家族構成員の死亡率や寿命との関係を探る研究が多い。例えば King & Hill（1997）は世界的なサーベイをもとに、母親の教育は、出生率を下げ、幼児死亡率を下げ、夫の死亡率をも下げるなど、家族全員の寿命を延ばすことを明示し、その後の途上国への教育支援政策に重要な影響を与えた。その後 Gakidou et al.（2010）は1970年から2009年にわたる175カ国のデータをもとに、女性の教育が幼児死亡率に与える影響を更に究明している。先進国を対象にした研究もあり、Lleras-Muney（2005）はアメリカにおける教育

1）島（研究代表・編著）（2018）では、他の社会的効果も包括的に計測しており、大学卒業者一人当たりの税収増加は6,064,188円、失業者給付抑制効果は4,897円、失業者逸失税収抑制効果は −23,576円との結果となっている。失業者逸失税収額がマイナスの値をとるのは、大卒者が増加すると逸失税収は減少するからである。

と成人の死亡率の関係を、Fujino et al.（2005）は日本における学歴と高齢者の死亡原因との関係を研究した。

2-3-3　健康管理への効果

教育経験と健康状況の関係分析は上述の死亡率との関係分析と重なる部分が多い一方で、社会学、経済学、健康保険学などの分野を交差して豊富な研究が蓄積されている[2]。就学経験が豊富な者はリスクを避ける傾向にある。食事、衛生管理、病気や事故予防についてより注意を払い、また病時の対処についてもより知識を有していることから健康管理をめぐって適切に対応する傾向にある。また、学歴が高い者ほど喫煙や飲酒の習慣が少ないことも指摘されている[3]。健康管理についても母親あるいは女性の教育経験が強い影響を有することがわかっている。日本を含め、家事を行うのが主に女性である国は多い。健康管理、食事、衛生、事故予防、病時の対処など、家族の食事や健康を管理する者の教育レヴェルが高ければ高いほど家族の一人ひとりが病気になりにくく、そうすると公的健康保険の負担も減少する。健康状態が良く、精神的にも安定すると犯罪の件数も下がるため、健康状態は治安にも関わってくる。

2-3-4　子育て環境と子育て効果への影響

親の学歴と子育て環境や子どもの学業及び品行等の関係についても多くの研究が重ねられている[4]。親の学歴が高ければ高いほど、良い環境で子どもを育てることができるとされ、多くの研究が、子どもの学業成績を左右する最大の

2）特に教育に焦点をあてた文献として、社会学の分野では Ross & Wu（1995）、理論経済学の分野では Conti, Heckman & Urzna（2010）、Hartog & Oosterbeek（1998）、医療学の分野では、Kemptner, Jürges & Reinhold（2011）などを参照されたい。また、小塩（2021）並びに Oshio & Kan（2019）は、日本の中高年を対象とした調査分析を行い、学歴が低いほど生活習慣病を発症するリスクが高くなることを明らかにしている。

3）例えば若者の教育経験と喫煙等の関係を研究した Sander（1998）がある。

4）Davis-Kean（2005）は、親の教育経験に基づく家庭環境や親の期待などの影響を網羅的に考察している。Manski et al.（1992）は、親の学歴は子どもが高校を無事卒業するか否かに強い影響力をもっており、その影響は家族構成にかかわらず強いことを詳細に分析した。日本を対象にした研究では、Yamada（2011）が、親をはじめ家族の学歴その他のバックグランドが、子どもの将来の教育達成・投資・仕事・家族形成等に対して、いかに長期的に影響を与えるかを実証的に考察している。

要因として母親の学歴を挙げている。学習を促す、学習できる環境をつくる、勉強を教えるなどの行為が母親によるところが多い状況では、母親の学歴が子どもに与える影響は極めて大きいのであろう。また子育ての環境はコミュニティーによっても大きく変わる。「近隣効果」と呼ばれる効果であるが、付近の住民の教育レヴェルが高いと、安全で安定したコミュニティーが形成され、そこに住む子どもたちの学業にもプラスの影響を及ぼすとされる。

2-3-5　消費の質と量への影響

　最後に、教育は消費の質と量に肯定的な影響を及ぼす。学歴が高い者ほど消費を抑えつつ貯蓄などをして将来に備えようとする。よく語られるのは、物品やサービスを購入する際のクーポン使用と教育経験との関係である。スーパーマーケットなどの小売店が発行するクーポン券を思い浮かべてほしい。チラシが配られたり、買物の際のレジ伝票に、「この洗剤は次回の購入で15％引き」などと示されていたりする。そのクーポンを次回活用することによって出費を少なくすることができるのだが、1970年代アメリカの研究でこれらのクーポンは、所得が高く学歴の高い者ほど使用する傾向にあることが明らかにされた。収入の低い者の方が節約しようとクーポンを利用するのではないかとの推測を覆す結果であり、当時研究者、企業のマーケティング担当、自治体政府を含む多くの団体の注目を浴び、同様の研究が相次いだ[5]。「量」についても裕福な者ほど購買量が多いわけではなく、適正量を購入する傾向にあることがわかっている。このような消費行動によって個々人の生活がより安定するのみならず、無駄を無くしゴミを削減し、食品購入の場合は健康の維持向上にも影響する。

　このように、教育の社会的効果や正の外部性は「社会的費用」を抑制する。教育を受けた個々人は自己の費用を抑えて便益を高めることができると同時

5）1970年代から1980年代にかけてクーポンの意義や効果に関する発見で当時のアメリカを賑わせた研究や報道には、A. C. Nielsen Company（1972）、Narasimhan（1984）、Ward & Davis（1978）がある。その後も、Bawa & Shoemaker（1987）、Levedahl（1988）などが、クーポンを使用する家庭は所得や就学年数が平均より高い傾向にあることなどを理論的あるいは実証的に説明している。

に、社会的費用を抑えて公共の利益を高めることができるのである。これらの効果は途上国から先進国の経済を網羅して世界的に検証され、各国政府による教育への予算配分や、先進国から途上国への教育開発支援の重要性を裏づける根拠を提供している。

2-4　教育の社会的利益を考える枠組み

　では、教育が社会的効果や外部性を発生することによって、政府がなぜ、いかほど資金を提供する必要があるのかを考えてみよう。図表6-3に、教育の社会的利益を考える枠組みを示す。縦軸が「教育の価値」、横軸が「教育量」である。「D」が教育の限界便益に基づく教育への需要である。教育量が多ければ多いほど限界便益である一単位当たりの教育の価値は減少するために右下がりの線を描く。例えば初等教育は不可欠でありその価値は高く、中等、高等と上がるにつれ一年当たりの価値は減少し数十年ともなればもはや追加の価値はなくなる。「MC」は限界費用である。教育の価値が上がるほど教育量は増えることを想定するため右に上昇する線を描く。これらの便益と費用は教育を受ける個々人にとっての「私的便益」である。個々人が教育を受けるために自ら費用を負担する場合、それら個人の集合体としての教育量は両線が交わる「Q_1」となる。

　一方、これまで述べてきたように教育には社会的効果や外部性があり、これらは私的便益に対して社会的便益と定義される。図中では、便益が D と表される場合の社会的便益の線を「MSB（Marginal Social Benefit）：社会的限界便益」として表しており、その便益の量は△$V_1$0 Q_2である。その面を需要線の上方に乗せることによって、「TMB（Total Marginal Benefit）：全限界便益」が描かれる。つまり個人と社会両方の便益を換算した場合の需要線は TMB であり、TMB が限界費用線と接する点にある Q^* が社会にとって望ましい教育量となる。個々人だけで教育費を負担した場合、教育量は Q_1 であるため、社会全体から見れば望ましい量に達していないことになる。つまり公的負担が充てられない場合は Q^*-Q_1 の量が寡少供給であると捉えられる。教育が個人のためだけに有益なのであれば、個人がそのコストを負担するだけで賄えるはずである。しかし、教育が教育を受ける本人だけではなく、周りに対しても利益を及ぼすのであれば、個人負担だけでは十分な教育量が供給されないとする所以

図表 6-3　教育の社会的利益を考える枠組み

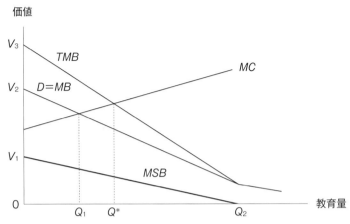

$D=MB$：Demand（需要）＝Marginal Benefit（限界便益）
MC：Marginal Cost（限界費用）
MSB：Marginal Social Benefit（社会的限界便益）
TMB：Total Marginal Benefit（全限界便益）

である。

　教育費を負担するときに、教育が外部性と社会的効果を発生させることを特に意識する者は多くはないだろう。教育経験が周囲の人々の健康を増強させたり、犯罪件数を減少させたりなど、他者の利益につながるとの理由で、自分や子どもの授業料を払うわけではない。しかし、結果としてその他者への効果が確定的であるから公的資金が充てられる。特に、教育費を支払うことのできない家計に対して資金を配分することは当然かつ重要となる。教育と所得の間にある正の相関は、個々の国民自体を豊かにするための公財政支出を妥当とし、また社会全体の厚生を向上させるためにも適切とされるのである。また、教育は富の「再分配」の手段ともなり得る。所得が均等に配分されていない実態において、家計で教育費を負担できない子どもに政府が教育の機会を提供することにより、社会的平等と将来的な所得の均等化が目指される。

3 教育への公的関与の問題

　ここまで教育の経済的効果に焦点をあてて、政府が教育に介入する理由とその妥当性について述べてきた。経済発展や国民生活の向上が国家的関心事であり、教育が経済発展と国民生活の向上に貢献することが明らかであれば、教育に政府が予算を投じることは妥当であるというのが一般的な見解である。一方で、政府の教育への介入あるいは関与の「在り方」については様々な論争があった。論争は概ね、政府の教育への介入が正当あるいは必要不可欠とする論理を覆すかたちで展開されている。具体的には、（1）教育が国家的な経済発展をもたらす、（2）教育には個人負担では実現し得ない外部性がある、（3）国民一人ひとりが、一定の共通の価値形成を、教育を通して行う必要がある、（4）機会均等を実現するには、政府主導型の教育体制を整備しなくてはならない、などが政府の教育への介入を正当としてきた理由であった。政府の教育への関わり方に疑念を呈する声は、これら政府関与の正当性を裏づける理由の一つひとつに疑問を投げかける。以下では政府主導型教育を推し進めてきた四つの理由を覆そうとした論調を概観したうえで、政府による教育への関与と資金提供における留意点をまとめたい。

3-1　教育は経済発展をもたらすのか

　一つ目は、国民がより多くの教育を積むことが国家経済の発展をもたらすのか、という疑問である。この問いは第4章の人的資本論の説明力を問う議論としても取り上げた。教育と経済成長との関係性は生産関数を用いた成長会計、内生的経済成長論などによって理論的にも実証的にも確認された。しかし、この問いは、教育の量と経済成長との間に顕著な正の相関があることがすなわち教育が経済成長をもたらすという因果関係の証左にはならないという。教育量が増えたことによって経済発展がもたらされたのか、経済が発展したために余剰資産が増加し、教育を受ける機会が増えたのかは不明だとされる。たしかに教育と経済は、いわゆる「鶏と卵」の関係にあるともいえ、どちらが先であるのかは確かではない。実際、第2章で述べたように教育が消費として捉えられる場合は、経済的に豊かになり消費の自由が拡大すると教育費への負担も増加

し教育量は増える。この観点に立つと、政府が国家の経済発展のために教育に先行投資をすることの妥当性は減ずる。

　一方、よしんば、教育が経済発展に貢献することが明らかであり、教育への政府介入が妥当であったとしても、そのことが直ちに教育の公的運営を正当化するわけではない、という考えもある。つまり、教育が国家的関心事であれば政府は教育に予算を支出するべきであるが、実践的な管理運営を政府自らが行うべき理由は無い。なぜ、「公立学校」という枠組みで運営方法から教育の内容まで一貫した縛りを設けなくてはならないのか、という指摘である。

　最後に、そもそも経済発展自体にそれほどの価値があるのか、経済発展が本当に人間を幸福にするのか、という根源的な疑問も経済開発を目的とする教育を政府が主導することへの反論となる。地球温暖化、異常気象、大気汚染など、経済発展がもたらす負の側面が注目され問題となるなか、経済発展のための教育という考え方自体が否定や批判の対象となり得る。これは、政府が経済発展をもたらす教育を支え推し進めるために費用を投じ管理運営することへの批判へとつながる。

3-2　教育の外部性に政府の関与は必要か

　次に、教育には外部性があるから、政府主導型で公的な管理体制のもとに教育がなされなくてはいけない、との見解に対する反論である。二段階から構成される。まず、教育に本当に外部効果はあるのか、という疑問である。実際、外部効果の多くは正確に検証することが容易ではない。先述したマクマホンの7つの外部性（p.143）を例にとると、「（3）犯罪率を下げ、刑罰制度の費用を減らす」「（4）福祉、メディケイド、失業保険、公共医療の経費を下げる」などの外部効果は定量的に計測することが可能であり、第3章で示したようにOECD各国において既に定量化され報告されている。「（6）地域及び州の公益事業を活性化する」、「（7）生産における補完性、相互性を有する」に関しても、地域レヴェル、企業等組織レヴェルで実証が可能である[6]。しかし、「（1）効果的な民主主義と民主的組織の形成に貢献する」、「（2）市場と技術

6）Black & Lynch（1996）は、教育、雇用、人材情報を含む国レヴェルのデータと機関レヴェルの労働管理、教育訓練、組織特性を用いて、教育訓練と生産性との関係を実証的に分析した草分け的な研究である。

変化への効果的な適応を可能とする」、「（5）資本市場の欠陥、不完全性を補完する」という期待外部性については、定量的に明らかにすることは難しい。もっとも、定量的に検証されている外部効果についても、その効果が教育のゆえであると断定することはできない、との主張もある。例えば教育の量が多いほど犯罪率が下がることは明らかだとしても、犯罪率を上下させる要因には景気の変動や政府の経済施策はもとより、感染症の流行や人口動態や気候の変化など、マクロ、ミクロ両方の多様な要因がある。このような影響要因から教育の効果のみを正確に抽出することは日々向上する統計解析の技術をもってしても至難の業である。

　更に、教育に外部効果があることが認められたとしても、次にそれらの外部効果のために、公的資金を支出する妥当性はあるのか、という疑問が生まれる。教育が外部効果を生むという事実は、教育を受けた個人が外部効果をもたらすことではあるが、その教育を管理運営するのが政府でなくてはならないというわけではない。例えば個人や企業が教育費用を支払い学校が政府以外の組織によって運営されたとしても、教育という営みが継続されるのであれば自ずと外部効果は生まれるのではないか、という見解である。先述した個人のみが教育費を支払う場合は、市場での教育供給・需要量が寡少になるという論点についても、運営管理を例えば民間機関に委ねたとしても、政府が資金を負担する限りは教育の外部性は保証される、ということになる。

3-3　学校教育は国民共通の価値形成の場か

　学校は共通の価値形成を行う最も公的で影響力の強い現場である。私たちは多くの場合、学校教育を通して帰属する社会共通の言語や認識を共有していく。例えば参政、納税、倫理、善悪など社会参加に必要な決まり事は政府主導で作成された指導要領に基づき学校教育を通して学ぶ。このような共通価値や共通認識の形成は社会規範やこれに準ずる規範を形成するうえで重要な手続きといえる。

　一方で、国家の権力と統率力が強ければ強いほど、共有される価値がかならずしも倫理的あるいは人道的でなくとも、国家のパターナリスティックな関係を通してその価値は国民に浸透し、学校教育はその際の効果的な手段となり得る。「パターナリズム（父権主義・温情主義)」とは、国家あるいは個人が他の

者に対して、その者のためになる、あるいは危害などを避けるためとして、その者の意に反するとしても、介入・干渉あるいは支援等をすることをいう[7]。政府が教育費を負担し、学校教育が国家主導で運営管理される場合、政府は国民に対してパターナリスティックな関係を行使して国家主導で作成された指導要領や教科書、指導方法などを通して国家独自の共通価値の形成を目指すことができる。

　しかし、国家が重要とする価値観が、その国における個々人が重視する価値観と同一であるとは限らない。また、特定の国家において守らなければならないとする規範が他国にとってもそうであるとは限らない。その点、パターナリスティックな関係を通して指導される教育は個々人の価値観を軽視、時には封印し、他者の異なる価値観を否定する可能性を孕んでいる。特定の国家、文化、教育環境で育まれた統一的価値観が個々人の価値観と相いれず、そればかりか他者の価値観を否定することによってより強固に定着することさえある。それは、多様性に対する敬意や寛容性を失う行程でもある。

　更に、国家主導で組織的に教育の意義と内容が定められることによって、教育が新たなバイアスとして社会を歪める可能性もある。政府による教育への介入と資金提供は、教育は個々人の生活を豊かにすると同時に社会経済の発展をももたらすという公的な見解と意向を示すものであろう。しかし、個々人の豊かな生活と社会経済の発展が一つのメリット（「業績」あるいは「功績」）とみなされ、その功績を得た者が支配的な地位を築き他者を統治しようとする社会が形成されると、「メリトクラシー」に基づく新たなバイアスが発生する[8]。何を教えるか、何をいかに評価するか、誰を入学させるかなどは、学校教育の

---

7 ）Gerald Dworkin による *Stanford Encyclopedia of Philosophy* の "Paternalism" の英文説明を筆者が概訳した（Dworkin, 2020）。Paternalism の定義は統一的ではないが、他に Dworkin（1972）が広く引用される。邦文では、宮台（監修）（2012）が民主制、教育、市民社会、開発行政などを主題に、パターナリズムについて考察している。特に教育に焦点をあてたパターナリズムあるいは教育とパターナリズムの関連性について考察している文献には、Harmon & Hill（2003）がある。秋池（2016）は、教育とパターナリズムに関する近年の研究及び文献を包括的にサーベイしている。

8 ）「メリトクラシー」は、個人の能力や努力によって社会的地位が定められ、それらが社会を統治する状態をいい、マイケル・ヤングが初めて使用した造語であるとされる。原書は、Young（1994）、邦語版は、ヤング（2021）がある。日本での、メリトクラシーに関する考察については竹内（2016）、中村（2011）、本田（2005）などを参照されたい。

段階によって、そして各教育機関が目指すところによって多分に異なるはずだが、結果として現在の私たちの社会は一定の物差しに基づいた学歴社会の側面を有する。学歴が一つの物差しとなり、学歴があれば一定の能力があるように扱われる。逆に、学歴が不十分だとみなされると、いかに才能に富み努力をしたとしても、社会で認められないことも少なくない。この傾向は第3章で言及したシグナリング理論が示唆することでもある。つまり教育を経た経験が実質的生産性の向上としてというより、シグナリング効果として機能するのであれば、教育は新たなバイアスとして、むしろ格差を拡大する仕組みになり得る。

　したがって、私たちは価値共有を求められたときに、その普遍性を問い、その価値への向き合い方を考えなくてはならない。共通の価値とは何か、共通の価値を有することの問題は何か、一定の価値が深く共有され他の価値を軽視しあるいは否定し、限定された目的のために同じ方向に動いたときの危険（＝リスク）は何か、独自の価値観を持ちつつ他者の異なる価値観を尊重する方法とは何か、そしてこれら一連の問いのなかで教育はどのような役割を担うのか。国際交流が活発になっている現在、共通価値の形成と多様性の尊重とを両立することの意味がますます問われている。

3-4　政府主導による教育機会の向上は経済的・社会的公平性をもたらしたか

　第二次世界大戦後の教育は民主主義に基づく公平な経済社会を実現することを目指した。とりわけ1960年代に教育経済学が支えたアメリカの教育改革は、教育機会の均等化を通して経済格差を是正し、固定化しつつあった貧困のサイクルを断ち切り、経済・社会的に公平な社会を築くことを主眼としていた。しかし、その後半世紀あまりを経た今、教育機会の均等や向上によって経済格差は是正されただろうか。確かに義務教育は世界的に拡充された。しかしそれに伴って当初想定された富の分配が促されて所得格差は減少したかと問うならば、答えは否、であろう。教育を積むほどに収入は伸びるものの、教育年数の少ない者との経済格差は広がる一方であり、教育はむしろ格差を増大させる媒体となっている（橘木, 2020）。過去半世紀、教育の機会を充足させることと経済・社会的な公平を達成することは必ずしも同一線上には無いことを私たちは目の当たりにしてきた。この状況は世界全体ではほぼ共通する結果であり、現状である。いまのままでは、公が担ってきた義務教育をはじめとする教育機会

の充足は経済格差の是正にはつながらなかった、と結論せざるを得ないであろう。では、民が主導する教育であれば教育機会の向上が経済格差の是正につながるのかと問うならば、そうとはいえない。むしろ、公立学校の教育の在り方に疑問が呈され私立学校への需要が高まることによって格差の拡大は一層進む兆しも見られ、このことについては第7章の「教育の民営化」のところで詳述する。

　政府の介入によって教育の均等性を高めようとすることが公平性の実現と相いれない結果は経済面に限られてはいない。機会均等のための施策と公平性の達成との間にあるずれや歪みは様々な場面で論争の種となっている。具体的な例として、大学選抜や職員採用に適用される「アファーマティブ・アクション（積極的差別撤廃措置）」を挙げよう。積極的差別撤廃措置とは、弱者集団の不利な現状を、歴史的経緯や社会環境を鑑みたうえで是正するための改善措置である。教育の機会均等と公平性との関係をめぐり積極的差別撤廃措置が大きな議論を呼んだ最初の例はカリフォルニア州における大学選抜措置であった。1972年に雇用機会均等法が教育機会提供の重要性を強調したことを受けて、大学の入学者選抜における少数派優遇措置が本格的にスタートした。黒人を中心とする人種的少数派を対象に入学枠に一定の少数派枠（クォータ）を設定して共通テスト（学部なら SAT、大学院なら GRE や GMAT など）の結果に加点するなどの措置がとられた。これに対して、対象少数派と同等の点数を取ったものの入学を拒否された白人男性がカリフォルニア大学デイビス校を相手に訴訟を起こした。同校は定員100人中、少数派と経済的困窮世帯出身者に対して16人の合格枠を設定していた。1978年に連邦最高裁は、「アファーマティブ・アクション自体は合憲だが、少数派枠を数で定めるクォータは違憲」であるとの判決を下す（1978年のバッキー判決。Regents of the University of California v. Bakke）。少数派により多くの教育機会を提供しようとすることは彼らが社会的経済的に他の人種と平等に生活することを目指すもので、正当である。しかしその結果、同じあるいはそれ以上の成績を挙げた者の入学を拒否することは「公平」ではない、ということであった。

　機会の均等を実現するためには政府の介入が必要であろう。しかし、それによって社会全体が公平になるという結果にかならずしも行き着くわけではない。このことについては、第8章の「学校選択と教育機会の平等と公平」のと

ころでより詳しく検討したい。

3-5　公共財の供給と運営の分離

　上述のような議論を経て、教育に対する政府介入の是非については、教育費用の公的支出はよいとしても、管理運営は民間の手あるいは保護者や地域コミュニティーで構成される組織に委ねられないのか、という議論が近年中心となっている。教育が社会的効果を生む公共財の性質を帯びる以上、政府が教育の資金源であることは正しいが、学校教育の「運営」は政府によるものである必要はなく、民間への委託がむしろ効率的ではないかという見解である。

　一方で、民間の運営に委ねることによって、教育がもたらすべき公共性を維持できるのかという疑問も根強い[9]。マクマホンを中心とする公共経済を専門とする研究者が指摘した、教育による民主主義社会の醸成や公共経済の発展及び正の外部性は、民間主導の教育によって確保されるのだろうか、という疑問である。たしかに、先に述べたように、政府が教育を管理運営することによって国家共通の価値観が児童・生徒に教え込まれ、その価値観が時に政治的に偏る場合の心配はある。他方で、民営において社会で安定的に生きるために必要な共通的価値はどのように形成されるのか、あるいは、形成されなくてもよいのか、という問題もある。義務や権利は国家単位で取り決めがなされており、多くの場合教育を通じて国民に浸透していく。国民として守らなければいけないことや権利・義務は国民共通の認識や通念のもとに浸透する。運営管理を行う個人もしくは企業では、国民共通の社会的認識や通念の浸透（普及・敷延）を誰がどのように担っていくのだろうか。なによりも、民間主導の教育において、国民全員の教育機会は保障されるのだろうか。民営校は教育費を支払うことができない者に、支払うことができる者と同様の教育を提供するだろうか。また、教育を求める個人は、他者の教育機会のために意識的に費用を負担するだろうか。つまり、税金という仕組みを通さずして、社会全体の教育機会は保障されるのだろうか、という疑問が生ずる。

　このように思いめぐらすと、教育費の負担は一つの主体によるのではなく、

9）高橋（2005）は、教育の「私事化」が進行するなか、教育の公共性がどのように実現されるのか、教育への国家関与の在り方について、教育権論及び教育法学の観点から考察している。

いくつかの組合せによって行われるのが順当ではないかということになる。本章の冒頭で述べたように、教育の費用負担の主体は、大きく個人、企業、政府に分けることができる。ほぼすべての国家においてこれらの三主体がなんらかのかたちで教育の費用を負担しており、いずれの主体にも負担することの意義と妥当性があることは先に述べたとおりである。むしろ、いずれか一つの主体に負担が偏ると、教育の公共性が減じたり、教育需要者の自由度が狭まったりする。したがって課題は、これら三者の誰が教育の費用を負担するかではなく、それぞれがどれだけ教育費用を負担するかという「程度」の問題ということになる。数年来、世界的に教育の資金と運営は、ともに官から民へとシフトしている状況にある。教育資金と管理をめぐる官と民それぞれの責任と資金拠出の「程度」を見極めていくことが今問われている。

参照文献

A. C. Nielsen Company（1972）What Consumers Think of Coupons. *The Nielsen Researcher*, 30(6), pp.3-10.

Bawa, K. & Shoemaker, R. W.（1987）The Coupon-Prone Consumer: Some Findings Based on Purchase Behavior Across Product Classes. *Journal of Marketing,* 51(4), pp.99-110.

Black, S. E. & Lynch, L. M.（1996）Human-Capital Investments and Productivity. *The American Economic Review*, 86(2), pp.263-267.

Conti, G., Heckman, J. & Urzna, S.（2010）The Education-Health Gradient. *American Economic Review*, 100(2), pp.234-238.

Davis-Kean, P. E.（2005）The Influence of Parent Education and Family Income on Child Achievement: The Indirect Role of Parental Expectations and the Home Environment. *Journal of Family Psychology*, 19(2), pp.294-304.

Dworkin, G.（1972）Paternalism. *The Monist*, 56(1), pp.64-84.

Dworkin, G.（2020）Paternalism（First Published in 2002, Revised on 2020）. *Stanford Encyclopedia of Philosophy*, https://plato.stanford.edu/entries/paternalism/ as of Dec. 23rd, 2021.

Fujino, Y., Tamakoshi, A., Iso, H., Inaba, Y., Kubo, T., Ide, R., Ikeda, A., Yoshimura, T. & JACC study group（2005）A Nationwide Cohort Study of Educational Background and Major Causes of Death Among the Elderly Population in Japan. *Preventive Medicine*, 40(4), pp.444-451.

Gakidou, E., Cowling, K., Lozano, R. & Murray, C. J.（2010）Increased Educational Attainment and its Effect on Child Mortality in 175 Countries

Between 1970 and 2009: A Systematic Analysis. *The Lancet,* 376(9745), pp. 959-974.

Grill, K. & Hanna, J. (2018) *The Routledge Handbook of the Philosophy of Paternalism* (1st ed). London: Routledge.

Harmon, S. K. & Hill, J. C. (2003) Gender and Coupon Use. *Journal of Product and Brand Management,* 12(3), pp.166-179.

Hartog, J. & Oosterbeek, H. (1998) Health, Wealth and Happiness: Why Pursue a Higher Education? *Economics of Education Review,* 17(3), pp.245-256.

Kemptner, D., Jürges, H. & Reinhold, S. (2011) Changes in Compulsory Schooling and The Causal Effect of Education on Health: Evidence from Germany. *Journal of health Economics,* 30(2), pp.340-354.

King, E. M. & Hill, M. A. (1997) *Women's Education in Developing Countries: Barriers, Benefits, and Policies.* World Bank Publications.

Levedahl, J. W. (1988) Coupon Redeemers: Are They Better Shoppers? *The Journal of Consumer Affairs,* 22(2), pp.264-283.

Lleras-Muney, A. (2005) The Relationship between Education and Adult Mortality in the United States. *The Review of Economic Studies,* 72(1), pp.189-221.

Lochner, L. (2004) Education, Work, and Crime: A Human Capital Approach. *International Economic Review,* 45(3), pp.811-843.

Lochner, L. & Moretti, E. (2004) The Effect of Education on Crime: Evidence from Prison Inmates, Arrests, and Self-Reports. *American Economic Review,* 94(1), pp.155-189.

Machin, S., Marie, O. & Vujić, S. (2011) The Crime Reducing Effect of Education. *The Economic journal,* 121(552), pp.463-484.

Manski, C. F., Sandefur, G. D., McLanahan, S. & Powers, D. (1992) Alternative Estimates of the Effect of Family Structure during Adolescence on High School Graduation. *Journal of the American Statistical Association,* 87(417), pp.25-37.

McMahon, W. W. (1982) Externalities in Education. *Faculty Working Paper,* 877, College of Commerce and Business Administration, Bureau of Economic and Business Research, University of Illinois at Urbana-Champaign.

Michaels, E., Handfield-Jones, H. & Axelrod, B. (2001) *The War for Talent.* Harvard Business Press.

Narasimhan, E. (1984) A Price Descrimination Theory of Coupons. *Marketing Science,* 3(2), pp.128-147.

Oshio, T. & Kan, M. (2019) Educational Level as a Predictor of the Incidences of Non-Communicable Diseases among Middle-Aged Japanese: A Hazards-Model Analysis. *BMC Public Health,* 19(852).

Ross, C. E. & Wu, C.-L. (1995) The Links Between Education and Health. *American Sociological Review,* 60(5), pp.719-745.

Sander, W.（1998）The Effects of Schooling and Cognitive Ability on Smoking and Marijuana Use by Young Adults. *Economics of Education Review*, 17(3), pp. 317-324.

Ward, R. W. & Davis, J. E.（1978）A Pooled Cross-Section Time Series Model of Coupon Rromotion. *American Journal of Agricultural Economics*, 60(3), pp. 393-401.

Yamada, K.（2011）Family Backgroud and Economic Outcomes in Japan. *Research Collection School of Economics*, pp.1-33.

Young, M.（1994）*The Rise of Meritcracy, 2nd edition.* New York: Routledge.

秋池宏美（2016）「"教育とパターナリズム" 研究の射程」『駿河台大学論叢』第53号、pp.79-97。

小塩隆士（2021）『日本人の健康を社会科学で考える』日本経済新聞出版。

島一則（研究代表・編著）（2018）『平成29年度　教育改革の総合的推進に関する調査研究――教育投資の効果分析に関する調査研究』。

高橋哲（2005）「教育の公共性と国家関与をめぐる論点と課題」『教育学研究』第72巻2号、pp.73-84。

竹内洋（2016）『日本のメリトクラシー――構造と心性』増補版、東京大学出版会。

橘木俊詔（2020）『教育格差の経済学――何が子どもの将来を決めるのか』NHK出版。

中村高康（2011）『大衆化とメリトクラシー――教育選抜をめぐる試験と推薦のパラドクス』東京大学出版会。

本田由紀（2005）『多元化する "能力" と日本社会――ハイパー・メリトクラシー化のなかで』NTT出版。

宮台真司（監修）、現代位相研究所（編）（2012）『統治・自律・民主主義――パターナリズムの政治社会学』NTT出版。

ヤング, マイケル（著）、窪田鎮夫、山元卯一郎（訳）（2021）『メリトクラシー』講談社エディトリアル。

第 7 章

教育の民営化

　本章ではまず、教育の民営化とはどのような状況を指すのか、世界各国の教育民営化の概観を交えて解説する。次いで、民営化の二つの流れである、（1）教育の需要やニーズの変化に公教育が対応できていないとの前提のもとに展開された民営化と、（2）政府主導の教育改革として推進された民営化の二つのパターンをめぐり、前者の例としてアメリカ、後者の例としてイギリスの教育民営化の経緯を1960年代に遡って検討する。いずれも民営化を促した力学が、選択機会の拡大、教育の市場化、学校運営の効率化、経済格差への対応など、経済学あるいは経済学者が深く関与し近年の教育民営化の行方に作用したという点で共通している。後半は、民営化の実態と事例を解説する。教育民営化の研究対象は教育供給側の学校運営と、需要側である児童、生徒、学生やその保護者とに大きく分けられる。前者の具体的実践として、チャーター・スクール、マグネット・スクールについて解説する。これらの学校形態は公設でありながら民営の柔軟性と消費者ニーズ対応の向上を目指したものである。後者の具体的実践としては、教育の需要者に学校選択を促すバウチャー制度について詳述する。最後に、日本における教育民営化の経緯と実態を考察したい。

1 教育の民営化とは

　「教育の民営化」は、英語では「Privatization of education」と表現される。何をもって「教育の民営化」というかは一元的ではない。しかし、「民営化」

というからには動的であり、教育経済学では民営へと移行する経緯、工程、そしてそれらの結果が考察の対象となる。教育の民営化は人口動態や社会経済の変化に伴う構造的な変容と捉えられる場合と、政策実践として遂行される場合に大別される。前者は例えば、教育の需要が急伸したり教育へのニーズに変化が起きた際に、公教育が対応しきれなかった結果として起こる。後者は、時の政府の教育改革や学校改革などの政策的イニシアティブのもとに進められる。むろん、構造的変化が政府主導の教育改革を引き起こすこともあれば、時の政権がプロアクティブに教育現場の構造的変化を認識して、行政改革として民営化を推し進めることもある。

1-1　各国の教育民営化

Verger, Fontdevila & Zancajo（2016）は、教育の民営化を進めた主要地域を対象に民営化へと移行する経路を系統立てて分類している。例えば、アメリカの民営化は市場原理に基づく学校選択のスケールアップに力点が置かれているとし、「学校選択改革」と評する。イギリスは自由化と市場原理の導入という点ではアメリカと共通する一方で、国レヴェルの教育行政改革の特徴が濃く、チリとともに政治的イデオロギーが原動力となった国家的改革と見ている[1]。一方、スウェーデンをはじめとする北欧各国は、福祉国家における民主主義的理念のもとに、より多くの選択肢を市民に提供するために民営化を進める。他方、低所得国では近年授業料の安い民営学校が自然発生的に急拡大する動向が確認されている。サブサハラアフリカ、南アジア、南米の最貧国に見られるが、国が主導しているわけではなく、市民による良好な教育の求めがもたらした結果とされる[2]。最後に、オランダをはじめ、ベルギー、スペインなど

1）久保木（2019）は、1980年以降の新自由主義に基づくイギリスの教育改革を、学校選択、公設民営化、共通学力テストの実施などの諸政策を通じた行政統制という観点から分析し、斎藤（2004）は、チリの教育民営化を1973年のクーデターによる軍事政権のもとで導入、断行されたものとして、20年間の教育改革の軌跡を検討している。
2）これらの民営学校は Low-Fee Private Schools〈LFPSs〉と称され、民間人あるいは民間営利団体によって運営され、低所得家庭でも支出可能な金額で教育を提供する。その実態については Tooley（2007）を参照されたい。低所得家庭が無料の公立学校ではなく低価とはいえ有料の私立学校を選択する理由に関しては、南アジア地域については Ahmed & Sheikh（2014）、南アジアとサブサハラアフリカについては、Tooley（2013）が詳しい。

の西南欧ではどの地域よりも長きにわたって私立学校が繁栄しており、これは教育における「歴史的な官民連携」と評される。他の OECD 各国の民営化のほとんどは新自由主義的思想に伴う1980年代以降の産物であったのに対して、これら西南欧の国々の私立学校はカトリックを中心とした信仰に基づく学校で、教会の実権と政治的なちからが20世紀の義務教育の拡大に強く影響し、そこに公費が充当された[3]。他にもニュージーランド、オーストラリア、南アメリカ、そして中国などについて学校選択改革をはじめとする民営化の流れが報告されている[4]。

1-2　教育経済学による教育民営化の研究

　教育経済学分野における教育民営化の研究は1980年以降の動向に焦点をあてる場合が多く、概ね二つの側面を検証する。一つは教育を供給する側である学校の管理運営体制の変容である。もう一つは児童、生徒、学生とその保護者の教育需要行動の変容で、選択幅の拡大やそれに伴う教育費の私的負担額の変動が研究対象となる。教育の供給側による学校等の民営化は、国や自治体が管理運営し公財政支出によって費用が賄われる状態を出発点としており、そこから私的財源による管理運営へ移行する過程が「民営化」なのである。その流れと構造を図表7-1に示す。民営化への移行は市場参入等をめぐる規制緩和、市場化及び市場原理に基づく競争の導入によって促され、支えられる。学校教育の管理運営を請け負った団体や個人は、教育の設計や運営に一定の裁量をもって臨むこととなり、より多くの児童・生徒・学生やその保護者のニーズに応え収益を高めるように事業を展開する。

　民営化によって需要側、つまり児童・生徒・学生やその保護者には選択肢が

3）オランダは1917年の憲法改正により、カトリック系の学校を中心に私立学校と公立学校に同一の公財政支出が向けられるようになった。ベルギーは1950年代教義の自由の原則のもとカトリック校を中心とする私立学校の公費運営が拡大した。スペインはフランシスコ・フランコによる独裁政権終結後の1970年から1980年にかけて、義務教育拡大とともに公共予算によるカトリック系私立学校の拡大が進んだ。これら3カ国の類似性と特徴等については Verger, Fontdevila & Zancajo（2016）の Chapter 7 に整理されている。
4）Plank & Sykes（2003）は、ニュージーランド、オーストラリア、南アメリカ、中国、チリ、イギリス、スウェーデンなどにおける学校選択をはじめとする民営化について記している。

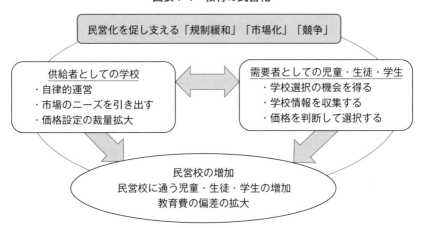

図表 7-1　教育の民営化

民営化を促し支える「規制緩和」「市場化」「競争」

供給者としての学校
・自律的運営
・市場のニーズを引き出す
・価格設定の裁量拡大

需要者としての児童・生徒・学生
・学校選択の機会を得る
・学校情報を収集する
・価格を判断して選択する

民営校の増加
民営校に通う児童・生徒・学生の増加
教育費の偏差の拡大

提示される。各学校の教育内容や運営方針に関する情報を入手し、自らの希望とニーズに応える学校を選択する機会を得るともいえる。一方民営校は授業料等学費の設定における自由度が高い。売り手市場であれば学校が提示する授業料、つまり需要側の教育費負担も上昇するだろう。買い手市場であれば、より低価格で消費者ニーズに即した教育が供給されるであろう。需要者は提示された価格に自らの希望と支出可能額を照らし合わせて学校を決めることとなる。したがって、教育民営化の結果あるいは影響は、民営校の増加やそこに通う子どもたちの増加、教育費の偏差の拡大などのかたちで表れる。

　現実的には、メリット財[5]とみなされる義務教育については完全に民間に委ねられる例は見られない。これまで展開されてきた教育の民営化は、従来の公立学校において教育活動の「運営」を民間に委ねる制度と、これまで政府から公立学校に配分されていた教育費を児童や生徒の保護者に直接渡して私立を含む学校選択の自由度を高める制度とに大別することができる。それを、学区制や学校設置基準の柔軟化等の規制緩和、市場原理の導入やそれに基づく競争の促進などの学校運営環境の改革整備が支える。

　5）第1章3ページの「教育の準公共財」に関する記述を参照されたい。

$\boxed{2}$　教育民営化の経緯

2-1　政府主導への批判から民営化の要請へ

　第 6 章で述べた、政府主導型教育運営の妥当性に関する一連の批判は、教育の民営化を求める議論と表裏一体であった。以下の観点が教育民営化を推し進める根拠となった。

（ 1 ）教育が国家の経済発展をもたらすとしても、教育が国によって運営されなければならないということにはならない。

（ 2 ）教育の外部性は教育自体から発生するのであり、その管理運営が、公によるものでも民によるものでも同様の効果が実現する。

（ 3 ）公教育の目的の一つである「共通の価値形成」は時に多様な社会の多様な価値観の尊重を妨げる。

（ 4 ）公的義務教育は教育の機会を保障し公平な社会の実現を目指したものの、教育機会が拡大する一方で経済格差が拡大するなど、公平な社会形成に貢献したとはいえない。

　これらの議論は1970年代前半から1980年代中盤にかけて、イギリスとアメリカで盛んになり、特に初等・中等教育レヴェルで市場原理の導入が急速に進む理由となった。アメリカにおいては、第 1 章第 2 節「教育経済学発展の経緯」で言及した「危機に立つ国家」の時代である。1980年代も続く経済成長の低迷は公教育水準の低下によるところが大きいとの見解に基づき、その原因が地方教育行政の官僚化、法規制の硬直性、団体交渉による統一的な給与体系などにあるとされた。既存制度への変革の要請が公教育に市場原理を導入しようとの流れにつながった。アメリカでは教育行政上の規定から学校教育は州以下の裁量に委ねられている[6]。この時期はレーガン政権のもとで連邦の教育予算が縮減されたこともあり、民営化に関係する教育改革は州あるいは学校区のレヴェ

---

6 ）教育は州の専権事項であり教育に関わる連邦政府の役割は機会均等の保証等への支援に留まる。教育行政は州の教育委員会が中心となるが、州が定める教育制度や方針は概して大綱的であり、実践的運用は州のもとの行政単位である学校区（District）が行い、多くの裁量を有している。

ルで行われた（Witte, 2000）。

　一方イギリスは、教育民営化を国家主導で政治的インセンティブのもとに推し進めた。1970年代、大きな政府による行政機構の硬直と公共事業による財政赤字の増大、更に石油危機とも相まって低迷した社会経済の状況が「英国病」と呼ばれ、政府の指導者が批判にさらされた時代である。1979年に政権をとったマーガレット・サッチャーは新自由主義的改革を推し進め、ガス、水道、電信などの公益事業を民間に売却した。教育分野については70年代からバウチャーの導入による選択制を進め、1988年には初等から高等教育を網羅する「教育改革法（Education Reform Act）」を制定した。これにより、ナショナルカリキュラムを創設し公営学校の入学定員を拡大する一方で、生徒数を基にした補助金配当によって各校の自律性を高めつつ競争を促す制度設計を行った。これは、ビジネスセクターによる学校運営、地方の教育委員会の管理外にあるグラントベースの学校制の導入など、市場原理の導入を基盤とした国家的制度改革であった[7]。

2-2　フリードマンからはじまった民営化論争

　ところで、教育の民営化をめぐる議論がはじまったのは上記のような改革がはじまる20年以上も前である。教育民営化の基盤的概念を明示し、民営化の理念と実践の両面で世界的な影響をもたらしたのは、ミルトン・フリードマン（Milton Friedman）が1960年代初頭に著した『Capitalism and Freedom（資本主義と自由）』の第6章「Role of Government in Education（教育における政府の役割）」であろう（Friedman, 1962）。一般の読者を想定して書き下ろされた、教育の当事者である教育機関や教員、生徒の保護者などの手に届く内容の著作で、1962年に出版されて以来100万部近く販売されるベストセラーとなった[8]。全章にわたって一貫しているのは、経済的自由を主張し、それを阻害する要因として政府による過剰な介入や規制を批判していることである。フリードマンによる議論の軸には、政府の規制は不正などの取り締まりのみに限られるべきで、基本的にはマーケット主導型の経済活動が発展すべきだという考え

7）教育改革法の市場性をはじめ、イギリスの公教育の民営化改革についてはFitz & Hafid（2007）が詳しい。

8）日本でもフリードマン（1975）、フリードマン（2008）などの翻訳版が出版されている。

がある。特に教育については、学校教育のほとんどが政府の責任のもとに管理され、運営も財政も公的予算によって賄われていることに強い疑問を呈している。一般消費物資であれば、衣服や家具、更に自家用車であっても、私たちはどの商品が良いかを自ら選んで手にすることができる。貧しい者でも一生懸命お金を貯めればいくつかの選択肢から選んで購入することができる。医療や娯楽なども同様に、病院も旅行先も選択することができる。しかし、教育ではそのような選択が自由にできないことをフリードマンは問題とした。

　もっとも、フリードマンは教育への政府介入を否定したわけではない。教育への政府介入は、（1）教育が相当な外部効果を有すること、（2）子どもなどの判断能力及び責任能力の無い者への温情主義的な観点から、十分に正当化できるとしている[9]。加えて、学校教育は社会が効果的に機能するための基礎であり、そのような教育が生み出す社会的便益を確かにするために公共予算の支出は必要であるとも述べている。フリードマンの論点は、その予算が「どのような方法で、どの程度、何を対象に向けられるべきなのか」にある。そしてこの問いへの答えとして、「地方分権」と「民営化」を挙げているのである。

　地方分権は日本を含むいずれの民主主義国家においても継続的に議論される課題であるが、教育に焦点を絞ると、国、地方自治体のそれぞれがどの程度教育に対して責任を負うのかが検討対象となる。このことは、小・中・高、高等専門学校、専修学校、短大・大学など教育の段階と学校の種類によって、そして公営なのか民営なのかなどによって異なる。初等・中等教育の義務教育段階であり通学範囲が居住地に大きく依拠する場合は、自ずと教育運営は地元の自治体に委ねたほうが良いと判断される。一方、高等教育段階になると学生は地理的に移動するし、大学は研究機関として各自治体を越えた成果を出す。国立、私立、県立、市立などの大学運営形態によって網羅性に違いがあるものの、下位の学校教育段階に比較すると、守備範囲は広くなる。フリードマンの教育分野における地方分権支持は、他の準公益事業の分権とほぼ同じで、小単位の運営により事業効果の向上と効率化が可能であるとの論理に基づく。学校運営や教育内容の策定を中央に集権して一括管理するのではなく、市町村単位

9）ここでの外部効果は、個々人が教育を受けることによって他の多くの者にも利益を与える状況を指しており、第2章の教育の社会的効果で具体的に説明している。温情主義については第6章の教育への公的関与における説明で言及している。

の教育委員会等の組織により、教育内容の決定を含め各地域の自治権を尊重しつつ地元のニーズに対応した教育を行うことが有効であるという考えである。学校の管理運営及び組織論的観点から、肥大化した組織は効率性を低下させ、小単位の自律的運営が効率性を高めるという見解も一貫している。予算配分においては、教育の運営と内容に国と地方それぞれがどの程度の責任と実践を担うかということが論点となる。

　民営化はどうだろうか。学校運営の効果と効率を上げるという組織論的見解は分権を支持する論理と同一である。しかし民営化では更に、学校運営自体を「民」あるいは「私」に委ねようとする。公共財あるいは準公共財としての教育を私的運用によって供給していこうとするのが教育民営化の主旨である。フリードマンがこの概念を提唱して以降、教育財源の運用方法は教育管理の主要課題となった。学校は政府が直接運営するべきか、補助金として学校区あるいは学校機関へと配分するべきか、それとも補助金は個人に直接渡すべきなのか、その形態は給付なのかローンなのかもしくは税控除なのか。これらの問いは、現在も世界的に繰り広げられている教育の運営と財政をめぐる学術的、政策的、そして実践的な論題であり課題である。

2-3　ウエストによって具体化する民営化の論理

　フリードマンから発せられた教育の民営化の議論は、イギリスの経済学者であるエドウィン・ウエスト（Edwin G. West）によって具体化された。ウエストは、イギリスを中心とした先進国の政府による学校教育への介入について調査し、政府主導型の教育制度が長年にわたって学校教育の質に与えた影響を研究した。その影響は望ましいものではなかった、というのが結論である（West, 1965）。この研究を通してウエストは、教育に対する中央政府の介入を抑制し、規制緩和によって民間主導の学校運営を実現し、子どもとその保護者が自由に学校を選べる体制を構築することを推奨している。具体的には、市場原理の導入によって、（1）学校運営の効率が上がり、（2）教育の質が上がり、（3）その恩恵は貧困層により多くもたらされると説いた。ウエストの主張のポイントは以下である。

（1）学校運営の効率向上
　　学校教育の現場を市場とみなし、その市場への参入規制を緩和し競争原

理を導入する。そうすれば、教育機関は無駄を無くし運営の効率を上げようとするだろう。各学校が自立性を確保し運営改善の努力を強化することが期待できる。教職員に対しては勤務成績を反映した給与制度であるメリットペイを導入する。業務のモニタリングによる管理などで報酬体系にメリハリをつけることによって運営効率は向上する。

（2）教育の質向上

　　学校教育に市場原理を導入することによって、学校とその教職員は子どもと保護者のニーズや欲求により敏感になり、それに応えようと教育の質を上げることが期待できる[10]。学校内においては教職員の報酬に対して上記のような勤務成績を反映する業績制度を導入することによって、教職員個々が業務や教育の質を向上しようとするインセンティブが生ずる。

（3）貧困層への恩恵

　　政府主導型による学校運営では、子どもたちにとって教育は「与えられるもの」という位置づけになりがちである。教育の民営化の軸となるのは教育資金を子どもの保護者に渡すことによって彼らが学校を自主的かつ自由に選択できるようにすることである。これによって子どもや保護者はある意味「客」として教育商品を選ぶことができ、教育の「積極的な消費」が促される。

　公的運営では学校教育の質と効率は上がらないという見解はフリードマンと同じである。実際、政府の裁量的財政政策を批判し、市場原理主義を軸とする新たな体制を求める動向は経済的新自由主義を標榜する国々の、国を越えた潮流となった。これらの見解を整理すると以下のようになる。

（1）既存の政府主導教育制度の問題

　　① あらゆる子どもたちに平等に教育の機会を提供しようとした制度によって、中央集権的に標準化された教育制度と教育内容が実践されたが、教育や学校の質は均一化されたわけではなく、学校区によって質

10）ここでいう「教育の質」は、親や生徒のニーズや欲求に応えられる教員の質の高さと判断されがちであり、その点「教育の質向上」というよりも、「ニーズに応える教育の質の形成」になる。この観点については第8章第2節「学校選択に対する賛否」のところでより具体的に述べたい。

169

の良い学校とそうではない学校の偏りは拡大する一方となった。

② 政府の裁量で予算配分される交付金による運営によって、公共教育セクターは退廃し、無駄が多く、非効率となった。

（2）新しい体制を求めて

① 運営効率と教育効果の向上を実現しうる新たな体制が必要であり、市場メカニズムの導入はこれを実現する強力な手段である。

② 教育は消費であり投資である。その「場」を選択するのは教育を受ける当事者であるべきである。これまで「与えられてきた」教育の場は「選択できる」場となり、子どもたちとその保護者は「与えられる者」から「選択する者」へと変わる。また選択の後も、子どもたちとその保護者は教育体制と内容に関与すべきであり、その要望は「消費者ニーズ」として学校運営と教育に反映されるべきである。

③ 標準化された教育の体制と内容を脱して、多様性に対応し得る教育改革が求められる。

④ 上記の体制は経済的、社会的に不利な子どもたちの勉学意欲を向上させ、彼らの教育機会を改善し、弱者救済へとつながる。

　ウエストはその後も国家と教育との関係を探る書を著し、イギリス国内外の研究そして政策に実質的な影響を与えた[11]。その後1990年に入り、教育の民営化は日本を含めて、ほぼ世界共通の関心事にして課題となった[12]。後述するが、日本でも1997年に文部科学省から各都道府県教育委員会教育長に対して通知された「通学区域制度の弾力的運用について」によって、学校の選択に一定の柔軟性がもたらされた。

2-4　私立学校就学率と教育費民間負担の動向

　図表7-2は初等教育で私立学校に就学する児童の割合について、過去20年の推移を概観したグラフである[13]。世界全体で明らかに私立学校に通学する児

---

11) 1975年に出版された *Education and the Industrial Revolution*（West, 1975）では、1965年の *Education and the State*（West, 1965）に重要な歴史的文脈を加えている。この二つの書をもって、国家と教育を分離することの意義、そして教育の提供に市場原理を導入することの妥当性と意義を説いている。

童の割合は増加している。高めに推移している小島嶼開発途上国[14]の私立就学者割合は、公教育が行き届いていない事情によるところが大きく、それ自体が問題であるが、私立就学者の割合がますます増加していることは一層深刻な問題であろう。最も顕著な上昇が見られるのは、アフガニスタン南部、パキスタン西部、イラン東部を含めた西南アジア地域である。これらの国々の上昇要因については一様ではない。例えばアフガニスタンでは、2001年のタリバン政権終結後に教育への急速な需要増加に応えるように私立学校が設置され、そこに通う児童生徒が急増した。インドの場合は都市部の中間所得層以上は私立学校に行かせる傾向が一貫している一方で、公立学校の授業料が無料であるにもかかわらず貧困層の家庭でも私立に通学させる例がある。先述のサブサハラアフリカの例と同様、これらの児童が一貫して増加している背景について、質の低下が顕著な公的教育を避けて比較的割安な私学に通学させようとする貧困家庭の判断が指摘されている[15]。そして、これらの家庭にこそ教育バウチャーを配給するべきであるとの声が高まっている。

　早期に民営化の波を引き起こした北米及び西欧の私立学校就学率が2003年か

---

12) 関係する日本の業績には、教育社会学あるいは教育行政学の分野では、市川（2006）、藤田（1997; 2005）、末冨（2010）、藤田（編）（2007a）など、経済学の分野では、八代（編）（1999）、小塩（2003）、小塩・田中（2008）などがあり、更に那須（2018）は、法哲学の観点から公教育への教育バウチャー制度導入を取り上げ「自由と平等」について論じている。教育自由化の方策である学校選択制度やバウチャー制度についても具体的な議論が展開されている。例えば黒崎（1995; 2006）は、日本の教育行政の集権的あるいは画一主義的体制を批判し、学校選択制をはじめとする教育改革は自律的な学校運営と多様性の尊重を促すと論じている。一方、藤田（1998）並びに藤田（2007b）は、学校選択制は裕福で教育熱心な家庭とそうでない家庭の間の序列化を進行・固定化させ、学区制の廃止は学校と地域とのつながりを希薄にするなどの理由で学校選択制やバウチャー制度の導入に批判的である。

13) 地域分けは、2016年より SDGs（Sustainable Development Goals）の報告書で用いられている国連統計局によるグルーピングに基づく。

14) 太平洋・西インド諸島・インド洋などにある、領土が狭く、低地の島国のことで世界52カ国が該当地域・国として認定されている。

15) バナジーとデュフロは『Poor Economics（貧乏人の経済学）』のなかで以下のように記している。「教育専門家が注目するずっと前から、世界中の低所得の熱心な親たちは、たとえ生活を切り詰めてでも子どもを私立学校に入れようと決めていました。おかげで南アジアとラテンアメリカ全域では、低価格私立学校という予想外の現象が起こりました（バナジー＆デュフロ, 2012, p. 120）」。

図表 7-2　初等教育課程私立学校就学率

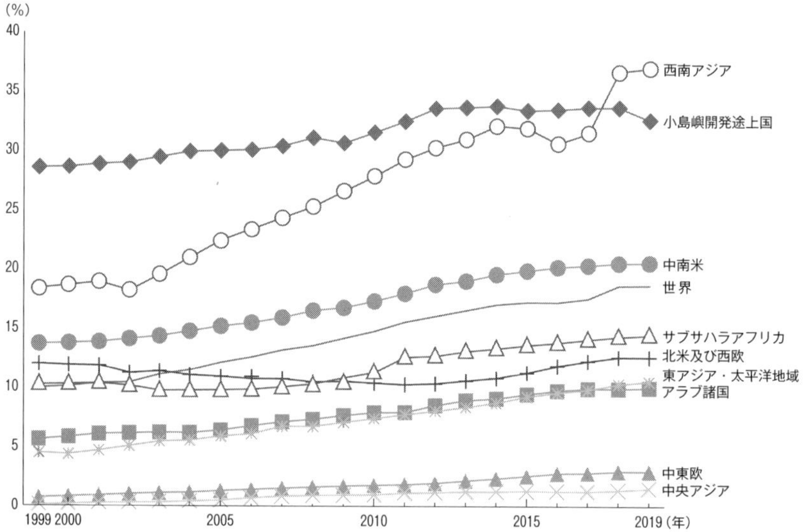

出所：UNESCO Institute for Statistics（UIS）Percentage of enrolment in primary education in private institutions（%）をもとに作成。〈2021年8月15日閲覧〉

ら2012年の10年余りの間に微減しているのが興味深い。就学率が安定している
なかにおいては、私立学校と公立学校の就学者数の関係は循環的に変わるのか
もしれない。公立学校の非効率性や教育の質低下への反発として私立学校が台
頭し、その後公私交えた競争が繰り広げられたなかで、結果的に、公立学校の
質や効率性が上がりその需要が私立学校を上回った可能性もある。

　教育費負担の面でも民間支出が占める割合が増えている。データが揃う
OECD諸国の平均を見ると、初等教育から高等教育までを通した教育費全体
に占める民間支出の割合は1995年には12.6％であったが、2000年は13.3％、
2005年は15.7％、2010年は15.8％と一貫して上昇し、直近の2017年には、民間
支出が20.5％、公共支出が71.4％、公共から民間あるいは家計への移転が
8.1％である[16]。

　むろん大多数の児童や生徒が公立の学校に通い、大半の予算は公的に支出さ
れている。しかし、公に対して民による管理運営の比重が増してきていること
は明らかである。なぜ、文化も経済力も政策過程も異なる多くの国が同じよう
に教育の民営化への行程を辿っているのか。この問いに答えるには教育学や経

済学を越えた考察が必要となる。各国政府の政治理念や政策の動向、教育改革との関係、人口動態や産業構造の変化、国際化の影響、文化的あるいは宗教的背景、教員組合など教育組織の構造的特徴といった地域で異なる実態のミクロ的調査のもとにマクロ的分析を要する。その分析は既にこれにチャレンジしている諸研究に譲り[17]、以下では教育経済学で解明・考察し得る教育の民営化の具体的トピックを考察する。

3 民営化の実際と方法

　民営化の進展は国や地域によって一様ではないものの、ほぼ共通する動向は、（1）自治体あるいは学校区への分権化と自治制の強化、（2）部分的規制緩和、（3）自由化に伴う準規制の整備が挙げられる。これら三つは同時並行的あるいは前後して起こっているが、具体的には以下のような形態で進行している。

① 自治体内あるいは学校区内での入学開放
② 使途限定のバウチャー制度
③ チャーター・スクールの導入
④ マグネット・スクールに見られる分野特化された学校への選択入学

①については日本でも「公立学校選択制」が1997年から導入されており、本

---

16) *Education at a Glance* の2014年版と2020年版から得られたデータに基づく。2020年版には2014年版にはなかった国際機関や国外機関の資金及び公共から民間への移転情報が含まれているため単純な比較はできないが、民間支出に顕著な上昇が見られることは確かである。OECD（2020）に基づくと、2017年の時点で初等教育から後期中等教育までを対象とした場合、OECD平均で民間支出の8割が家計負担分である（p.299）。また、「公共から民間への移転」については、定義は国によって同一ではない。概ね政府から機関への交付金以外の方法、例えば就学学生数、プログラム単位の機関補助金、学生や家庭に対する奨学金、補助金、ローンなどが含まれる（p.301）。

17) 各国の制度改革とグローバル化との関係を政治経済学的観点から概念化し分析した研究に、Held et al.（1999）がある。Verger, Fontdevila & Zancajo（2016）は、世界の主要な民営化の経緯と実態を検証し、民営化を世界的な教育改革と捉えて包括的に考察している。Plank & Sykes（2003）は学校選択に焦点をあてて世界的動向を紹介し民営化をもたらした背景と影響を考察している。

章の最終節で具体的に述べる。②のバウチャー制度はミルトン・フリードマンが提唱した教育民営化の具体的な制度上の手段であり、本節で具体的に説明したい。バウチャー制度が教学資金の配給、調達、運用をめぐる制度である一方、③のチャーター・スクール及び④のマグネット・スクールは学校運営の形態である。多くの場合政府が民間に運営を委託あるいは官民共同で運営され、各校が運営方法や教育内容を設計することができることに特徴がある。そしてこのことは、学ぶ側にとっては学びの選択幅が広がることを意味する。その詳細を、学校選択制の具体的な方法と併せて本節で紹介する。これら学校選択制の実践はアメリカを中心に、試行を交えて段階的に展開されてきた。公平性の確保、均一化が崩れる弊害に対する対処、教育の質管理と格差の調整など様々な配慮のもとに準規制が順次整備され、今なお進展中といえる。

3-1　バウチャー制度

　バウチャー（金券証書）制度は教育の主体的需要を実現しようとする教育の財政運用制度である。古くは1870年～1871年の普仏戦争でフランスが敗北した際に軍教育の質を上げるために考案されたといわれる。これは実践には至らなかったものの設計自体は現在のバウチャー制度の基礎となった。同じ頃、アメリカでは1869年にバーモント州で、地元に学校が無い子どもたちが他の町の私立学校に就学する際に適用された。アメリカでは1954年にメイン州でも同様の用途で導入されている。注3）で触れたようにオランダがバウチャー制度を導入したのは1917年である。2015年の段階でオランダの70％の学童が公的予算で民間が運営する学校に通っており、オランダはバウチャー制度が定着・成功した例として挙げられる。これらの歴史的経緯は重要ではあるものの文献を紹介するにとどめ[18]、本書では1960年以降の民営化の流れに焦点をあてる。

　フリードマン以降の教育バウチャーは、学校選択の具体的手段として議論されまた使用されてきた。政府、学生もしくはその保護者、そして学校をはじめ

18）オランダのバウチャー制度については、Ritzen, van Dommelen & De Vijlder（1997）が教育経済学の観点から論じている。他国についても Molnar（2000）は、1870年代のフランスでの構想以降の推移とアメリカでの拡大を歴史的に振り返っている。アメリカの一部州の早期導入については Halstead（2004）他、各州のホームページに概要が記載されている。

図表7-3　バウチャー運用の流れ

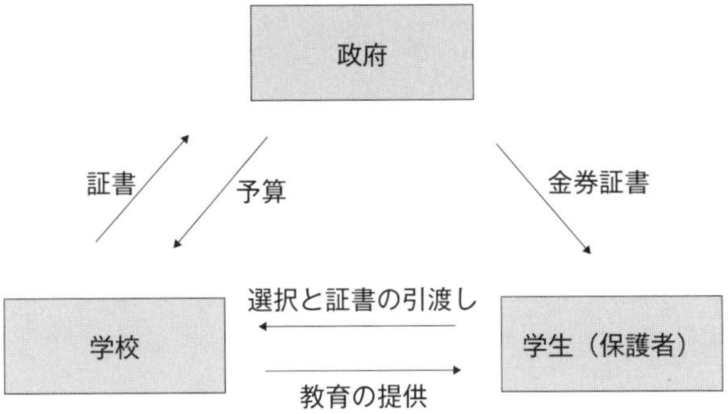

注：バウチャー＝金券証書、サービス利用券。

とする教育機関の間で交わされる。図表7-3にバウチャー運用の流れを示す。まず政府から学生あるいはその保護者に対してバウチャーが渡される。このバウチャーは授業料を中心とする就学費用に使途が限定される「使途限定証書」である。学生と保護者はそれを手に学校を選ぶ。フリードマンの想定では対象となる学校形態は問わず、公私立ともに対象となる。通学する学校が決まると学生（保護者）はバウチャーを学校に渡し、学校は学生に教育を提供する。学校は受け取ったバウチャーを政府に渡すことで教育予算を得る。学生や保護者に人気が高い学校ほど多くの予算を獲得できる仕組みとなっている。ここに規制緩和と市場原理の導入が重なると、参入する学校が多ければ多いほど競争は激しくなる。これがウエストの説く教育の質向上と運営の効率につながる民営化の効果である。

　アメリカでは連邦レヴェルの政策でいうと1980年代にレーガン政権が教育バウチャーを推奨し、ブッシュ政権（George W. Bush）の教育改革案に盛り込まれた。この改革案は2002年に可決された「No Child Behind Act（どの子も置き去りにしない教育法）」につながった。2021年4月の時点で、アーカンサス、フロリダ、ジョージア、インディアナ、ルイジアナ、メイン、メリーランド、ミシシッピ、ニューハンプシャー、ノースキャロライナ、オハイオ、オクラホマ、テネシー、ユタ、バーモント、ウィスコンシンの16州とプエルトリコ、ワシントンD. C. が教育バウチャーを運用しているか、運用した経験を有する。1990年にミルウォーキーの公立学校でバウチャーが初めて運用されて以後利用者数は上昇を続け、2021年には248,835人の児童・生徒がバウチャーを利

用している[19]。急速な伸びが報告されてはいるものの、全体的にはごく少数であり、アメリカの初等中等教育学生総数5,660万人の0.44％にすぎない。

　他国に目を向けると、南米ではコロンビアで世界銀行の資金提供により、1991年から低所得層の中高生を対象に抽選で教育費の半額強に相当するバウチャーを支給した。1992年から1997年の間に12万5千人に配布したという。チリでは1981年に初等中等課程の全生徒を対象に導入し、私立学校は学費を徴収しなければ生徒数に応じて公立学校と同額の補助を受け取ることができる。これにより1,000校を超える私立学校が市場に参入したとされる。

　ヨーロッパでは、先述のオランダが1917年以降ほぼすべての私立学校に公立学校と同様の補助金をバウチャーのかたちで支出してきた。家族の信仰する宗教に基づき学校が決まり、全国のどの学校でも選択することができる。初等教育段階での私立学校のシェアは70％にのぼる。スウェーデンでは1992年に初等中等教育でバウチャーが導入され、これにより生徒は公立学校と私立学校（フリースクール）両方から自由に学校を選ぶことができるようになった[20]。

3-2　チャーター・スクール

　チャーター・スクールは政府から「チャーター（設立認可書）」を得た個人や団体により運営される初等・中等段階の公立学校であり、1990年代からアメリカを中心に拡大している。日本では「公募型研究開発校」と称されているが、事際「公募型」であるところに最大の特徴がある。政府の公募に対して、保護者、地域住民、教師、市民活動家など学校の設置運営を望む個人あるいは団体が応募をする。それぞれの地域で独自の特徴を有する学校運営を目指し、運営のための教員やスタッフも自ら集める。認可が下りると公的資金を受けて学校が設立される。

　運営は設立申請を行った個人あるいは民間団体が中心になって執り行うことから、公設民間運営校という位置づけとなる。教師の採用や雇用、カリキュラ

---

[19]　アメリカのバウチャー運用の情報は以下のサイトから入手したものである。
https://www.edchoice.org/school-choice/types-of-school-choice/what-are-school-vouchers-2/
〈2021年9月20日閲覧〉
[20]　各国の教育省のサイトを主たる情報源として整理した。株式会社リベルタス・コンサルティング（2009）はアメリカを中心に世界各国のバウチャー制度を詳細に報告している。

ムやプログラムまで各校が自らの裁量で意思決定をして運営することができ、通常の公立学校に課せられている指導要領や運営規則などの様々な義務や規制から免除されている。そのため、チャーター・スクールは他の公立学校よりも明確な教育成果や教育予算・運営に関する「説明責任」を負っている。設立申請時に数年後の到達目標を定めるよう求められ、所定の年限内にその目標や運営目的を達成することができなかったり、就学児童が集まらなかったりした場合、チャーター（設立認可書）は取り消され、閉校になることもある。

　設置の目的や意図は、既存の公教育に満足が得られなかった保護者や地域団体が自ら理想の教育を実践しようと起ち上げるケース、物づくり、科学、芸術など特定の分野に焦点をあてて、通常の公立学校とは異なる独自のカリキュラムを提供するために設立されるケース、不登校の子どもたちを対象とするケースなど、様々である。チャーター・スクールの運営費は原則すべて公費で賄われ、当該校の学区内に住居があれば誰でも入学を申し込むことができ、通常の公立学校と同様授業料は無料、入学時に試験もない。

　1992年にミネソタ州セントポールに第一号のチャーター・スクールが設置されて以降、その設置数と就学者数は増え続けている。図表7-4はアメリカの2000年から2019年まで20年間の公立学校就学者数の推移を示している。2000年に448,343人であったチャーター・スクールの就学者数は2019年には3,290,149人となり、7倍以上増加したことがわかる。アメリカの2019年の初等及び前・後期中等課程の全就学者数は50,330,883人と報告されており、チャーター・スクールに通う生徒は全体の約6.5％を占める。

　チャーター・スクールといえば真っ先にアメリカが挙げられるが、名称は違っても同様の公設民間運営校は他国でも少なからず展開されている。よく知られるのは学校選択を早期から政策課題として実践してきたチリであろう。チリでは1970年代からミッション系の私立学校を中心に中央政府から補助金を得てチャーター・スクールを展開しており、人口の約6割の学童が就学している。オランダではチャーター・スクールと類似した「Bijzonder onderwijs（特別教育）」がある。公立でも私立でもなく、政府から資金を得た独立組織によって運営されている。ドイツでは世帯所得によって子どもの通う学校が分離しないことを大前提に私立学校の設立が認められているが、これらの私立学校はすべて政府の予算によって賄われている。他にもカナダ、香港、ノルウェーなどで

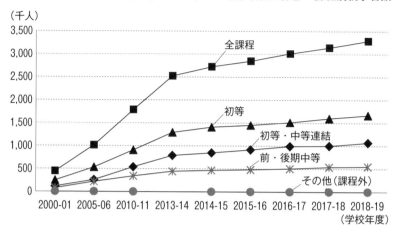

図表7-4 アメリカのチャーター・スクール就学者数の推移：課程別就学者数

課程	課程別就学者数（人）								
	2000-01	2005-06	2010-11	2013-14	2014-15	2015-16	2016-17	2017-18	2018-19
全課程	448,343	1,012,906	1,787,091	2,522,022	2,721,786	2,845,322	3,010,287	3,143,269	3,290,149
初等	249,101	532,217	905,575	1,288,568	1,405,015	1,448,523	1,511,812	1,601,350	1,670,404
前・後期中等	79,588	219,627	341,534	443,423	467,231	482,296	504,301	539,890	550,866
初等・中等連結	117,377	259,837	539,653	789,883	848,875	914,110	994,021	1,001,788	1,068,777
その他（課程外）	2,277	1,225	329	148	665	393	153	241	102

出所：NCES（2020）Annual Reports, Digest of Education Statistics 2020, Table 216.20. Number and enrollment of public elementary and secondary schools, by school level, type, and charter, magnet, and virtual status: Selected years, 1990-91 through 2018-19をもとに作成。

も同様の例が見られる。

　日本でも1990年代後半より学校選択の議論と前後してチャーター・スクールの構想が議論され、日本の事情に即したチャーター・スクールの創設が模索されてきた。2013年に、第二次安倍内閣が成長戦略の柱として制定した「国家戦略特別区域法」のもとに、公設民営学校の設置運営が可能となっている。これについては日本の民営化の動向について紹介する本章第4節で具体的に述べる。

3-3　マグネット・スクール

　マグネット・スクールは特別なコースやカリキュラムを備えた公立学校であり、その特別性のゆえに学校区を超えて生徒を磁石のように引きつける、という意味で「マグネット・スクール」と称される[21]。初等、中等、高等学校生

までを対象としており、学校単位で運営される場合もあれば、「学校のなかの
学校"Schools within a school"」として既設の一般公立学校のなかにマグネッ
ト・プログラムが設置されている場合もある。後者の場合は近隣の学校に通う
子どもがマグネット・クラスで学習することもできる。原則誰でも入学を希望
することができるものの、特別な才能を有した子どもを対象とする場合が多
く、入学試験もあって概して選抜性が高い。科目を特化して「特別性」を高め
るわけだが、対象となる教科には理数系や科学、テクノロジーなどの自然科学
系、外国語や国際関係などの人文社会科学系、音楽、美術などの芸術系などが
ある。進学準備校として知られる「プレップ」や国際バカロレアの資格取得に
焦点をあてたプログラム、天才児教育や障害児教育を対象にした特別プログラ
ムなど多様である。

　マグネット・スクールの発足は第 2 章で注目した1960年代のコールマンらに
よる教育の機会均等をめぐる研究と深く関係している。コールマン・レポート
の結果を受けて進展した政策であり実践であるといっても過言ではない。子ど
もたちの学力を決定づけるのは、おおよそ人種の違いによって規定されている
家族や近隣の社会的経済的環境であることが明らかになったことから、バス通
学網を配備し、子どもたちが地域を越え人種を越えて同一の教育環境で学べる
政策を策定・実践したことは先に述べたとおりである。人種による教育格差を
是正し、特に勉学意欲のあるアフリカ系アメリカ人により良い教育を受けさせ
ようと環境整備を行ったのである。その延長上に、遠方にあっても興味のある
教科や学校を選択して入学を希望することができ、異なる人種が自然に混在す
ることを目指したマグネット・スクールの誕生があった。

　図表7-5にアメリカのマグネット・スクールに通学する学生数の2000年以降
の推移を示す。2000年に1,213,976人であったマグネット・スクールの就学者
数は2019年には2,672,473人となり、 2 倍以上増加したことがわかる。2000年
以降のチャーター・スクールのような急速な上昇は見られないものの、コンス
タントに増加を続けてきた。

21）マグネット・スクールはアメリカを発祥とするが、例えばイギリスではスペシャリス
　　ト・スクールとして同様の特徴を有する学校がある。イランでエリート養成校として知ら
　　れる SAMPAD、また旧ソビエト連邦の英才的特別教育もアメリカのマグネット・スクー
　　ルに対応するともいわれる。

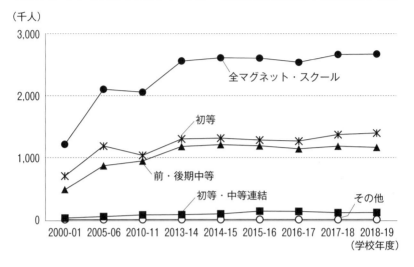

図表7-5　アメリカのマグネット・スクール就学者数の推移：課程別就学者数

（千人）

全マグネット・スクール

初等

前・後期中等

初等・中等連結　　　その他

2000-01 2005-06 2010-11 2013-14 2014-15 2015-16 2016-17 2017-18 2018-19
（学校年度）

課程	課程別就学者数（人）								
	2000-01	2005-06	2010-11	2013-14	2014-15	2015-16	2016-17	2017-18	2018-19
全マグネット・スクール	1,213,976	2,103,013	2,055,133	2,556,644	2,609,104	2,604,145	2,537,011	2,665,820	2,672,473
初等	704,763	1,186,160	1,035,288	1,300,317	1,312,571	1,281,873	1,266,076	1,370,347	1,396,372
前・後期中等	484,684	869,010	944,434	1,178,272	1,207,248	1,188,316	1,141,181	1,184,412	1,164,040
初等・中等連結	24,529	47,509	75,411	78,055	89,277	133,956	129,752	111,056	112,059
その他（課程外）	0	0	334	0	0	0	2	5	2

出所：NCES（2020）Annual Reports, Digest of Education Statistics 2020, Table 216.20. Number and
enrollment of public elementary and secondary schools, by school level, type, and charter,
magnet, and virtual status: Selected years, 1990-91 through 2018-19をもとに作成。

　チャーター・スクール、マグネット・スクールがともに成長したのは、アメ
リカの公立学校の子どもたちや保護者が学校やプログラムの選択幅が広がるこ
とを好意的に受け止めた結果といえよう。一方で、2014年まで急速に増加した
就学者数の伸びが、それ以降鈍化していることも確かである。チャーター・ス
クールとマグネット・スクールがともに同時期に鈍化していることから、州政
府や学校区による設置数の制限が作用していると考えられる。あるいは既存の
公立学校の巻き返しが進行した可能性もある。バウチャー、チャーター・スク
ール、マグネット・スクールいずれにしても例証が困難なほど数々の効果検証
が行われているが、その結果は実にまちまちで、常に長所と短所が指摘され、
常に支持者と非支持者がいる。生徒個々人とその家族が学校を選択する機会を
得ることは概ね支持されている。しかし、生徒や家族にとって自らが住まう地

域の公共利益の維持は個々人の自由な選択の実現と同等に重要なものであり、民営化によって両者のバランスをどのように保つのかが課題となる。これについては第 8 章で具体的に考察したい。

4 日本における教育の民営化

　冒頭で述べたように、本章では民営化を二つの観点から捉えている。一つは民営学校の在籍者数が増えるという統計的な実態が物語る観点から、もう一つは、学校選択制の導入、市場の原理並びに競争メカニズムの導入など民営化を推進する政策実践の観点からである。以下ではまず、一つ目の観点から、日本の私立学校に在籍する生徒数の推移を確認し、次いで二つ目の観点から日本における学校選択制の導入状況と事例を紹介する。

4-1　私立学校在籍者数の推移

　文部科学省の「学校基本調査」をもとに中学校と高校それぞれについて私立と国公立の在籍者数の推移を比較しよう。2020年 5 月 1 日の時点で、日本の中学校の全在籍者数は3,211,219人、そのうち公立中学校に在籍する生徒は2,941,423人、国立中学校に在籍する生徒は27,701人、私立中学校に在籍する生徒は242,095人であった。国公立に在籍する者が 9 割以上を占める。年次別推移を見てみよう。図表7-6は1990年以降の私立中学校在籍者数とその割合を示したものである。在籍者数は1990年202,603人から2020年の242,095人へと微増している。この増加は、少子化が続き中学生人口が減少し続けた間他の設置形態の学校生徒を吸収してきたことを意味する[22]。事実、私立中学校に在籍する生徒の中学生全体に占める割合は1990年の3.8％から2020年には7.5％と倍増している。公立学校に在籍する生徒が大多数を占めるものの、私立学校の在籍者数は年々増加する傾向にある。

　次いで学校数を見てみよう。2020年 5 月 1 日の時点で、中学校数は10,142校、うち、公立が9,291校、国立が69校、私立が782校であった。図表7-7は私

---

22)　1975年以降日本は少子化の一途を辿っているが、本グラフ対象年直前の1989年には合計特殊出生率が1.57と戦後最低値となった。

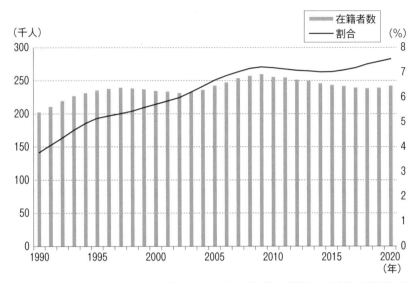

図表 7-6　私立中学校在籍者数と割合

出所：文部科学省（調査年月2021年）『学校基本調査』年次統計「中学校の学校数、在籍者数、教職員数（昭和23年～）」をもとに作成。

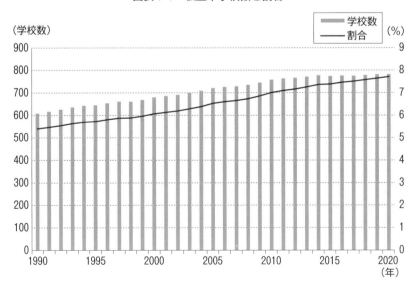

図表 7-7　私立中学校数と割合

出所：文部科学省（調査年月2021年）『学校基本調査』年次統計「中学校の学校数、在籍者数、教職員数（昭和23年～）」をもとに作成。

図表 7-8　私立高校在籍者数と割合

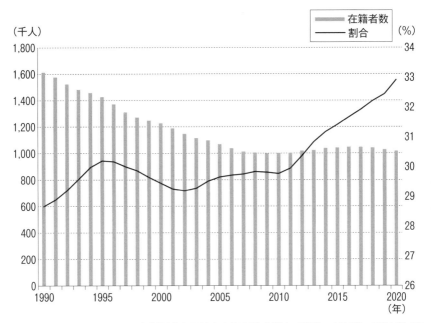

出所：文部科学省（調査年月2021年）『学校基本調査』年次統計「高等学校の学校数、在籍者数、教職員数（昭和23年〜）」をもとに作成。

立中学の学校数の年次推移を表したグラフである。1990年の私立中学校数は609校で全中学校数の5.4％であった。2020年には782校となり7.7％を占めている。学校数についても私立学校の校数、割合ともにコンスタントに上昇していることがわかる。

　次に高校の在籍者数を見てみよう。2020年5月1日の時点で、日本の高校の全在籍者数は3,092,064人、そのうち公立高校に在籍する生徒は2,065,980人、国立高校に在籍する生徒は8,452人、私立高校に在籍する生徒は1,017,632人であった。私立高校に在籍する生徒数の割合は32.9％となっている。図表7-8は1990年以降の私立高校在籍者数とその割合の推移を示す。2008年まで在籍者数は減少するものの、私立在籍者の割合が全体の減少に対応して減少しているわけではない。2008年以降も高校生人口全体では少子化傾向は続くものの、私立高校の在籍者数は2010年以降上昇に転じた後に大きな減少は見られない。全高校生数に占める割合は2010年の29.8％から32.9％へと急速に上昇している。こ

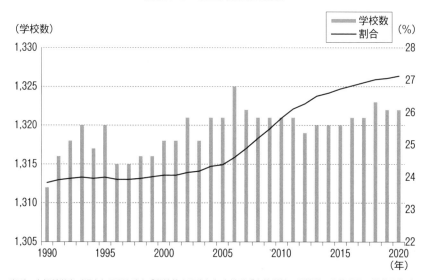

図表 7-9　私立高校数と割合

出所：文部科学省（調査年月2021年）『学校基本調査』年次統計「高等学校の学校数、在籍者数、教職員数（昭和23年～）」をもとに作成。

れは、2010年代初頭より各都道府県で私立高校授業料の無償化が進んだ影響を受けているものと思われる。

　次いで学校数を見てみよう。2020年5月1日の時点で、高校数は4,874校、うち、公立が3,537校、国立が15校、私立が1,322校であった。図表7-9は私立高校数の年次推移を表したグラフである。1990年私立高校数は1,312校で全高等学校の23.8％であった。2020年には1,322校、全体の27.1％を占めている。学校数は増減を繰り返しつつも全体的には増加し、私立高校の高校全体に占める割合は、特に2004年以降顕著な増加を見せている。

　私立高校数の増減は私立の高校に特徴的な傾向である。例えば、公立学校の場合は1997年以降校数、割合ともにコンスタントに減少しており私立学校に見られるような凹凸は無い。全体的には高校の「私立化」は進んでいるといえるものの、運営状態は安定的とはいえない高校もあることがうかがわれる。

　ここまで、中学校と高校における私立学校の生徒数と学校数を公立学校に対応させて、1990年から2020年までの推移を概観した。中学校、高校ともに私立の割合が増えているのは、日本の中等及び後期中等教育が「民営化」の流れの

なかにあることの一つの表れといえよう。

4-2　民営化の政策と実践

　ここでは日本の民営化に関わる政策と実践を検討したい。先に触れたように、日本では1990年代より学校選択が可能となった。公立学校のなかでの「選択」であり、「民営化」の表れとはいえないものの、民営化の最大の特徴である選択幅の拡大は実現したといえる。

　1997年 1 月に文部科学省から各都道府県教育委員会教育長に対して「通学区域制度の弾力的運用について」が通知された。これによって、規定の学校区内で定められていた学校ではなくとも、学校区内あるいは学校区を越えて学校を選ぶことができるようになり、一定の柔軟性がもたらされた。以下はその通知内容である[23]。

1. 通学区域制度の運用に当たっては、行政改革委員会の「規制緩和の推進に関する意見（第 2 次）」の趣旨を踏まえ、各市町村教育委員会において、地域の実情に即し、保護者の意向に十分配慮した多様な工夫を行うこと。
2. 就学すべき学校の指定の変更や区域外就学については、市町村教育委員会において、地理的な理由や身体的な理由、いじめの対応を理由とする場合の外、児童生徒等の具体的な事情に即して相当と認めるときは、保護者の申立により、これを認めることができること。
3. 通学区域制度や就学すべき学校の指定の変更、区域外就学の仕組みについては、入学期日等の通知など様々な機会を通じて、広く保護者に対して周知すること。また、保護者が就学について相談できるよう、各学校に対してもその趣旨の徹底を図るとともに、市町村教育委員会における就学に関する相談体制の充実を図ること。

　更に、2003年 3 月31日に学校教育法施行規則の一部が改正され、各市町村の教育委員会の判断により学校選択制を導入できることが明文化された。改正の趣旨は以下のように記載されている[24]。

23）「通学区域制度の弾力的運用について（通知）」文初小第78号平成 9 年 1 月27日。

「市町村教育委員会の判断により、いわゆる学校選択制を導入する場合には、学校教育法施行令第5条第2項に基づく就学校の指定の際、あらかじめ保護者の意見を聴取できることを明確にするとともに、その手続等を定め公表するものとすること。」

　このことによって、「学校の民営化」に直結するとはいえないものの、子どもやその保護者側の観点から民営化の最大の利点として論じられてきた「学校を選択できる」という可能性は高まったといえる。

　文部科学省は「学校選択制」を以下のように説明している[25]。

　「市町村教育委員会は、就学校を指定する場合に、就学すべき学校について、あらかじめ保護者の意見を聴取することができる。（学校教育法施行規則第32条第1項）この保護者の意見を踏まえて、市町村教育委員会が就学校を指定する場合を学校選択制という。」

　以下は、文部科学省が定める学校選択制の五つの分類である。

- 自由選択制：当該市町村内のすべての学校のうち、希望する学校に就学を認めるもの
- ブロック選択制：当該市町村内をブロックに分け、そのブロック内の希望する学校に就学を認めるもの
- 隣接区域選択制：従来の通学区域は残したままで、隣接する区域内の希望する学校に就学を認めるもの
- 特認校制：従来の通学区域は残したままで、特定の学校について、通学区域に関係なく、当該市町村内のどこからでも就学を認めるもの
- 特定地域選択制：従来の通学区域は残したままで、特定の地域に居住する者について、学校選択を認めるもの

24）「学校教育法施行規則の一部を改正する省令について（通知）」14文科初第1330号平成15年3月31日。

25）文部科学省「よくわかる用語解説」https://www.mext.go.jp/a_menu/shotou/gakko-sentaku/06041014/002.htm〈2022年6月1日閲覧〉

26）具体的には、第5条第2項で、「市町村の教育委員会は、当該市町村の設置する小学校または中学校が2校以上ある場合においては、前項の通知（入学期日の通知）において当該就学予定者の就学すべき小学校又は中学校を指定しなければならない」こととされている。

学校区

学校教育法施行令（昭和28年政令第340号）第 5 条に、市町村の教育委員会は、小学校、中学校、又は義務教育学校の入学期日を通知し、その通知を以って当該就学予定者の就学すべき小学校、中学校、又は義務教育学校を指定しなければならないことが定められている[26]。これによって小学生と中学生は彼らの居住地によって通う学校を予め定められている。以下は国立市立小学校学区域の例である。学区の区割りは、基本的には人口が偏らないよう、また既存校の規模等の物理的条件に即して設定されている。安全面の配慮から、例えば徒歩圏内であることや通学路の便宜性等も併せて考慮する。学校区運用の原則は2022年 4 月現在も変わらない。

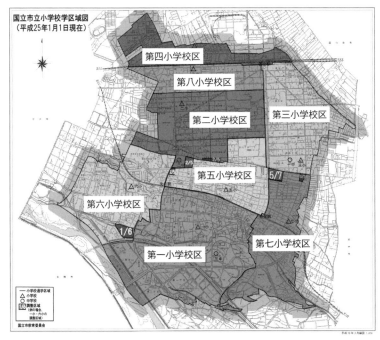

出所：国立市ホームページの以下のサイトより転載。https://www.city.kunitachi.tokyo.jp/
ikkrwebBrowse/material/files/group/61/sho-kuiki.pdf 〈2022年 6 月 1 日閲覧〉

4-3　学校選択制への反応

　ここでは、学校選択制の実施状況と実施をめぐる所見を、2006年と2012年に

文部科学省が全国の市町村教育委員会を対象に行った「小・中学校における学校選択制の実施状況について」及び、2009年に内閣府が小・中・高等学校に通う子どもを持つ保護者2,200人に対して行った「学校教育に関する保護者アンケート」の回答結果に基づき概観する[27]。

4-3-1　自治体による選択制の導入状況

（1）小学校

　「小・中学校における学校選択制の実施状況について」によると、小学校における1997年の学校選択制導入数は33件であった。10年後の2006年には187件となり約5.7倍増加している。その後、2012年10月1日の時点で学校選択を実施していると回答した自治体は246件で全体の15.9％であった。2006年以降伸びが緩やかになり、2012年まで30％ほどの伸びにとどまっている。また、2006年の調査では、1,696自治体中33.5％の569自治体が導入を検討中であったが、2012年に導入を検討していたのは1,547自治体中1.7％の26件に過ぎなかった。更に導入中の自治体のうち12自治体（0.8％）が廃止を検討していた。制度ができた後数年は急速な伸びが見られたものの、最近は積極的ではない自治体の様子がうかがわれる。

　2012年10月1日の時点で実施している自治体の実施形態は、特認校制が103件（35.9％）、特定地域選択制が80件（27.9％）、隣接区域選択制が55件（19.2％）、自由選択制が30件（10.5％）、ブロック選択制が3件（1.0％）、その他が16件（5.6％）であった。導入率が高い都道府県順に、広島県が52.2％（14自治体）、鹿児島県が51.3％（25自治体）、三重県が38.5％（10自治体）、東京都が38.3％（21自治体）となっている。

（2）中学校

　「小・中学校における学校選択制の実施状況について」によると、中学校に

---

27)「小・中学校における学校選択制の実施状況について」は、調査対象市町村教育委員会のうち、当該市町村内に2校以上の小学校及び中学校を置く市町村教育委員会を対象に集計を行っている。2006年の調査対象は、小学校段階で1,696委員会、中学校段階で1,329委員会、2012年の調査対象は小学校段階で1,547委員会、中学校段階で1,250委員会であった。

おける1997年の学校選択制導入数は22件であった。10年後の2006年には161件
となり7倍以上増加している。その後、2012年10月1日の時点で学校選択を実
施していると回答した自治体は204件で全体の16.3％であった。中学校につい
ても小学校同様2006年以降伸びが緩やかになり、2012年まで約11.4％の伸びに
とどまっている。また、2006年の調査では、1,329自治体中36.3％の482自治体
が導入を検討中であったが、2012年に導入を検討していたのは1,250自治体中
1.4％の18件に過ぎなかった。実施中の自治体についても、9自治体（0.7％）
が廃止を検討中であった。制度ができた後数年は急速な伸びが見られたもの
の、最近は積極的ではない自治体の様子がうかがわれる。

　実施している自治体の実施形態は、特認校制が45件（20％）、特定地域選択
制が65件（28.9％）、隣接区域選択制が38件（16.9％）、自由選択制が61件
（27.2％）、ブロック選択制が3件（1.3％）、その他が13件（5.8％）であった。
導入率が高い都道府県順に、広島県が61.9％（24自治体）、東京都が50％（30
自治体）、埼玉県が35.2％（21自治体）となっている。

（3）保護者の見解
　内閣府による「学校教育に関する保護者アンケート」によると、1,980名の
回答者のうち、学校選択制の導入に賛成している保護者は、「賛成である」「ど
ちらかといえば賛成である」を含めてそれぞれ55.4％であった。「どちらとも
いえない」が33.2％、「どちらかといえば反対」「反対である」が合わせて
11.4％である。反対の意向を示す保護者は少ないといえよう。一方、学校選択
制を活用するかどうかという質問に対しては、「活用したい」と回答した保護
者は17.9％、「活用するかどうかはわからないが、制度があれば検討したい」
とした保護者は60.9％、検討もしないし活用もしないと回答した保護者は
19.4％であり、確信をもって活用したいと考える保護者はそれほど多くはな
い。

　「あなたがお住まいの市区町村では、学校選択制が導入されていますか」と
の問いには、19.6％が「導入されている」、33.1％が「導入されていないが、
導入の検討が望ましい」と答え、18.7％が「導入されていないし、導入の検討
も必要ない」、28.5％が「わからない」と答えている。

4-3-2　選択制に対する肯定的見解

（1）小学校

　「小・中学校における学校選択制の実施状況について」では、学校選択制を
導入しているあるいは導入の経験がある自治体に対して、学校選択制を導入し
て良かったことについて尋ねている。小学校では回答数の多い順に、「子ども
が自分の個性にあった学校で学ぶことができるようになった」が125件
（49.2％）、「保護者の学校教育への関心が高まった」が92件（36.2％）、「選択
や評価を通じて特色ある学校づくりが推進できた」が83件（32.7％）であっ
た。

（2）中学校

　中学校では回答数の多い順に、「子どもが自分の個性にあった学校で学ぶこ
とができるようになった」が125件（59.5％）、「保護者の学校教育への関心が
高まった」が98件（46.7％）、「選択や評価を通じて特色ある学校づくりが推薦
できた」が74件（35.2％）であった。

（3）保護者の見解

　学校選択制が導入されていないが、導入の検討が望ましいと答えた656人に
対して、なぜ望ましいかについて尋ねている。多い順から、62.7％が「子ども
が自分の個性に合った学校で学ぶことができるようになる」、57.6％が「教職
員の意識が変わると思われる」、54.9％が「選択や評価を通じて特色ある学校
づくりが推進される学校に就学できる」、45.1％が「学校同士が競い合うこと
により教育の質が向上する」などと答えている。

　学校選択制を活用あるいは検討した178人の保護者に対して、同制度が子ど
ものために良かったか尋ねた問いには、53.4％が「非常に良かった」あるいは
「良かった」、42.1％が「どちらともいえない」、4.5％が「あまり良くなかっ
た」あるいは「まったく良くなかった」と回答した。良かった理由については
多い順から、25.8％が「保護者の学校教育への関心が高まった」、25.3％が
「子どもが自分の個性に合った学校で学ぶことができるようになった」、21.3％
が「学校を選ぶに当たって保護者と子どもの十分な話し合いが行われるように
なった」、18.0％が「選択や評価を通じて特色ある 学校づくりが推進されてい

る 学校に就学できた」などとなっている。

4-3-3　選択制に対する否定的見解

（１）小学校

　「小・中学校における学校選択制の実施状況について」では、学校選択制を導入していないし、導入を検討していない自治体に対して、その理由を尋ね、1,267件の回答を得ている。小学校を対象とした結果は、「学校と地域との連携が希薄になるおそれがある」が937件（74.3％）、「通学距離が長くなり、安全の確保が難しくなる」が775件（61.4％）、「入学者が大幅に減少し適正な学校規模を維持できない学校が生じるおそれがある」が720件（57.3％）、「学校間の序列化や学校間格差が生じるおそれがある」が533件（42.2％）であった。

（２）中学校

　中学校を対象とした結果は、「学校と地域との連携が希薄になるおそれがある」が1,022件中759件（74.3％）、「通学距離が長くなり、安全の確保が難しくなる」が614件（60.1％）、「入学者が大幅に減少し適正な学校規模を維持できない学校が生じるおそれがある」が569件（55.7％）、「学校間の序列化や学校間格差が生じるおそれがある」が475件（46.5％）であった。

（３）保護者の見解

　学校選択制が導入されていないし、導入の検討も必要ないと答えた340人の保護者に対して、検討する必要がないと考える理由を尋ねたところ、多い順から、56.6％が「学校と地域との連携が希薄になる恐れがある」、55.3％が「通学距離が長くなり、登下校時の児童の安全の確保が難しくなる」、52.9％が「入学者が減少し、適正な学校規模が維持できない学校が生じる恐れがある」、51.2％が「学校間の序列化が生じる恐れがある」と答えている。

　学校選択制を活用した保護者に、導入して悪かったと思う点があるかを尋ねた問いに対して、22.1％が「ある」と答え、77.9％が「ない」と答えている。「ある」と答えた86人に対して、悪かった点を尋ねた問いでは、「学校間の格差が大きくなった」が45.3％と最も多く、「学校間の序列化」が36％、「児童生徒の人数によって学校間の教育内容に差が出るようになった」が29.1％と続く。

4-3-4　東京都の選択制実施状況

　最近の状況については都道府県別の調査結果が発表されている[28]。東京都の例を挙げると、2021年3月現在小学校で自由選択制を実施しているのは62区市町村のうち3区と1市、ブロック選択制を実施しているのは1市、隣接区域選択制を実施しているのは8区と2市、特認校制を実施しているのは1区と1市、特定地域選択制を実施しているのは1市で、計18区市町村であった。上記文部科学省調査では2012年10月当時の実施区市町村は23から減少したことになる。

　中学校では、自由選択制を実施しているのは15区と6市、ブロック選択制を実施しているのは1市、隣接区域選択制を実施しているのは2区と1市、特認校制を実施しているのは1市、特定地域選択制を実施しているのは1市と計27区市町村である。上記文部科学省調査では2012年10月当時の実施区市町村は28であった。

　義務教育学校[29]では2区と1市で自由選択制を実施していることを報告している。小学校、中学校、義務教育学校を合わせると、東京都では62区市町村のうち27区市、44％でなんらかのかたちで学校選択制を導入していることとなる。東京都の公開情報で入手できた最も古い記録は2015年であるが、その時点で29区市がなんらかのかたちで学校選択を導入していたことから緩やかにも減少の傾向が見られる。

4-3-5　公設民営学校の運営事例

　2013年に第二次安倍内閣のもとで成長戦略の柱として「国家戦略特別区域法」が制定された。そののち、2015年7月「国家戦略特別区域法および構造改革特別区域法の一部を改正する法律」が成立したことによって、国家戦略特区内において公立学校の管理運営を包括的に民間委託することが可能となった。

28）以下のサイト内の「学校選択制の実施状況（令和3年度）」から抜粋。
https://www.kyoiku.metro.tokyo.lg.jp/press/press_release/2021/release20210325_06.html
〈2021年12月1日閲覧〉
29）義務教育学校とは、小学校課程から中学校課程までの9年間の義務教育を一貫して行う学校。既存の小中学校を組み合わせて一貫教育を行う小中一貫型小学校・中学校と区別される。

大阪市で2019年4月に開校した「水戸国際中学校・高等学校」は、日本で初の公設民営による公立の中高一貫校である。設立は大阪市教育委員会であるが、運営は学校法人大阪YMCAに委託されYMCAが「指定管理法人」として学校運営にあたる。YMCA（Young Men's Christian Association: キリスト教青年会）はその名のとおりキリスト教の信仰に基づく団体であり、1844年にイギリスで設立された。大阪府を含む日本各地でインターナショナルスクールや通信制の学校を運営している。公立学校の運営は初めてであり、宗教的特色は出していない。

　強みは豊富な国際教育の経験、強力な国際ネットワークに基づく海外プログラムへの参加や海外大学への進学、柔軟な外国人教員の採用などであり、その特徴が教育運営と教育内容に反映されている。英語教育に重点をおいた学習、グローバル人材の育成、課題探求型授業の実施などを掲げている。「国際バカロレア」の認定校でもあり、「国際バカロレア機構」と連携して運営されている。他の公立学校と同様、中学での授業料は無料、高校での授業料も他の公立学校と同額である。

　他国のチャーター・スクールとの最大の違いは、設立の在り方の違いにある。欧米を起源とするチャーター・スクールは、ボトムアップではじまる。まず、学校運営に関心のある保護者や地域団体などが自ら手を挙げて教育委員会に申請する。規定の基準を満たし許可が下りて運営が委託されたのち、一定の期間（概ね3年から5年）に当初予定した教育がなされなかったり運営が困難になったりした場合は「チャーター」を失い、運営の権利を失う。これに対して水戸国際中学・高校の場合は「国家戦略特別区域法」に基づく設置であり、国のインセンティブをもってトップダウンに企画設計されたものである。したがって「指定管理法人」としてのYMCAが学校の運営ができなくなった場合は大阪市教育委員会が運営の責任を持つ。入学試験を課していることも海外の主だったチャーター・スクールと異なる点である。入学試験では、既存の公立中学受験校と類似した問題に加えて、独自の問題や面接が課せられている。入学者選抜における2019年度の倍率は6.34倍、2020年度は4.93倍と、望む者が誰でも入学できるわけでも、抽選などで入学が運にまかせられているわけでもない。

参照文献

Ahmed, H. & Sheikh, S. A.（2014）Determinants of School Choice: Evidence from Rural Punjab, Pakistan. *Lahore Journal of Economics*, 19（1）, pp.1-30.

Fitz, J. & Hafid, T.（2007）Perspectives on the Privatization of Public Schooling in England and Wales. *Education Policy*, 21（1）, pp.273-296.

Friedman, M.（1962）*Capitalism and Freedom*. Chicago: University of Chicago Press.

Halstead, E. M.（2004）After "Zelman v. Simmons-Harris", School Voucher Programs Can Exclude Religious Schools. *Syracuse Law Review*, 54.

Held, D., McGrew, A. G., Goldblatt, D. & Perraton, J.（1999）*Global Transformations: Politics, Economics, and Culture*. Stanford: Stanford University Press.

Molnar, A.（2000）*Vouchers: Class Size Reduction and Student Achievement: Considering the Evidence*. Bloomington, Indiana: Phi Delta Kappa.

OECD（2020）*Education at a Glance 2020: OECD Indicators*. Paris: OECD Publishing.

Plank, D. N. & Sykes, G.（2003）*Choosing Choice: School Choice in International Perspective*. New York: Teacher College Press.

Ritzen, J. M., van Dommelen, J. & De Vijlder, F. J.（1997）School Finance and School Choice in the Netherlands. *Economics of Education Review* 16（3）, pp. 329-335.

Tooley, J.（2007）Educating Amaretch: Private Schools for the Poor and the New Frontiers for Investors. *Economic Affairs*, 27（2）, pp.37-43.

Tooley, J.（2013）Challenging Educational Injustice: "Grassroots" Privatisation in South Asia and Sub-Saharan Africa. *Oxford Review of Education*, 39（4）, pp. 446-463.

Verger, A., Fontdevila, C. & Zancajo, A.（2016）*The Privatization of Education: A Political Economy of Global Education Reform*. New York: Teachers College Press.

West, E. G.（1965）*Education and the State*. London: Liberty Fund.

West, E. G.（1968）*Economics, Education and the Politician*. London: Institute of Economic Affairs.

West, E. G.（1975）*Education and the Industrial Revolution*. Carmel: Liberty Fund.

Witte, J. F.（2000）*The Market Approach to Education: An Analysis of America's First Voucher Program*. Princeton University Press.

市川昭午（2006）『教育の私事化と公教育の解体——義務教育と私学教育』教育開発研究所。

小塩隆士（2003）『教育を経済学で考える』日本評論社。

小塩隆士、田中康秀（2008）「教育サービスの"準市場"化の意義と課題——英国で

の経験と日本へのインプリケーション」『季刊・社会保障研究』44(1)、pp.59-69。

株式会社リベルタス・コンサルティング（2009）『教育改革の推進のための総合的調査研究——教育バウチャーに関する文献調査』教育改革の総合的推進に関する調査研究、文部科学省。

久保木匡介（2019）『現代イギリス教育改革と学校評価の研究——新自由主義国家における行政統制の分析』花伝社。

黒崎勲（1995）『現代日本の教育と能力主義——共通教育から新しい多様化へ』岩波書店。

黒崎勲（2006）『教育の政治経済学』日日教育文庫。

斎藤泰雄（2004）「教育の市場化・民営化の行方——南米チリ20年間の経験」『国立教育政策研究所紀要』第133集、pp.7-19。

末冨芳（2010）『教育費の政治経済学』勁草書房。

那須耕介（2018）「教育をめぐる自由と平等——日本戦後教育史からの問い」編著：井上達夫『現代法哲学講義』第2版（pp.297-320）、信山社。

バナジー, A・V. & デュフロ・E.（著）山形浩生（訳）（2012）『貧乏人の経済学』みすず書房。

藤田英典（1997）『教育改革——共生時代の学校づくり』岩波新書、岩波書店。

藤田英典（1998）「学校選択か学校づくりか——学校再生の可能性」編著：佐伯胖、黒崎勲、佐藤学、田中孝彦、浜田寿美男、藤田英典『岩波講座 現代の教育 第9巻 教育の政治経済学』pp.258-287、岩波書店。

藤田英典（2005）『義務教育を問いなおす』ちくま新書、筑摩書房。

藤田英典（編）（2007a）『誰のための"教育再生"か』岩波新書、岩波書店。

藤田英典（2007b）「学校選択制——格差社会か共生社会か」著：藤田英典『誰のための"教育再生"か』pp.117-146、岩波新書、岩波書店。

フリードマン, ミルトン（著）、熊谷尚夫、白井孝昌、西山千明（訳）（1975）『資本主義と自由』マグロウヒル好学社。

フリードマン, ミルトン（著）、村井章子（訳）（2008）『資本主義と自由』日経BP社。

八代尚宏（編）（1999）『市場重視の教育改革』日本経済新聞出版社。

第 8 章

学校選択と教育機会の平等と公平

　本章では、第7章の議論の中心をなした教育の民営化と選択機会提供の経緯や事例を引き取り、与えられた機会は本当に選択・利用できるのかについて考えてみよう。初めに、学校選択をめぐる賛否をまとめる。第7章で言及したウエストが民営化を推奨する際に理由として掲げた選択における「効果」「効率」「平等・公平」という三つの観点を用いて、賛否両方の意見を概観する。次いで学校選択の妥当性を検証する理論モデルを援用し、選択によって教育機会は本当に向上するかを検討する。理論的検証は一定の示唆を与えるものの、そこから結論に導くためには、何をもって機会の向上とみなすのか、という根源的な問いへの解が必要である。均等に機会を与えられることによって、私たちは教育機会の平等性を確保したといえるのだろうか、教育機会の平等性は同時に教育機会の公平性を満たすのだろうか、このような問いに答えようとする経済学理論を紹介しつつ、本章の最後では、教育機会の平等性、均等性、公平性について考察することとしたい。

1　なぜ「選択の機会」を望むのか

　教育機会をめぐる教育経済学の中心的関心事は、教育を受ける者にとって、どこで何を学ぶかについて「選択肢がある」か、また「選択ができる」かどうかである。第7章で焦点をあてた教育の民営化についても、これを推奨する研究者や政策担当者が重視するのは、学習者やその保護者に「選択」の機会を与

えることであった。なぜ、「選択の機会」が望まれるのだろうか。「教育の機会」自体は、法治国家であればいずれの国でも国民の権利として保障されている。しかし、更に求められているのは、教育の場や内容について、複数の選択肢のなかから選ぶことのできる「機会」である。学校を選択すること、学校の場所を選択すること、学習の内容を選べること、そしておそらく、教師を選べることがこの機会に含まれる。

　たしかに「選択ができる」ことは豊かさの現れで、選択肢の多さは豊かさの物差しにもなる（Chen, 1987）。選択の自由に縛りが少ないほど、私たちは望むものをより多く手に入れることができる。実際、選択肢の多さと選択幅の広さは金銭的な富に勝る豊かさの指標かもしれない。なぜなら、巨万の富を持つ者は選択肢も豊かではあろうが、望むものすべてを手に入れることができるとは限らない。しかし、選択肢の多さは、やがて巨万の富を得ること、更には望むものすべてを手に入れることも可能にし得るからである。

　教育の機会をめぐる「選択肢」は学校の種類、場所、教育内容及び方法からなる。選択肢を狭める「縛り」は学校区等の通学範囲の制限や教育費などに充てる予算の制約である。したがって、より多くの選択肢を提示しつつ、選択が可能となるように制度的そして経済的縛りを緩めることが重要となる。「選択の機会がある」ということと、「機会を選択・利用できる」こととは同一ではないし、選択の機会があれば、機会の選択・利用が可能になるわけでもない。選択の機会を与えられたとしても、制度的あるいは経済的な縛りがあればその機会を選択して利用することはできないからである。学校選択制とは、経済学的にいえば、機会の選択・利用を可能にする制度のことである。

2 学校選択に対する賛否

2-1　教育の効果、効率、平等・公平を評価軸とした賛否両論

　第7章で述べたように、学校選択制度を導入している、あるいは導入の経験のある国は全世界に及んでいる。国や地域によって導入の制度設計も具体的形態も一様ではない。ここでは、生徒及びその保護者が学校を選択することができ、かつ、バウチャー等によって選択した学校に公的予算を充てることができ

図表 8-1　選択制の賛否評価軸

選択制や競争の導入によって…

> 児童や生徒のアチーブメントは向上し、
> 教育効果が上がったか――Effectiveness（効果）

> 競争の導入により学校のパフォーマンスは向上し、
> 運営効率は向上したか――Efficiency（効率）

> 平等性と公平性は向上したか――
> Equality/Equity（平等・公平）

ることに限定して賛否両論をまとめたい。考察に用いるのは先述したように、ウエスト（West, 1965）が用いた三つの観点である、（1）効果、（2）効率、（3）平等・公平である（図表8-1）。（1）の「効果」とは、教育の効果を意味し、児童や生徒の学業成績等のパフォーマンスが向上し、教育効果が上がったかどうかを評価の対象とする。（2）の「効率」とは、学校選択に伴う競争の導入等により学校運営上のパフォーマンスが向上し、運営の効率は向上したかということを対象とする。そして（3）の「平等・公平」とは学校選択制によって教育機会とその恩恵は公平に提供されているか、特定のグループに限定して便益をもたらしてはいないか、ということが対象となる[1]。

　この評価軸を用いて整理したのが「学校選択をめぐる支持と反対の根拠」（図表8-2）である。これは、学校選択及び学校選択のための具体的方策であるバウチャー制度や学区制の撤廃について、「支持派」と「反対派」のそれぞれの意見を「効果」「効率」「平等・公平」に分けて記している。まず、「教育効果」から見てみよう。

2-1-1　教育効果への影響

　教育効果の向上に学校選択やバウチャー制度が有効であるとする理由として、競争原理により児童・生徒や保護者のニーズに即した教育が可能となるこ

1）平等と公平については後述の第4節を参照されたい。

図表 8-2　学校選択をめぐる支持と反対の根拠

	支持	反対
教育効果	• 競争原理により児童・生徒や保護者のニーズに即した教育が可能となる。 • 個々の価値観を尊重すべき。「偏る」場合は換金しなければ良い。 • 教員の質が上がる。 • 市場が新しいタイプの学校を生み出す。学校をはじめたいと思っている人間が特色ある、消費者を満足させる学校を生み出す。	• 児童・生徒や保護者のニーズを反映する教育が妥当だとは限らない。 • 特定の思想や宗教、価値観に偏る可能性がある。 • 教員の質を測る基準は一定ではない。 • 良い学校だけが潤い、残された学校には金銭的に余裕の無い、教育への関心の薄い保護者の子どもが通い、質は一層低下する。
効率性	<u>学校単位</u> • 競争原理の導入により運営効率が上がる。 • 低コストでより優秀な児童・生徒を輩出できる。 <u>行政単位</u> • 公共セクターの無駄を削減する必要あり。 • バウチャー導入は費用総額を変えずに導入が可能であり、これによって効率は低下しない。	• 効率化は教育にとって適切か。教育の質管理（QC）は市場にゆだねられない（学校側による選抜、イン・アウトの問題、など）。 • 民間主導型への諸問題（例：短期収益優先型の問題）。 • バウチャーは上乗せ配分で総予算は増加する。
平等・公平性	• 貧困層の親も機会さえ与えられれば子どもの将来のためにその機会を活用する。いずれにしても現行の制度は貧困層の教育問題を解決していない。 • 選択により階層化が低減できる。（各自の目的別に選択される学校間で格差は生じない）―― 特殊化の促進。新しい価値追求のもとに、思想、富、人種などに基づく階層化は生じない。 • 住宅区域によって学校が決まる制度においてはより階層化が進む。	• 貧困層の親は教育に興味が浅く情報量も少ない。選択の能力に欠ける。 • 自由選択により階層化が進む。 • 富裕層はバウチャー額に上乗せができ、教育の機会に更に大きな差異を発生させる。 • 貧困層は住居を変える術をもたない。

とが挙げられる。これに対する反対派の見解は、児童・生徒や保護者のニーズを反映する教育が妥当であるのか、つまり児童・生徒や保護者のニーズに沿った教育を行うことが教育のあるべき姿とは限らないというものである。また、同じような価値観やニーズを持つ家庭が集まり、学校がそれに応えようとすることによって価値観は一層狭義に固定化し、多様性に欠けた集団が形成される

ことも危惧されている。

　次いで、学校選択制の支持派は、学校選択制によって個々の価値観を尊重すべきであるとし、これに対して反対派は個々の価値観の尊重は、特定の思想や宗教、価値観に偏る可能性があるとする。しかしその反論に対して支持派は、もし、学校選択やバウチャー制度によって教育内容が偏ったのであれば、バウチャーを換金せず、学校の運営権を取り上げればよい、という。また、学校選択制支持派は、選択制を導入すれば教員の質が上がるとする。教員それぞれが努力をしなければ生徒が集まらなくなるからである。それに対して反対派は、教員の質を測る基準は一定ではないと反論する。実際、厳しい指導で子どもから嫌われていた教師が、成人後に振り返って感謝される話はよくある。学校選択制により教育効果が上がるとする最後の理由は、市場が新しいタイプの学校を生み出すことへの期待である。学校を設立したいと思っている者こそ、特色があり消費者を満足させる教育を提供することができるという意見であり、これは第7章で紹介したチャーター・スクールやマグネット・スクールを想定している。反対派はこれに対し、人気のある学校は潤うだろうが、残された学校には金銭的に余裕の無い、教育への関心の薄い保護者の子どもが通い、そのような学校の質は一層低下すると主張する。子どもの教育への関心が強い親や保護者は金銭的にも時間的にもゆとりがある傾向にある。逆に、金銭的、時間的余裕が無い親や保護者は子どもの教育を真剣に考える余裕を持たない。いくら選択肢を示されてもそれを使いこなすことができないのである。そうすると、教育に関心の低い保護者の子どもが集まる学校は固定化され、そのような学校の教育の質は落ちる一方であると反対派は指摘する。

2-1-2　運営効率への影響

　次に、「効率性」の観点から学校選択制の賛否を考えてみよう。学校選択制によって、学校はより多くの児童・生徒から「選択」されようとするため学校間で競争が展開される。学校選択制を支持する者は、このような競争原理の導入によって学校組織としての運営効率が上がると主張する。競争が繰り広げられると低コストでより良い教育を提供しようとするインセンティブが生まれ、これによってあまり費用をかけなくても優秀な児童・生徒を輩出できるという。これに対して反対派は、効率化自体が教育にとって適切なのかと問い、教

育の質管理を市場に委ねることに疑問を呈する。教育は一般消費財と異なり「イン・アンド・アウト」が容易ではない、と指摘する。例えば、一般消費財の場合は購入品を比較的自由に変えることができる。「昨日買ったA社のオレンジジュースは美味しくなかったから、今日はB社のオレンジジュースを買う」あるいは、「昨日行った料理店は美味しくなかったから、今度は違う料理店に行こう」といった具合に。洋服も同様で、「このブランドは、着てみたら良くなかったから、次からは買うのをやめよう」ということが容易にできる。この場合、商品を選択するという行動が「イン」で、その商品を選択しなくなるのが「アウト」である。しかし、教育はこの「イン」と「アウト」が難しいサービスである。例えば、Aという中学に一旦入学したものの、思っていたような学校ではなく、先生とも友人とも馬が合わず、不幸せな学校生活だったとしても、遊園地の行先を変えるようにアウトしたりインし直したりすることは簡単ではない。そのうえ、インした別の学校が幸せな結果をもたらすかどうかは、入ってみなければわからない。不幸せになればアウトを繰り返すことになる。こうなると、一連のイン・アンド・アウトから発生するコストは、児童・生徒やその保護者はもとより、学校や自治体にとっても相当な程度となる。このように、教育は一般消費物のような「イン」と「アウト」の繰り返しが難しいために、質管理を市場に委ねることができず、したがって「教育」という営みは「効率化」の対象になるべきではない、と反対派は主張する。この論点の背後にあるのは、質管理における基準が従来の公教育と市場原理を導入した選択制のもとでは異なることである。市場原理のもとでは質管理上の最大の基準は消費者たる子どもや保護者のニーズや要求である。しかし、市場原理による質管理は果たして教育の場にふさわしいだろうか。反論派のこのような問題意識は教育者を中心に根強く存在する。

　選択制度の支持派は行政単位における効率性の向上も指摘する。彼らは、公共セクターの無駄を削減するために選択制度が有効であり、また必要だとする。それに対して反対派は、教育運営が民間主導型になると、短期的収益を優先するために、長期的効果を念頭とした教育実践がしにくくなると考える。長期的な視野に立った教育内容、教育方法、入学の基準や教育の目標の設定を市場に任せていいのかと問う。学校選択における主要なツールといえるバウチャー制については、反対派はバウチャーの額面を教育費に上乗せすることによっ

て、教育予算が増加することを指摘する。これに対してバウチャーの支持派
は、費用総額をこれまでと同一のまま、その一部をバウチャーに回して使用す
ることが可能であり、これによって効率は低下しないと言い切る。

2-1-3　機会の平等・公平性への影響

　最後に、「平等と公平性」の観点から学校選択をめぐる賛否を見てみよう。
支持派は、貧困層の親も機会さえ与えられれば、子どもの将来のためにその機
会を活用する。「金券」ともいえるバウチャーを手にすると、それを使いたく
なるのが人情である。教育に使途が限定されているために、それを使うことが
即ち学校を選ぶことであり、貧しい者にとってもより良い選択が進むとする。
また、いずれにしても、従来の公財政支出は、貧困層の教育問題を解決しては
いないとも指摘する。これに対し、反対派は、貧困層の親は、教育に関心が浅
く、情報量も少なく、選択の能力に欠けると考える。貧しい親ほど教育経験が
少なく、教育の経験が少ない者ほど収集できる情報量が少ない傾向にある。情
報の多寡は選択能力に影響を与える。つまり、貧しい親や保護者は選択の機会
を与えられても、適切な選択ができない、と主張するのである。この問題は内
在的で、表面化しにくい。研究の観点からも実証が難しい。貧困にある家庭に
おいて教育資金がないことは数字に現れる。健康状態が悪い、家庭内暴力が横
行している、死亡率が高い、なども数字に表すことが可能である。しかし教育
への関心が低いことや情報収集力に欠けることなどは数値等で可視化できな
い。情報に触れやすい環境、情報収集への意欲、多くの情報を取捨選択して活
用するちからは目に見えない。しかし、個々人が持つ情報量は明らかに均等で
はなく、その不均等性は選択肢を見極め、選択行動をとる際に重要な影響を与
える。生活苦にある家族や保護者は情報を収集したり見極めたりする余裕が無
く、良い教育の機会が提供されたとしてもその機会を取り込むことができな
い。選択制の反対派はそう結論する。

　バウチャー制度についても反対派は同じ問題を指摘する。バウチャーを支給
されたとしても、どこの学校に行けば良いかを判断するちからが無ければこれ
を活用する術は無い。公民館、雇用センター、失業相談所、福祉会館のような
市民が集まるところに、学校選択に関係するパンフレットや指導員、情報をい
くら置いても、そこに目が向かなければ情報に接することはない。人によって

は、情報誌を読むちからさえ無い場合もある。公共の場にいくら資料を置いても、それを持ち帰ろうとする意志、我が子により良い教育を受けさせようとする意欲や欲望が無ければバウチャーを使うちからにならない。見過ごせないのは、貧困家庭の子や親には時間が無いことである。あったとしても勉強や情報収集のための時間ではない。頑張っている親にとっては働く時間、頑張っていない親にとっては怠惰に過ごす時間となる。あり余るほどの時間があったとしても、その時間を我が子の将来のために使うという発想がなければ、そして、その発想を実現せしめる情報がなければ、「選択」というツールを活用することはできない、と反対派は主張する。

　学校選択制度の反対派は、保護者に学校を自由に選択させることによって社会的・経済的階層化が一層進むことを心配する。自由な選択を促すと、裕福な子や親はよりレヴェルが高いとされる学校へ進学するだろう。そのため貧富の差による教育格差は拡大する。これに対して、学校選択の支持派は、選択制度によって経済的社会的階層化が低減できると主張する。なぜか。学校が既存の中央集権的な指導要領に縛られず、それぞれが独自の特徴あるプログラムを提供し、児童・生徒自身が得意なプログラムのある学校を選択するのであれば、それら学校間に格差は生じないという。支持派は、格差が生まれるのは基準が一定であるという点に着目する。例えば一定の標準テストの偏差値が学力を示す物差しだとする。そしてその偏差値の高低の大部分が学校によって規定されるとする。そうすると、偏差値の高い者が集まっている学校に行きたい、という発想が生まれる。そこにおいて、行ける者と行けない者の間に格差が生まれる。つまり基準が一定のところに格差が生まれるのである。しかし、料理を作るのが上手、工作が得意、楽器演奏に長けている、ダンスが上手など勉強以外を得意とする者に対し、その得意対象に対して偏差値が高い場合と同等の価値を持たせたらどうだろうか。そのような価値に則して学校教育がかたち作られるのであれば格差は発生しにくい。学校によって「できる」ことの基準が異なるからである。かくして選択制が適用される学校では特殊化あるいは特徴の強化が行われる。第7章で言及したチャーター・スクールやマグネット・スクールはその実践的学校形態なのである。階層は人種、思想、富などに基づくのが特徴であるが、そこから解き放されて、新しい価値追求のもとに設置された学校間には格差は生じない。これが、学校選択制支持派の主張である。

　加えて、学校選択制の支持派は、公立学校区制を俎上に載せ、住宅区域によって学校が決まる制度においては、より階層化が進むことを指摘する。例えばスラム街に住む子どもたちは通学区域が指定されている限り、他の学校区の学校に通わず、学びの場はスラム街のなかで閉じられる。これでは負の連鎖は止まらず、貧困は次の世代へと続く。ここに選択の機会が与えられれば、安全な場所で高度な教育を受けたいという者が学校区を越えて学校を選ぶことができる。とりわけ、バウチャーの付与は購買意欲をそそり、それを用いて学校を選び自分の学びたい学問を学ぼうとするインセンティブになると主張する。実際、多くの国では、学校区はその周辺コミュニティーを形成する社会・経済層の鏡といえる。いくら学校区内の異なる学校間で生徒を行き来させて「学校を選択」させたところで、コミュニティー内の学校の質が同様に良くないのであれば教育の効果を上げることはできない。より上質な教育を受けようとすると、学校区外に行かなくてはならない。

　これに対して学校選択制の反対派は、貧困層は住居を変える術を持たないことに言及する。勉学に優れた子どもが学校区外の学校への進学を望んだとする。私立にも通えるほどのバウチャーを得たとしても、学校区外に出る交通費をどうするのか。数百円でも日々困窮している家族にとっては相当な出費であろう。親が「私たちは貧しいが、子は賢い子になってくれた。だからこの地域の教育ではなく、外の教育を受けさせたい」と思ったとしても、子どもを学校区外に通わせるお金も時間も無い。地理的制約を克服するちからが無いということである。第2章で紹介したように地理的制約の深刻性は1960年代にコールマンによって浮き彫りにされた。その研究成果は政府予算による「越境バス通学」を生んだが、これが成功したか否かについて結論は出ていない。より良い教育機会に恵まれより良い学習を経験した例が報告されている一方で、目に見えないマイナス点も明らかになった。通学時間の機会費用も過小評価できないであろう。子どもが家計のために働いている場合もあるだろうし、家の手伝いや子守りをするなどで家族に貢献している場合、貧困家庭にとってその労力を失うことの損失は少なくない。更に、地元の子どもたちからの疎外感など様々な負の側面が報告されている。一方、裕福な家庭は自由に転居する。子どもの進学に伴って学校区外どころか、異なる国に引っ越す家族さえいる。選択の自由は富める者と貧しい者の間の教育格差を拡大させるだけで、公平性を高める

手段とはなり得ない、と学校選択制反対派は主張する。

3 学校選択制の効果検証

3-1 実証研究の試み

　学校選択制をめぐる賛成、反対派の意見はそれぞれ納得できる論理と内容をもっている[2]。それゆえ、学校選択制の是非について確定的な結論は出ていない。一方で賛否両意見の数と同じくらい学校選択制の効果や意義を検証しようとする研究が存在する。特にチリでは1980年より、スウェーデンでは1992年より大掛かりにバウチャー制度を導入しており、これらの国では実証研究も蓄積されてきている。例えば、チリとスウェーデン両国を対象とした研究にはCarnoy（1998）、チリの制度効果に関する研究はLara, Mizala & Repetto（2011）、McEwan（2001）、McEwan & Carnoy（2000）、スウェーデンの効果検証はBöhlmark & Lindahl（2008）、Hinnerich & Vlachos（2017）等があり、これらのほぼすべてが前節で効果検討の観点とした、「教育効果」、「学校運営の効率化」、「教育機会の平等・公平性」のうち「教育の効果」と「学校運営の効率化」を網羅している。学校選択制とバウチャー制度に関する研究結果を総合的に見ると、肯定的な結果と否定的な結果がおそらく同じ位存在する。

3-2 バウチャー効果検証の理論的枠組み

　実証研究そのものについては参照に留め、ここではバウチャーの効果を検証する理論的枠組みを紹介する。教育への効果や学校運営の効率だけでなく「教育機会」の観点にも焦点をあて、更に「平等性・公平性」の議論にもつながる、エップルとロマーノの理論的考察（Epple & Romano, 1998）を簡略化して紹介する。

　図表8-3の「検証の枠組み」を見ながら進めよう。最初に、「仮定」を設定する。公立と私立を想定し、公立は授業料が無料で学力審査はなく、入学は学力

2）West（1965; 1981）に対するLevin（1991a; 1991b）の応答は、学校選択制の賛否をめぐり特に注目された文献である。

図表 8-3　検証の枠組み（初期設定）

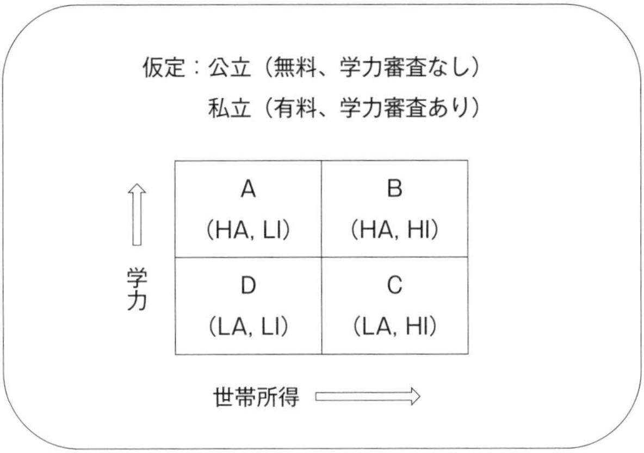

に左右されない。私立は授業料を徴収し、学力審査があり、その審査を通らなければ入学することができない。生徒は条件が許せば、学力レベルが高い学校への入学を希望することを前提に、公立学校よりも私立学校の入学を希望すると仮定する。設定された仮定のもとにある四角図では、縦軸が学力を表し上部ほど学力が高いことを示す。横軸が学校に通う児童生徒の世帯所得を表し、右側にいくほど所得が高いことを示す。

　四つに分けられた四角図には、時計回りに「A」、「B」、「C」、「D」と示しているが、これらは学力と世帯所得をもとに、生徒を四つのタイプに分けたものである。「A」の（HA, LI）は、「ハイアビリティー、ローインカム」を意味し、学力が高く、世帯所得が低い生徒である。「B」は、（HA, HI）で「ハイアビリティー、ハイインカム」、学力も高く、世帯所得も高い生徒である。「C」は（LA, HI）、「ローアビリティー、ハイインカム」で、学力は低いけれども、世帯所得は高い生徒を示す。「D」は（LA, LI）、「ローアビリティー、ローインカム」で、学力が低く世帯所得も低い生徒を示す。この状態において、バウチャー導入前と導入後にどのように状況が変わるかを見る。「検証の枠組み（バウチャー前後の通学先）」（図表8-4）を見ていただきたい。

3-2-1　バウチャー導入前後の就学状況

　バウチャー導入前は、「B」のみが私立に入学することができる。私立は授

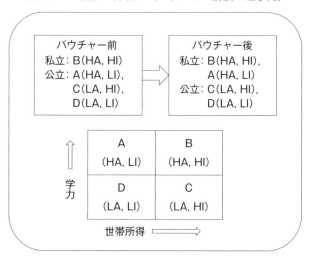

図表 8-4　検証の枠組み（バウチャー前後の通学先）

業料と入学試験を課すため、金銭的余裕がありしかも学力がなければ入学でき
ないと想定しており、この条件を満たしているのは「B」のみとなる。そし
て、残りのA、C、Dは公立学校に通うこととなる。バウチャー導入後はどう
であろうか。むろん「B」はそのまま私立に通学する。そして、新しく私立に
入ることができるのは「A」である。「A」は、学力はあるけれども世帯所得
が少ないがゆえに私立に入学できなかったが、バウチャーを得たことによって
私立学校に入ることができる。そして、学力が無い「C」と「D」は、公立学
校にそのまま通うこととなる。

3-2-2　教育費負担構造の変化

　では、バウチャー導入前後で、「A」「B」「C」「D」それぞれの費用負担がど
のように変わるかを見てみよう。「検証の枠組み（バウチャー前後の費用負
担）」（図表8-5）に沿って説明する。公立学校の一人当たりの教育費用が100万
円だと仮定する。バウチャー導入前は、公立に行く生徒が3人だったので、そ
の費用は「3×100万円＝300万円」である。公立の教育費は市民全員から徴収
した税金で賄われるため、このコミュニティーを構成する4世帯で割ることと
なる。したがって、「A」、「B」、「C」、「D」は、それぞれ75万円の費用を公立

図表 8-5　検証の枠組み（バウチャー前後の費用負担）

> 仮定：公立学校の一人当たり教育費用 ＝ 100万
>
> バウチャー前：
> 　100万×3/4 ＝ 75万
> 　　B（HA, HI）：75万＋私立授業料
> 　　A（HA, LI）, C（LA, HI）, D（LA, LI）：各75万
>
> バウチャー後：
> 　公立学校の費用総額　100万×2 ＝ 200万
> 　バウチャー額面　　　100万/2 ＝ 50万
> 　➡公立費用が300万から200万になった結果
> 　　B（HA, HI）：　　　50万　　　50万
> 　　A（HA, LI）：　　　50万　　　50万
> 　　C（LA, HI）：　　　50万
> 　　D（LA, LI）：　　　50万

学校運営のために支払う。裕福で学力のある「B」は、75万円を公立学校のために支払うことに加えて、自分が私立に行くための授業料を払う。「A」、「C」、「D」は、75万円ずつ支払い公教育を受ける。

　バウチャー導入後はどうであろうか。「A」が私立に移るため、公立学校に通うのは「C」と「D」の2人となった。したがって、公立学校の費用総額は、2×100万円＝200万円となる。この200万円を4世帯で負担することとなる。よって200万円を4で割り、50万円が公教育に充てる予算となる。つまり「A」、「B」、「C」、「D」全員が50万円ずつ支払うこととなる。それまで公立学校の費用が300万円だったのが、200万円に減少するため、100万円が浮く。全体の費用をバウチャー前と同額の300万円にとどめると、100万円をバウチャーに充てることとなる。この運用は、先述したバウチャー反対派の「バウチャーは上乗せ配分で総予算は増加する」という指摘を退けることを意味する。私立に通う生徒は「A」と「B」の2人であるから、100万円を2で割り、一人当たり50万円相当のバウチャー金額となる。

　結果として、学力が高く豊かな「B」は、公教育のために50万円を支払う一方で50万円相当のバウチャーを支給されて引き続き私立に通う。学力が高く世帯所得の少ない「A」（公立から私立に移った生徒）も公教育のために50万円

払い、50万相当のバウチャーの支給を受けて私立に行く。「C」と「D」は、引き続き公立学校に通学するが、彼らの家庭が支払う公立の費用は各50万円である。

3-2-3 費用負担と教育環境の変化

さて、これら四名の教育費や教育環境はバウチャー導入前と後とでどのように変わるだろうか。まず費用について考えよう。「B」は、もともと学力にも金銭的にも恵まれていた。バウチャー前は75万円を公教育のために税金のかたちで出費し、私立学校へは家計負担で通っていた。バウチャー導入によって公立学校への負担額が50万円に減少し、しかも私立の授業料はバウチャーで支払うことになったため、便益は確実に上がったといえる。公立から私立へ移った「A」はどうだろうか。出費が75万円から50万円に下がり、50万円のバウチャーを受けて私立学校の教育を受けることができる。出費が減りより良い教育を受けることができるようになったという点で「A」の便益も確実に上がったといえよう。では、公立に残った二人の生徒はどうであろうか。出費は75万円から50万円に下がり、出費自体は少なくなった。

生徒の負担だけを見ると、良いことずくめである。全員の負担が減る。しかし、これら費用額の変化の背後には、額面には表れない様々な問題が起こり得る。まず、公立学校の運営のために充当していた費用が一人当たり75万円から50万円に減額したことである。公立学校はバウチャー前には生徒一人当たりの費用として75万円を使うことができていたのが、バウチャー後は一人当たりの金額に換算して50万円しか使えなくなっている。これは、公立学校における運営や教育の質が下がることを示唆する。このことは「C」と「D」の学力の低下にもつながりかねない。予算の減少は設備費、教員の給与や教材費など様々な面に影響を及ぼす。更に、教育環境の変化という観点から見過ごせないのは「ピア効果」である。身近に学問に意欲的で優秀な生徒が多い場合と、学習に無関心で品行の芳しくない生徒が多い場合とでは、自ずと後者の学業成績は全体的に落ちる。机を並べる子どもたちの意識や行動は、学習や生活の様々な側面に相互に作用し、その影響は相当に高いからである[3]。これを踏まえて学習環境の変化を考えたい。まず学力の高い「A」が来たことによって「B」を含む私立学校生にとってプラスのピア効果が期待できる。一方、「A」がいなく

なったことで、「C」と「D」を含む公立学校ではピア効果がマイナスに傾くと考えられる。優秀な生徒を失ったことにより、公立学校の学習環境や学力が全体的に下がることが予想される。

　エップルとロマーノのモデルによれば、予算を追加せずともバウチャー制を導入することは可能であり、学力はあるものの貧しいために良好な教育を受けることができなかった生徒には学校を選択する機会を与え、学力を伸ばすことが期待できる。このような選択の機会は特に私立学校にとっては、競争力を高めるためのインセンティブとなるだろう。したがって、学校選択制は「教育の効果」と「運営の効率」を高めるという観点では一定の成果をもたらすものと思われる。一方で、予算配分の少なくなった公立学校の学習環境は低下し、そこで学ぶ生徒の学力にも負の影響を与えることが示唆される。したがってバウチャー制度による学校選択制は一定の個人の教育機会を向上させる一方で、社会全体に対して公平により良い教育の機会を提供するという学校の重大な役割を大きく減少させてしまう可能性がある。

3-3　今後の課題

　学校選択制度の効果をめぐり、「教育への効果」「学校運営の効率」「教育機会の平等や公平性」の観点から検討した。これら三つは健全な学校教育のためにそのすべてが欠かせない。競争によって運営効率が上がり費用が下がったとしても教育効果が上がらないのであれば選択制度の目的は達成できない。運営効率が上がり教育効果も向上したとしても、社会的公平性が低下するのであれば教育の機会が向上したとはいえまい。これら三つはトレードオフの関係にはなく、すべてが満たされる制度運営こそが問われなくてはならない。

　学校選択は、世界的に議論され、実践され、あるいは実施後に廃止もされている継続的な課題である。前章で述べたように、日本でも学校選択制は導入されており、学区制も確実に緩やかになった。地元に根差した初等教育を担う自治体の裁量による制度設計は重要であり、特に少子化が進むなか、教育の効果

3）Epple & Romano（2011）は、教育や学校環境におけるピア効果をめぐる理論と実証研究の成果を広くサーベイしている。Sacerdote（2011）は、初等教育から高等教育まで段階別にピア効果の構造を明らかにし、各教育段階におけるピア効果の種類と程度を考察している。

と運営効率性を高めることが一層問われるだろう。実際、特徴的取り組みや重点校への特別予算配分が行われ、教員の弾力的給与体系も議論されている。

　選択機会の提供には様々な工夫が必要となる。選択幅が拡大すればするほど、バウチャーなどの選択ツールの運用も複雑になる。エップルとロマーノのモデルは、富めるものにも貧しい者にも一律の額面を提供することの問題を示唆する。所得反比例型のバウチャーの導入や、前章で紹介したチャーター・スクールに見られるように、多様な選択軸を設けて多彩な学校づくりを行うことも目指すべきであろう。

　加えて、選択ツールはその使用機会を提供するだけでは十分に活用されないことにも留意が必要である。選択ツールの使用機会を社会層すべてに拡大するには、草の根的な情報提供の徹底や、「学校を上手に選ぶ」後方支援を拡充することが大切である。つまり、バウチャーはただ配分するのではなく、その効果的使用方法と使用のインセンティブを伴うものでなくてはならない。特に経済的に困難を抱える世帯に対するきめの細かい支援が必要だからである。「選択ツールの提供」から「選択ツールの使用機会の提供」へ、というのが課題解決の道筋であろう。

４ 学校教育機会の平等と公平

　教育の機会を高めることは、従来の公教育においても学校選択制度においても重要な目標の一つであった。しかし、機会が平等であったり均等であったりすることが最終到達点というわけではなく、私たちは教育の機会が「公平」に提供されることも望む。しかし、平等と公平は同時に達成されない場合が少なくない。むしろ両者が相容れない場合さえあり、どちらを重視するかによって教育の方法・政策・予算配分も変わる。また、何が公平であるかについても理解は一定ではなく、捉え方が異なれば教育の方法・政策・予算配分も異なってくる。そのうえ、公平性を重視することによって学校等教育機関の競争力を減退させる場合があり、組織を存続させるために学校は「効率性」を優先せざるを得ないこともある。最後に、平等で公平な教育の機会が提供されたとしても、すべての市民がその機会に参加するわけではない。教育を無料で受けられる「アクセスポイント」をいくら作ったとしても、そこを訪れる意志がなけれ

ば教育への参加は見込めない。本節では教育機会の平等、公平、教育の効率性、機会への参加について教育経済学の観点から考察する。

4-1　平等と公平

　「平等」とは、差別や偏りがなく、みな一様に等しい状況にある状態とされる。これには大きく二つの捉え方がある。まず、人間はみな均等に同じように扱われるべきであり、おなじ人間なのだから形式の面で不平等に扱われてはならない、という考えである。形式的均等主義といってよいだろう。もう一つは「違い」を予め認めたうえでの実質的平等を目指そうとする。違いによって実質的な不平等があってはならないとする考え方である。この場合、違いを尊重して時には人々を均等に扱わないことのほうが実質的に「平等」を実現できるとする。この場合の「平等」はしばしば「公平」と表現される。例えば、Secada（1989a; 1989b）は教育における平等を考えるうえで、「社会に平等を求めるよりも、異なるグループのニーズと特徴を反映するような、公平な不平等」を目指せば良いとしている。これはそれぞれのグループに相応しい応対をするのが実質的で公平だという意味で語られている。他方で Espinoza（2007）は、不平等に創り上げられている社会においては、いかにして公平、公正な社会正義（Social justice）を実現するかが課題だと主張する。こちらは、違いを違いとして反映するのではなく、違いを埋める方向で応対することが公平で正義に適っていると考える。アメリカでは、均等的平等が一般的に「平等」と呼ばれ、これと「公平」が対比されることが多い。

　教育における「平等」と「公平」をめぐる議論は1980年代アメリカとヨーロッパで盛んに展開された。理解に齟齬が無いように英語と日本語を対応させておきたい。Equality が「平等」あるいは「均等」に対応し、Equity が「公平」あるいは「公正」に対応する。教育経済学に関係する研究の焦点は教育の費用や便益が異なるグループ間でいかに平等あるいは不平等に配分されているのか、その状態は公平なのか不公平なのかである。研究は概ね平等性や公平性を一定のグループ間で比較検討する場合が多い。対象となるグループは、性別や人種といった生物学的属性、住居のある地域（国家間や自治体間を含む）、収入や資産で規定される経済層、歴史や制度的に規定された社会層などで分けられる。それらグループ間の違いを、主に量的に検証し、平均値、中間値、頻度

図表 8-6　平等と公平

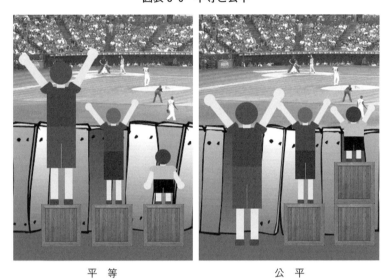

平　等　　　　　　　　　　　　　公　平

出所：Froehle, CM. The evolution of an accidental meme. Medium.com, 2016.
https://medium.com/@CRA1G/the-evolution-of-an-accidental-meme-ddc4e139e0e4
〈2022年6月9日閲覧〉

分布、ローレンツ曲線やジニ係数などの集約分布を用いて実証的に測定する[4]。

　ここで、「平等」と「公平」の違いを明らかにしておこう。図表8-6は、平等と公平の違いを表した図である。左側の図が「平等」を表す。平等とは、誰に対しても等しく扱うことであり、具体的には異なる背丈の子どもにも同じ踏み台を与えることを示している。確かに扱いは平等であるが、結果的には背丈の違いに対応できていない。右側の図は「公平」を表す。「公平」とは「公正」に扱うことであり、野球観戦をする機会を同等に可能にすることとなる。したがって、背丈が高ければ踏み台は不要であり、背丈が低いほど段数は増える。平等を実現するためにはまず公平性を確かにしなくてはならないという論理である。

　4）測定手法及び、評価から財政政策への適用については Odden & Picus（2007）、Toutkoushian & Michael（2007）などが詳しい。

4-2　水平的公平と垂直的公平

　マクマホン（McMahon）は、教育の場を想定して、公平には三つのかたちがあるとした。「水平的公平性」「垂直的公平性」「世代間の公平性」である（McMahon & Geske, 1982）。それぞれは以下のように説明される。

（1）Horizontal equity（水平的公平性）：
　　Equal treatment of equals（同じものを同じように扱うこと）

（2）Vertical equity（垂直的公平性）：
　　Unequal treatment of unequals（同じでないものは同じく扱わないこと）

（3）Intergenerational equity：世代間の公平性
　　世代を越えて引き継がれる公平性

　水平的公平性は人民主義（Populist）的見方であるとする。例えば同じ人間だから同じように扱うという考え方ができるという意味では、図表8-6に対応させると「平等」の扱いといえるが、背丈が違うことは「同じ人間」ではないと解釈すれば違う対応をとる「公平」の方の扱いとなる。一方、垂直的公平性は背丈が異なる子どもに異なる踏み台を与える「公平」な扱いを表す。その場合は、平等を達成するための公平性の確保といえる。しかし、垂直的公平性では平等に導かれない場合もある。例えば、能力が明らかに他の子どもと同等ではない天才児に高度な教育を施して一層の能力を引き出すなども垂直的公平性に該当する。幼い頃からスポーツ能力が高かったり、IQ が高かったりする子どもたちへの英才教育がこれにあたるだろう。つまり、垂直的公平性は、①恵まれない子どもたちに手厚い支援をすること、②能力の高い人間をより優遇することの両極を有する。前者は平等の達成へと導かれる行程であろうが、後者はエリート主義的対応といえる。何かに秀でた子どもの家庭で資産や収入が高い傾向にある場合は、これらの子どもたちへの優遇は更なる資産や収入を生み、世代間を越えた影響が出てくるであろうことに留意が必要である。

　ごく身近な例であれば、日本の小学校や中学校で導入している「習熟度別学習指導」がある。例えば数学のクラスを「のびのび」「ぐんぐん」「どんどん」などと分けて、全学年の児童を数学の成績順に振り分ける。「どんどん」クラスでは成績の良い児童を集めることによって、進度を早くして難易度の高い数

学教育が可能となり、そのうえピア効果も発生するだろうから、できる生徒は
どんどん成績を上げることが期待される。一方数学の成績が振るわなかった
「のびのび」クラスの子どもたちはどうであろうか。「どんどん」クラスや「ぐ
んぐん」クラスと比べて進度は遅く、より易しい授業が行われるだろう。これ
にピア効果も加わると、「どんどん」クラスの児童との数学の学力差は拡がる
ことが予想される。一方で、「のびのび」クラスではかみ砕いた指導が行われ
るだろうから、基礎を着実に身に付ける効果が期待できる。自分たちのペース
でのびのびと学習することができ、合同の授業でわからない説明を聞き流すよ
りも学力は向上するかもしれない。このような教育現場での垂直的公平の実践
効果について、評価は一様ではない。統計を用いた検証ではクラス分けは「ト
リートメント」と位置づけられるが、これを受けた者は受けない者になれない
ので正確な効果検証ができないというサンプルセレクションの問題もある。教
育学の観点からは賛否両論が展開されており、日本でも例えば明石・石川
（2003）は、習熟度別授業の学力への効果に肯定的見解を示すが、佐藤（2004）
は、海外の事例考察を交え、習熟度別授業は少数のエリート教育では効果を上
げているものの、総体的にマイナス効果が高く学力格差の拡大につながると指
摘している。

　教育における「平等」の在り方や「公平」との関係に関する考察は、教育の
機会を社会全体にあまねく同等に分配するべきなのか、子どもの得意不得意を
見極めつつ、メリハリのある教育体制と内容を設計すべきであるのかなど、学
校選択や民営化の議論と並行して進む。そして教育財政の観点からは、家庭の
経済状況が異なる子どもたちにどのように対応するのか、学校区によって子ど
もたちの家庭の経済状況が異なる場合はどのように予算を配分するのか、とい
った問いと向き合わなければならない。教育内容の面でも、教育費負担の面で
も、「違い」を前提とした多様な措置が求められている。

4-3　公平性と効率性

　平等であることと公平であることはともに重要であることに疑いは無いもの
の、これらを十分に達成することは容易ではない。その困難さを経済学的観点
から論じてみよう。教育行政も学校運営もその予算は有限である。有限の予算
のなかから、いかに効果的に教育の成果を実現するのかが問われる。そうする

と、今度は教育運営の「効率性」が課題となる。効率とは使った資源や労力に対して、得られた成果の割合である。これを高めることが必ずしも教育において公平性や平等性を確立することにつながるとは限らないものの、行政も学校も常に効率性の課題に向き合わなくてはならない[5]。

　例えば、教育開発事業において、都市部と過疎地のどちらを優先するのか、初等教育における基礎教育と高等教育における先端技術教育への予算配分はどのように振り分けられるのか、女性への就学支援と男性への就学支援は同等にすべきか、などの問いへの答えとして、効率性を優先して公平性が後回しになる例が少なくない。このような状況は基盤的教育環境が確立されていない途上国でより顕著である[6]。例えば、過疎地の識字教育は都市部の専門教育より教育の機会公平に資するとわかっていても、短期的経済効果を優先して都市部の専門教育を急ぐ場合が多い。初等教育や女子教育の長期的投資回収率は、高等教育や男子教育の回収率よりも高いことが実証されているものの、それに基づき初等教育や女子教育への投資が優先されているとはいえない。どの途上国においても高等教育の先端技術教育への投資には積極的であり、支援国もそれを支える。先端技術教育への教育投資は確かに比較的短期で効果が得られやすい。しかし、この分野にたどり着いている女子は多くはない。都市部の男子学生の多い高等教育や専門教育への投資が優先されると、過疎地の高等教育に投資が届く見込みがほぼなく、学問の機会も乏しい女子の教育は一層出遅れる[7]。シュルツはこのような状況を「公平性」と「効率性」の「板ばさみ」にあるとし、両方を同時達成できないことのジレンマを論じている（Schultz, 1973）。

4-4　アクセス（Access）と参加（Participation）

　それでは私たちはどの程度まで教育の機会が充足されていれば、「公平」に

5）小塩（2012）は、教育と社会保障制度に焦点をあて、効率性と公平性との関係及び両者の両立性について理論と実証をもって考察している。

6）大塚・黒崎（編著）（2003）は、発展途上国における基礎教育を中心とした教育と経済発展との関連について理論的かつ実証的に分析している。

7）途上国の教育開発や教育投資の効果に関する実証分析は Psacharopoulos & Patrinos（2004）を参照されたい。

教育を受けているといえるのだろうか[8]。定量的に判断する場合は、進学率、就学率、修了率、大学率、などの指標を用いるのが通例であり、これらのデータは世界的に蓄積が進められ、公開されている。ここで途上国でも先進国でも深刻な課題であるAccessとParticipationの違いに基づく問題について考え本章を終えたい。

　公平性の判断基準には「教育にアクセスを有する」ことが用いられる。しかし、McMahon（1982）は、アクセスを有することが教育を享受していることとはいえないと指摘する。例えば、途上国への教育支援においてアクセスポイントである学校をいくら設置しても、子どもたちに登校の意志がなければ、あるいは子どもたちの親や保護者に登校させる意志がなければ教育への参加（Participation）に至らない。途上国では子どもは有力な働き手である。とりわけ女子は水くみ、子守、調理などの仕事を受け持っており、彼女らを登校させる「機会費用」は家族にとって大きい。かくして、いくら学校を設置して教員を配置したとしても、継続的就学は実現できない。

　この状況は十分な教育施設が配備されている先進国も同じである。日本であっても、経済的に深刻な問題を抱える家庭では、教育の重要性がわかっていても子どもを通学させることができない。そのような家庭は途上国の方が先進国よりも多いものの、AccessとParticipationの間にある溝は、どのような国にも存在する。両者の分岐点は、おおよそ就学率70％から90％の間にあると言われ、そこからすべての児童のParticipationに達成するまでが最も費用がかかる。

　例えばニューヨーク市では児童の通学がおろそかになる地域がある。家計が苦しく、麻薬やアルコール中毒が蔓延し、子どもの教育に関心が至らない保護者が少なくない地域である。ニューヨーク市は行政区を通してRapid Response Teamを構成し、ボランティアも募って、これらの家庭を直接訪問して、生活を改めて子どもを学校に行かせるよう説得する。危険な地域に赴き、無教育のリスクを恐れない住民とわたり合うのである。日本でも経済的な理由で欠席が続く子どもの家庭を教師や福祉施設の担当者が訪問する。公平な教育

8）UNESCO（2018）は、持続可能な開発目標（SDGs）の目標4「質の良い教育をみんなに」のもと、教育の公平性を測定する概念的な枠組みと実践的な方法を提供している。

の機会を達成するための最後の数パーセントにこそ深刻な問題があり、その解決に伴う費用は、児童一人当たりに換算した場合、最も高い。しかし同時に、その問題は最も解決すべき問題なのである。Access と Participation はともに、「公平性」の達成度を示す重要な指標であるが、完全な Participation を実現する手前のギリギリのところに、公平に達し得ない最も深刻な経済的社会的問題がある。教育者や学校はそのような環境にある子どもを学校に引き寄せようとし、多くの子どもたちはこれを歓迎する。しかし、彼らの経済的環境が改善しなければ、子どもたちの足はまた学校から遠のくこととなる。

参照文献

Böhlmark, A. & Lindahl, M.（2008）Does School Privatization Improve Educational Achievement? Evidence from Sweden's Voucher Reform. *IZA Discussion Paper*, No. 3691.

Carnoy, M.（1998）National Voucher Plans in Chile and Sweden: Did Privatization Reforms Make for Better Education? *Comparative Education Review*, 42(3), pp.309-337.

Chen, Y.-P.（1987）*Choices and Constraints: Economic Decisionmaking*. Malvern: American Institute for Property and Liability Underwriters.

Epple, D. & Romano, R. E.（1998）Competition between Private and Public Schools, Vouchers, and Peer-Group Effects. *The American Economic Review*, 88(1), pp.33-62.

Epple, D. & Romano, R. E.（2011）Peer Effects in Education: A Survey of the Theory and Evidence. In J. Benhabib, A. Bisin & M. O. Jackson（eds.）*Handbook of Social Economics*, 1, pp.1053-1163, North-Holland: Elsevier.

Espinoza, O.（2007）Solving the Equity-Equality Conceptual Dilemma: A New Model for Analysis of the Educational Process. *Educational Research*, 49(4), pp.343-363.

Hinnerich, B. T. & Vlachos, J.（2017）The Impact of Upper-Secondary Voucher School Attendance on Student Achievement: Swedish Evidence Using External and Internal Evaluations. *Labour Economics*, 47(C), pp.1-14.

Lara, B., Mizala, A. & Repetto, A.（2011）The Effectiveness of Private Voucher Education: Evidence From Structural School Switches. *Educational Evaluation and Policy Analysis*, 33(2), pp.119-137.

Levin, H. M.（1991a）The Economics of Education Choice. *Economics of Education Review*, 10(2), pp.137-158.

Levin, H. M.（1991b）Views on the Economics of Educational Choice: A Reply to

West. *Economics of Education Review*, 10(2), pp.171–175.

McEwan, P. J. (2001) The Effectiveness of Public, Catholic, and Non-Religious Private Schools in Chile's Voucher System. *Education Economics*, 9(2), pp. 103–128.

McEwan, P. J. & Carnoy, M. (2000) The Effectiveness and Efficiency of Private Schools in Chile's Voucher System. *Educational Evaluation and Policy Analysis*, 22(3), pp.213–239.

McMahon, W. W. (1982) Efficiency and Equity Criteria for Educational Budgeting and Finance. In W. W. McMahon, & T. G. Geske (eds.) *Financing Education: Overcoming Inefficiency and Inequity*. Champaign IL: University of Illinois Press.

McMahon, W. W. & Geske, T. G. (1982) *Financing Education: Overcoming Inefficiency and Inequity*. Urbana, IL: University of Illinois Press.

Odden, A. & Picus, L. (2007) *School Finance: A Policy Perspective*. 4th Edition, New York: McGraw-Hill Education.

Psacharopoulos, G. & Patrinos, H. A. (2004) Returns to Investment in Education: A Further Update. *Education Economics*, 12(2), pp.111–134.

Sacerdote, B. (2011) Peer Effects in Education: How Might They Work, How Big Are They and How Much Do We Know Thus Far? In Eric A. Hanushek, Stephen J. Machin & Ludger Woessmann (eds.) *Handbook of the Economics of Education*, 3, pp.249–277, North-Holland: Elsevier.

Schultz, T. W. (1973) *Investment in Education: The Equity-Efficiency Quandary*. Chicago: University of Chicago Press.

Secada, W. G. (1989a) Agenda Setting, Enlightened Self-Interest, and Equity in Mathematics Education. *Peabody Journal of Education*, 66(2), pp.22–56.

Secada, W. G. (1989b) *Equity in Education*. London: Falmer Press.

Toutkoushian, R. K. & Michael, R. S. (2007) An Alternative Approach to Measuring Horizontal and Vertical Equity in School Funding. *Journal of Education Finance*, 32(4), pp.395–421.

UNESCO (2018) *Handbook on Measuring Equity in Education*. Montreal: UNESCO Institute of Statistics.

West, E. G. (1965) *Education and the State*. London: Liberty Fund.

West, E. G. (1981) *The Economics of Education Tax Credits*. Washington DC: Heritage Foundation.

West, E. G. (1997) Education Vouchers in Principle and Practice: A Survey. *World Bank Research Observer*, 12(1), pp.83–103.

明石要一、石川康浩（2003）『習熟度別授業は学力を高める』学校教育の改革シリーズ４、明治図書出版。

大塚啓二郎、黒崎卓（編著）（2003）『教育と経済発展──途上国における貧困削減

に向けて』東洋経済新報社。

小塩隆士（2012）『効率と公平を問う』日本評論社。

佐藤学（2004）『習熟度別指導の何が問題か』岩波ブックレット、岩波書店。

第 *9* 章

ジェンダーをめぐる課題と教育経済学

　本章では、ジェンダーをめぐる課題について教育経済学の観点から考える。ジェンダーとは、「生物学的性に対し、社会的・文化的観点から捉えた場合の性差」とされる。そのような性差は教育の受け方に違いをもたらし、教育の受け方の違いは経済的な違いを生む。以下では、現在確認されている男女間の経済格差がジェンダーによって説明されるのか、そして、ジェンダーが説明する経済格差に教育経験がいかに影響しているかを考察する。日本の状況に焦点をあてるが、その特徴を明確にするために海外の状況と適宜比較検討する。はじめに、男女間の経済格差を就労状況と賃金の面から確認する。次いで、男女間の格差を説明する代表的な経済学理論を紹介する。そこでは、格差をもたらす要因として定量的に説明できない「差別」の介在を取り上げ、ジェンダーをめぐる課題を考察する。最後に、女性の就労状況を職業別に分析し、男女間格差が比較的少ない職業を洗い出す。その専門的特徴を明らかにし、高等教育を中心とする教育機関の役割について考えたい。

1 就労状況と賃金統計から見た男女間格差

1-1　増加する日本の働く女性

　図表9-1は、1968年から2015年までの女性労働力人口の推移を示す。黒い棒グラフが示しているのは女性の労働力人口[1)]、灰色の棒グラフが示しているの

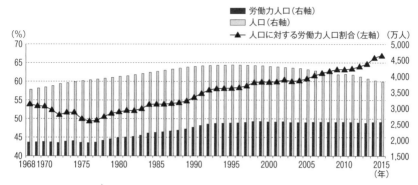

図表 9-1　女性労働力人口の推移（15歳〜64歳）

■ 労働力人口（右軸）
▢ 人口（右軸）
▲ 人口に対する労働力人口割合（左軸）

出所：労働力人口のデータは総務省統計局『労働力調査』https://www.stat.go.jp/data/roudou/long-time/03roudou.html から、人口のデータは総務省統計局『国勢調査』https://www.stat.go.jp/data/jinsui/2.html から時系列データを入手し、集計・作成。〈2021年8月1日閲覧〉

は全女性人口（15歳以上）、折れ線グラフが示しているのは全女性人口（15歳以上）に占める女性の労働人口の割合である。働く女性は確実に増加している。1968年53.9%であった女性労働力率は、1976年には49.3%へと減少するが、これは、1956年頃より15~19歳の女性労働力率が高等教育（高校・短大等）への進学者の急増によって減退したことが主要因だと考えられる。その影響が落ち着くと1977年から上昇の一途を辿り、2002年には60%を超える。2012年以降は更に上げ幅を広げ、2015年には67%に達した。図表9-2は、男性の労働力率の推移と比較している。2015年の男性の労働力率は85.9%といまだ女性よりも極めて高い数値となっている。しかし男性の場合は1968年の86.4%とほとんど変わらない一方で、女性は1976年以降一貫して伸びている。

　実際、日本の働く女性人口は他のOECD各国と比較しても遜色が無いほどに増加した。図表9-3は全人口に占める女性労働力率を日本とOECD平均とで比較したグラフである[2]。日本の女性労働力率は1990年代から2000年初頭までは緩やかな増加であったが、それ以降急速に上昇し、2019年には44.3%に達し、OECD平均の44.4%とほぼ同じ値になった。この増加には1990年代に上

1）「労働力人口」は15歳以上の人口のうち「就業者」と「完全失業者」を合わせた人口と定義されている。
2）「全人口に占める女性労働力率」とは、15歳以上を対象に、一定期間内に労働に従事している女性数の全労働人口に占める割合である。

図表 9-2　労働力人口（15〜64 歳）/ 人口（15〜64 歳）

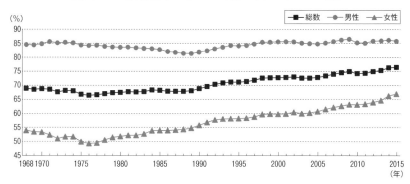

出所：労働力人口のデータは総務省統計局『労働力調査』から、人口のデータは総務省統計局『国勢調査』から入手し集計・作成。

図表 9-3　全人口に占める女性労働力率

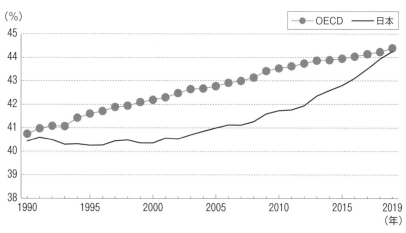

出所：国際労働機関 ILOSTAT（https://www.ilo.org/shinyapps/bulkexplorer20/?lang = en&segment = indicator&id = EAP_DWAP_SEX_AGE_RT_A〈2022 年 6 月 1 日閲覧〉）から、Labor force, female（% of total labor force）をもとに作成。

昇を続ける非正規労働者の増加が影響しており労働条件の観点からはより詳細な実態解明を要するものの[3]、日本の「働く女性」は増加を続け、他の先進諸国と同等の割合となっている。

　このように長い時間をかけつつも働く女性の割合が確実に上昇している背後には、需要サイドと供給サイド両方で起こっている変化がある。まず需要サイ

ドでは労働環境の変化が挙げられよう。産業構造の変化に伴い、私たちの労働の在り方は肉体的労働からサービス労働へと変わってきた。現在日本ではサービス業が GDP の約 7 割を占め、国内の総従業員数の80％近くを占める。サービス産業では農林水産業や製造・建築・鉱業等と比較して、体力を問わない仕事が多い。生活関連サービスや娯楽産業、教育・学習支援、医療や福祉、学術研究や専門・技術サービスなど、肉体的能力をそれほど必要としない職種に女性は就きやすく、情報通信業、運輸・通信業、不動産や物品賃貸業においても女性が活躍できる場は多い。

供給サイドではどうだろうか。まず、人口動態の変化による影響が大きい。1990年代以降続く少子化に伴い、他の状況を一定とした場合、女性が育児に費やす時間は短縮されたといえる。1世帯当たりの子どもの数は激減していることから、子ども一人ひとりに時間をかけ丁寧に育てたとしても、家庭外での労働に向けられる時間は増えたといってよいだろう。長期的には、家電等の普及の影響も大きいことを「UNDP（国連開発計画）」は指摘している。洗濯を洗濯板で行うのと洗濯機で行うのとでは大きな時間の違いが出る。掃除機や食洗機も然りである。紙おむつの普及は、子育てに伴う時間を大幅に短縮させたことが知られる。もちろん数々の制度的な改革や政策的インセンティブも女性労働者の増加をもたらしたであろう[4]。

1-2　続く男女間賃金格差

このように働く女性は確かに増加している一方で、女性の賃金はいまだ男性を大きく下回る。図表9-4は男性と女性それぞれの所定内給与額を1976年にまで遡って推移を辿ったグラフである。1970年代中盤から1990年代中盤まで男女

3）大沢（2020）は、日本女性の就業率が2015年にはアメリカを、2017年はフランスを追い抜き他の先進国を超える水準となっているものの、その増加は結婚・出産後も就業を継続する非正規女性労働者の増加によってもたらされたとする。男性にも非正規労働が広がっているものの3分の2は女性で占められていると指摘する。

4）主要な法改革には、1972年に施行された「雇用の分野における男女の均等な機会及び待遇の確保等に関する法律（男女雇用機会均等法）」、1985年の「雇用の分野における男女の均等な機会及び待遇の確保等女子労働者の福祉の増進に関する法律」への改正、1992年に施行された「育児休業、介護休業等育児又は家族介護を行う労働者の福祉に関する法律」、1999年の「男女共同参画社会基本法」、2016年に施行された「女性の職業生活における活躍の推進に関する法律（女性活躍推進法）」などがある。

図表 9-4　所定内給与額推移

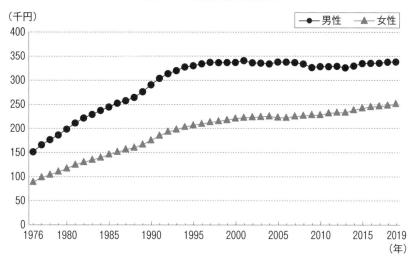

出所：厚生労働省『賃金構造基本統計調査』(1976～2019) をもとに作成。

　間の賃金差は拡大を続け、それ以降男性給与の伸びの停滞によって差は縮まる
傾向にあったとはいえ、2019年でも男性平均338千円に対して女性平均251千円
と、男性100に対して74のレヴェルである。
　女性の平均賃金が男性に比べて低いのは、日本で特に顕著であるものの、日
本に限られたことではない。図表9-5は世界主要国における男女間賃金格差を
比較したグラフである。男性の所得中央値と女性の所得中央値の差をとり、男
性の所得中央値で割った値である。常勤就業者と自営業者を含んでいる。まず
もって、韓国の賃金差は際立っており、日本がそれに次ぐ。韓国では34.1%、
日本ではおよそ23.5%女性の賃金は男性を下回る。OECD 各国の平均は
12.6%、検討対象国で最も男女差が小さいイタリアは5.7% である。このグラ
フには含まれていないが、ルクセンブルグの－3.1%とコロンビアの－0.1%
を除くと OECD 加盟国38カ国すべてで女性の賃金は男性の賃金を下回る。

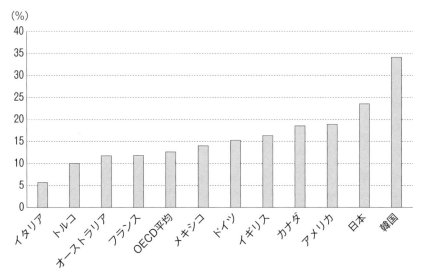

図表 9-5　男女間賃金格差国際比較（2018 年）

出所：OECD（2021）Gender wage gap（indicator）. doi: 10.1787/7cee77aa-en〈2021年 9 月28日閲覧〉を
もとに作成。

2 ジェンダー格差をめぐる経済学理論

2-1　賃金格差検証の枠組み

　世界的に存在する男女間の経済格差。この問題については国内外の多くの研究者が理論的あるいは実証的に考察を重ねてきた[5]。ここでは教育経済学の枠組みで、第 3 章から第 5 章で焦点をあてた人的資本論と関連させて解説しよ

---

5 ）日本の経済学分野では、川口（2008）が包括的である。性別の違いに基づく経済格差を理論と実証両面から考察しており、格差を生む要因として Pease & Pease（1999）らを参考に、認知能力、指向、行動の性差を含む生物学的性差仮説、及び、Becker（1965; 1993）を参考に、人的資本論や家計生産理論を含む経済合理的選択仮説を説明している。社会学の観点からは山口（2017）が、日本の働き方や処遇の男女間不平等が長年解決されない理由について、国内外のデータとルービン因果モデル由来の分析方法を用いて、男女間の所得格差や管理職割合の格差、職業分離の実態、ワークライフバランス推進の効果、統計的差別の不合理性などを包括的に分析した結果を著している。

図表9-6　男女間賃金格差検証の枠組み

◆　観察できる（Observable）要因
　　　学歴：年数、分野・専攻、学位、難易度
　　　職歴：年功、経験、訓練——人的資本の要因
　　　雇用環境：産業、職種、企業種

◆　観察できない（Unobservable）要因
　　　素質
　　　指向的特徴
　　　非認知能力
　　　モチベーション
　　　エネルギー
　　　差別？

う。マリアン・ファーバー（Marianne Ferber）は、女性の仕事、地位、家族、男女間賃金格差等についてシステマティックな分析枠組みを提示した経済学者として知られる[6]。男女間の賃金差が単なる「差」ではなく構造的な「格差」であることを明確に示したフェミニストでもある。ファーバーは格差を規定する要因を、「観察できる（Observable）」要因と「観察できない（Unobservable）」要因とに分けた。この枠組みは、男女間格差の原因や理由を検証する際に有用である。図表9-6にそれぞれの要因を挙げる。

2-1-1　観察できる要因

　観察可能な要因には、学歴、年功、訓練、経験などがあり、これらは人的資本的要因である。学歴は就学年数と専攻のほか、学校の難易度や著名度などにも細分化され、これらが賃金の多寡や雇用の機会に影響を与える可能性が検討できるものとなっている。例えばIT産業に多くの労働者を必要とし需要過多であれば、工学系への進学者が少ない女性は男性に比べて労働市場での需要が少なく賃金も低くなるだろうなどである[7]。年功はここでは同一企業に継続して勤務する「勤続年数」がもたらす効果を意味するが、その長さは男女間賃金格差に影響を与える。出産や育児に伴い休職したり離職したりするケースは男性より女性に多く、年功は女性が男性よりも短い傾向にあり、このことが女性

6）Ferber & Nelson（1993）、Ferber & Lowry（1995）等を参照されたい。
7）理工系人材の需要が急増しているが、日本では理工系に進学・就職する女子が特に少ないことが明らかになっている（Matsuzuka, 2020）。

の賃金の上昇を阻む。また、休職や離職によって経験年数も短くなる。年功と経験ともに少ないということは職場訓練の機会も少ないことを意味する。第5章の訓練投資の説明でも言及したが、企業は、早期に退職あるいは離職する可能性が高い者に対して訓練をしたがらない。訓練投資は年功を長くする傾向にあることから、年功、訓練、経験の三つは相互に関連して女性の賃金を低下させる。更に、産業や職種、企業種など雇用の環境や仕事の性質に起因して女性の賃金が男性よりも低い場合も想定できる。生産性や賃金が低い産業や職種に女性が雇用される傾向が高い場合は女性の平均賃金は男性に比べて下がる。企業種については、例えば社員数の多い大企業は中小規模の企業に比べて賃金が高い傾向にあるが、女性は男性に比べて規模の小さい企業に勤める傾向にあり、女性の平均賃金は男性に比べて低くなる。

2-1-2　観察できない要因

　一方、観察できない要因には、素質、モチベーション、エネルギーそして差別が挙げられる。「定量化できない」あるいは「定量化しにくい」要因ともいえる。「女性は外で働くより家事が向いている」、「女性は男性よりも出世欲が無い」、「女性の新規卒業者の就職は結婚するまでの『こしかけ』」など、女性の職場意識をめぐるこれらの印象は、かつてよく語られた。これは、日本に限ったことではない。ウーマン・リブの言葉が生まれた1960年代、欧米ではなぜ女性は男性よりも出世しないのかについて研究者が問い続けていた。Horner（1968; 1970）は、女性の「成功を恐れる」傾向が関与していることを実証し、その後の男女差をめぐる研究に大きな影響を残した。彼女の研究対象になったアメリカの女性たちは、男性との結婚を意識すると、勉強や仕事で男性を上回らないようにしようという意識が生まれることを明らかにした。このようなときに女性は、成功する機会を得るかもしれない競争的環境を避け、「達成へのモチベーション」を下げようとすると論じている。

　女性の方が体力や身体能力が低い傾向にあることを捉えて、「エネルギー不足」のために労働市場でハードな勤務を持続することができないと認識され、女性に十分な仕事の機会が与えられないことも男女間格差の要因となり得る。これら観察できない要因は、曖昧なので差別として捉えられる場合もある。女性には仕事達成への素質、モチベーション、エネルギーが無いという認識は、

差別に基づく、あるいは差別をもたらす認識である、との見解もあり得る。

　更に、賃金が少ない職業に就く傾向、昇進しにくい傾向、離職や休職しやすい傾向、非常勤職に就く傾向、訓練の機会が少ない傾向など、実証の対象となり得る観察可能な要因についても、その背後に差別が介在しているかもしれない。女性の労働条件が悪いのは、実質的生産性が低いからなのか、女性の労働が軽視されているからなのか、あるいは女性に仕事を任せられないからなのかが問われると同時に、これらすべての背後に「差別」の意識が存在するのではないかが考察されねばならない。差別は、それ自体は識別できない側面が多く、見えないからこそその影響は限りなく拡大する恐れがある。差別は観察できる要因とできない要因双方の原因であり結果でもあるとも考えられる。そのような曖昧な「差別」という概念を経済学的に解説したのが、ベッカーの「差別の経済学」であった（Becker, 1957）。

2-2　差別の経済学

　ベッカーの問題意識の出発点は、「女性の賃金が平均的に少ないのは、実質的生産性が低いからか、女性の労働が軽視されているからか、あるいは差別からか」であった。これに対して、「生産性の高い女性よりも生産性の低い男性を採用（優遇）した場合、損をするのはその雇用主（企業）自身である。ではなぜ差別をするのか」という経済学的な問いをたてる。ベッカーはこの問いの対象を「女性」としているが、他にも人種や社会層など差別の対象となるグループすべてに当てはめることができる。

　この問いに対してベッカーは三つの差別のかたちを提示した。「嗜好的差別（Taste discrimination）」「統計的差別（Statistical discrimination）」「買い手独占的差別（Monopsony discrimination）」である。それぞれを説明しよう。

2-2-1　嗜好的差別

　ベッカーは嗜好的差別の理由に、（1）同じグループに属する者たち（この場合男性）が同族意識に基づくコミュニケーションの円滑性を確保するため、（2）多数派を優先するため、（3）得意先が女性に対する「差別屋（Discriminator）」である場合はその意向を尊重するため、の三つを挙げている。それぞれを説明しよう。

（1）同属意識によるコミュニケーションの円滑性を確保するため

　男性を一括り、女性を一括りとするとそれぞれのグループ内に同属意識や仲間意識が生まれる。仲間同士では対話が円滑に進むが、仲間以外の者とは一線を画すために円滑な会話ができず、これが仕事に負の影響を与える。したがって、既に男性中心に構成されている職場で女性を採用しようとしない。

（2）多数派を優先するため

　既に男性が多数派の職場となっている場合、多数派の意向に沿わなければ、それら多数派の生産性が上がらなくなる。女性でも同等の生産性があるらしい場合でも、多数派が女性の雇用を望まなければ、雇用主は多数派である男性の意向に従わなくてはならない。例えば「女はお喋りだから仕事が進まない」と同属意識に基づく見解を持つ男性が職場に大多数を占める場合は女性を採用することは難しい。

（3）得意先が「差別屋」

　得意先が女性に偏見や先入観を持つ場合は、雇用主は女性採用に消極的になる。この場合の「得意先」は男性でも女性でもあり得る。例えば、役職に就く男性が営業に行ったり、挨拶に行ったりすると、得意先は自分たちが大切に扱われていると思う。女性が挨拶に行くと、「真剣に取引する気はあるのか」などと思われたりする場合は、雇用主は、その得意先に女性を行かせることをためらい、女性の雇用を控えることにつながる。

2-2-2　統計的差別

　これまで定量的に明らかにされてきた結果をもとに、（1）男性の方が女性よりも生産性が高いと思い込み、女性の雇用を控えたり賃金を低く抑えたりする場合に統計的差別が起こり得る。そのような異なる待遇が（2）順当な理由に基づく場合と、（3）順当な理由に基づかない場合とで雇用主の経済的合理性は異なる。

（1）男性の方が女性よりも生産性が高いという思い込み

　これまでの統計や経験から得られた女性の平均的特性に関する情報（例えば女性は結婚や出産を機に離職する傾向が高いなど）をもとに女性を「一括り」

に認識し、個々人に対してもその認識を適用する。これによって、男性に比較
して女性の生産量や生産性が低いと雇用主が思い込み女性の採用を控えたり昇
進の機会から外したりする。

（２）思い込みが順当な理由に基づく場合

　そのような統計的傾向が実態を反映しており、実際に女性の生産性が低いの
であれば、企業が損失を避けるために女性を雇用しないという理由は通る。そ
して、採用しないことによって雇用主が経済的に損をすることは無い。しかし
その思い込みに基づいて男性のみを採用するために、差別とみなされる。

（３）思い込みが順当な理由に基づかない場合

　統計的傾向が実態を反映しておらず、思い込みだけで女性を採用しない場
合、企業は損をする。例えば勤務時間が短かったとしても時間当たりの生産性
が男性社員より女性社員の方が高い場合は複数人の女性を採用することによっ
て高い生産性を実現し得る。損失が確かに発生するために女性を採用しないの
は経済的合理性があるが、順当な理由に基づかずに思い込みだけで採用しない
場合、企業は損をし、しかも差別的行為をしたとみなされる。

2-2-3　買い手独占的差別

　買い手独占とはここでは企業あるいは雇用主側の独占的優位性を指す。雇用
する側に一方的な交渉力があるために女性は雇用側の言い値で雇用される。例
えば嗜好的差別や統計的差別によって女性の雇用機会が限定されてくると、女
性は雇ってくれるところに集中する。そこは女性特有の職場と化すわけだが、
他にも成り手が待機しているために安い賃金でも雇い入れることができる。
「嫌だったら辞めてもいい」と安い賃金が提示される。その賃金は限界生産性
を大きく下回るかもしれないが、その価格で雇用され得るために安い賃金は継
続する。女性ゆえに交渉力が無いことを承知で行うと女性差別とみなされる。

　男女間賃金格差にこれら差別の影響がどの程度作用しているかについて日本
でも研究が重ねられている。例えば、佐野（2005）は企業のパネルデータを使
って日本の男女間賃金格差の原因を分析した結果、日本の労働市場では雇用主
の嗜好に基づく女性差別による女性の過少雇用が存在し、その傾向は製品市場

が競争的ではない産業の企業ほど強いことを示している。山口（2007；2017）は、日本の男女間賃金格差に最も影響を与えているのは正規雇用者内での格差であることを示したうえで、その根底に女性の離職率が高いことを理由とする統計的差別が介在していること、その差別が企業にとって経済合理性を欠いていることを指摘している。賃金や勤続年数など「観察可能」な男女間格差の背後にある「観察が難しい」と考えられてきた要因について分析を深めていくことで、長期にわたって解決することができないジェンダー格差の本質的な理由と解決方法を見つけることができるかもしれない。

3 日本女性のキャリア中断と格差

3-1 勤続年数と職位の効果

　日本のジェンダーに基づく経済格差に焦点を戻そう。第1節で示したように、日本の女性の平均賃金は男性に比べて著しく低い。厚生労働省 雇用環境・均等局（2020）による『令和2年版　働く女性の実情』によると、令和1年及び2年の男女間賃金格差（所定内給与で男性＝100とした場合の女性の額）は74.3であった。この格差について、学歴や年齢、勤続年数、役職（部長級、課長級、係長級など）の違いによって生じる「賃金格差生成効果」を見ると、役職の違いによる影響が10.5と最も大きく、次いで勤続年数の違いによる影響が4.3となっている。その他の影響については、年齢が0.7、学歴が2.1、労働時間が1.9、企業規模が0.0、産業が－2.1である[8]。役職の違いと勤続年数の違いよる影響が際立って大きいことが確認できる。日本の雇用慣行では役職と勤続年数は相互に強く関係する。組織外からの転職により役職に就く者も最近増えているものの、多くの日本企業では長年同一企業に継続勤務をすることによって役職を得ていくのが通例だった。外部から役職に起用する場合もその大多数は男性である。

8）賃金格差生成効果とは「女性の労働者構成が男性と同じであると仮定して算出した女性の平均所定内給与額を用いて男性との比較を行った場合に、格差がどの程度縮小するかをみて算出」した値とされる。具体的には厚生労働省 雇用環境・均等局（2020）のp.29を参照されたい。

　非営利財団の世界経済フォーラムが発表する Global Gender Gap Report（『世界男女格差レポート』）でも、日本について同様の指摘がなされている。同フォーラムは世界各国の男女間の不均衡を示す指標「ジェンダーギャップ指数（GGI）を2006年より毎年公表している。2021年のレポートには156の国・地域のデータが含まれているが、日本は120位であった。ちなみに、2015年101位、2016年111位、2017年114位、2018年110位、2019年と2020年が121位と一貫して低いランキングで推移している。格差を表す指標別に見ると日本のジェンダー格差の特徴がわかる。指標は、「経済的参加度及び機会」「教育達成度」「健康と生存」「政治的エンパワーメント」の4分野で計14の指標を用いているが、経済活動分野の「管理的職業従事者の男女比」が139位、政治活動分野の「国会議員の男女比」が140位とここでも要職に就く女性の数が極めて少ないことがジェンダー不平等の主要因であると評価している[9]。

3-2　キャリア中断の実態

　役職に就く機会が少ないことと、それを引き起こしている「観察可能な」指標としての勤続年数の短さが男女間格差の最大の理由といえよう[10]。それでは、勤続年数を大きく左右する離職状況を確認しよう。図表9-7は1980年から2018年にかけての、女性と男性それぞれの離職・入職率の推移を示す。分母は各年の年度初めの全労働力人口である。直近の2018年で、女性の入職率は18.5%、離職率は17.1%、男性の入職率は12.9%、離職率は12.5%であった。統計が入手できる期間、女性の離職・入職率は16%から23%の間、男性は10%から15%の間の値をとり、この差が大きく縮まる傾向は見られない。

　女性の雇用年数が短いのは出産や子育てで離職することによるキャリアの中断が強く作用していることは共通の理解であろう。また女性の多くがパートタ

　9）大沢（2015）は、日本の女性の活躍を妨げる要因を明らかにし、女性活用を推進する政策を提言している。

10）厚生労働省による『賃金構造基本統計調査』に基づくと2018年の全就業者数のうち、女性就業者の平均年齢は41.4歳、平均就労年数は9.7年であった。男性の平均年齢は43.6歳、平均就労年数は13.7年であった（政府統計 e-Stat の以下のサイトデータから集計。https://www.e-stat.go.jp/stat-search?page=1&toukei=00450091〈2021年10月1日閲覧〉）。他国との比較では、Kalleberg & Lincoln（1988）が日本とアメリカの賃金格差の構造を検討し、日本の賃金格差の特徴を国際的観点から明らかにしている。

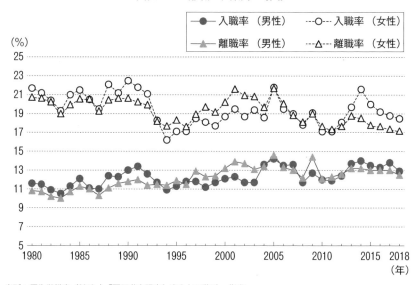

図表 9-7　離職・入職率の推移

出所：厚生労働省（2019a）『雇用動向調査』をもとに集計・作成。

イムや非正規雇用など有期の雇用であることも影響する。出産や育児によるキャリア中断と、パートタイムや非正規での勤務は相互に関係する。日本では女性の95％以上が新卒で職を得るものの[11]、その後離職すると多くの女性は離職前の仕事に戻らない。そのまま労働市場から離れる者、戻ったとしても新規にパートタイムや非正規雇用の職に就く者が多い[12]。これによって継続して年功を積み重ねることの多い男性の賃金との間に差が生まれる。20代後半から30代にかけて出産と育児に伴い減少し、再就労に伴い上昇することから「M字型曲線」と称された日本の女性の労働力率は近年台形になっている。しかし、それはあくまでも年齢別労働力率が増えたからであって、同じ職場に継続

11）厚生労働省と文部科学省による令和3年3月大学等卒業者の就職状況の共同調査によると、大卒女子の97.2％、短大卒女子の96.3％が各課程修了直後に就職している。文部科学省による令和2年3月新規高等学校卒業者の就職状況調査によると高卒女子の97.5％が卒業時に職を得ている。
12）岩田と大沢は、女性の就職・離職行動の背景やメカニズムを、大規模アンケート調査を基に分析し、女性の労働環境やキャリア形成を含む労働市場の構造的問題の解消を訴えている（岩田・大沢（編著）, 2015）。

して勤務したことを示しているわけではない。M字型の窪みを埋めた女性の多くが非正規雇用で入職していること、そのような入職の多くが夫である男性の所得が増えなくなり、家計補助のためであることを樋口・石井・佐藤（2017）が指摘している。

むろん、女性が正規の職に就かない理由は一様ではない。夫の収入が一定以上あり、家計維持のための追加収入を得る必要が無い場合もあろうし、追加収入の程度によっては夫の扶養対象から外れ、就労のメリットがなくなる場合もある[13]。そうすると、上限に達しない程度に働くか、家計全体のデメリットを相殺して余りある収入が得られる職に就くかである。前者の場合は非正規雇用が主要な選択肢となるが、5年を境に正規雇用への転換が求められるために5年以上の勤務契約が成立することは稀であり、勤務は中断する傾向となる。このような状況を踏まえて、次の節では後者の場合である、女性が家計全体のデメリットを相殺しても余りある収入が得られる職業について探ってみたい。

4 格差に対応する職業と教育

女性の賃金格差には勤続年数の短さが大きく作用していることがわかった。逆に捉えると、女性にとって就労条件が良い職業とは、（1）勤続年数が長く、給与が高めの職業と、（2）勤続年数は短いが給与が高めの職業である。ここでは、そのような職業を探索的に識別したい。そのうえで、そのような職業に就くために必要な教育経験を明らかにする。その結果を参考に、女性のキャリアパスを向上するために教育機関がなし得ることは何かを検討したい。

4-1　勤続年数が長く、給与が高めの職業

他のすべてが一定だとして、女性の勤続年数が長く給料も高めの職業は、女性にとって継続的な勤務が可能であったことを意味する。出産や育児の際も雇用が中断されず勤務年数が蓄積されて勤続年数が長くなり給与も順調に伸びたことが想定される。このような職業を見つけるためにまず、各職業の平均給与

---

13) 103万円を超えると所得税の対象となり、150万円を超えると夫の配偶者控除の対象から外れ201.6万円を超えると配偶者特別控除の対象外となる。また106万円以上になると勤務先の社会保険への加入義務が生じ、130万円以上になると夫の社会保険の扶養から外れる。

図表 9-8　女性にとって就業年数が長く給与が高い傾向にある職業

職業	年齢		勤続年数		所定内実労働時間数		決まって支給する現金給与額(千円)		年間給与額(千円)	
	男	女	男	女	男	女	男	女	男	女
弁護士	35.2	36.9	6.2	8.6	171.0	157.0	504.7	570.2	7728.4	7575.6
公認会計士・税理士	38.2	40.5	10.1	12.1	163.0	157.0	502.7	442.9	9140.4	8037.7
不動産鑑定士	48.8	33.2	3.5	5.5	160.0	146.0	350.3	402.0	6396.0	6684.8
航空機客室乗務員	36.0	35.8	4.4	12.0	139.0	143.0	354.8	391.6	4351.2	6154.3
社会保険労務士	45.9	56.7	11.4	16.4	175.0	176.0	379.1	331.7	5336.8	4586.8
発電・変電工	38.7	44.5	15.7	18.6	154.0	153.0	320.7	247.5	5847.6	4073.7

出所：厚生労働省（2019a）『雇用動向調査』をもとに作成。

と平均勤続年数の男女差を算出する。勤続年数と給与のデータは、厚生労働省（2019b）の『賃金構造基本統計調査』をもとに職業小分類の129種の職業を用いる。平均勤続年数の男女差は2.61年で標準偏差は3.866であった。女性の月額給与平均は247,500円であった。以下の基準で勤続年数が長く給与が高めの職業を選出した。

（1）平均勤続年数の男女差が少ない職業（平均勤続年数の男女差が平均値より1標準偏差を下回る職業）（この場合 −1.256）。

（2）平均所定内給与額が全職業の平均所定内給与額を上回る職業（この場合247,500円）。

　図表9-8は上記二つの条件を満たす職業である。「年齢」は当該職業に就く者の平均年齢、「勤続年数」は調査実施時点で就業していた組織に勤続していた平均年数、「所定内実労働時間数」は当該職業の平均所定内実労働時間、「決まって支給する現金給与額」は当該職業の所定内給与月額平均、年間給与額は、月額給与と残業手当など所定外給与と賞与を合算した金額である。月額給与が多い職業の順にリストアップしている。

　弁護士、公認会計士・税理士、不動産鑑定士、航空機客室乗務員、社会保険労務士、発電・変電工などが、勤続年数が長く給与額も高い職業として抽出された[14]。年齢、勤続年数、労働時間、給与月額と年額の関係を見ると一様ではないものの、特に、弁護士、不動産鑑定士、航空機客室乗務員などは、平均

14）女性が最も長く就業し、相応の給与と地位を得るといえば、小・中学校の教員が思い浮かぶが、『賃金構造基本統計調査』では小学校と中学校教員の職種区分が無い。2019年の時点で新たな職種区分に小・中学校教員を入れることが検討されており、改定を待って分析を加えたい。

図表 9-9　女性にとって就業年数が短くても給与が高い傾向にある職業

職業	年齢 男	年齢 女	勤続年数 男	勤続年数 女	所定内実労働時間数 男	所定内実労働時間数 女	決まって支給する現金給与額(千円) 男	決まって支給する現金給与額(千円) 女	年間給与額(千円) 男	年間給与額(千円) 女
航空機操縦士	43.1	35.6	16.1	3.7	148.0	152.0	1474.9	911.6	20542.4	11816.2
記者	41.8	36.2	15.9	11.2	157.0	156.0	472.2	395.6	8169.5	6967.7
一級建築士	50.3	41.2	16.3	10.9	172.0	166.0	424.5	338.6	7399.5	5570.3
電車運転士	41.5	32.9	20.9	10.1	146.0	140.0	349.1	311.6	6595.9	5515.7
技術士	44.0	36.3	13.4	6.4	164.0	158.0	347.3	270.8	5723.9	4257.3
電車車掌	38.9	29.4	17.6	7.1	152.0	142.0	320.7	261.5	6007.6	4736.6
歯科衛生士	50.5	34.8	22.5	5.8	176.0	167.0	358.0	256.1	6309.6	3628.6
営業用大型貨物自動車運転者	48.6	46.2	12.1	6.5	176.0	176.0	282.3	251.6	4579.6	3985.6

出所：厚生労働省（2019a）『雇用動向調査』をもとに作成。

勤続年数が男性よりも女性の方が長く、そして、決まって支給する現金給与額も男性より女性の方が高い。不動産鑑定士は平均年齢も女性の方が大幅に若いことも注目すべきであろう。一方、公認会計士・税理士、社会保険労務士、発電・変電工は、女性のほうが男性よりも勤続年数が長く平均年齢が高い一方で、現金給与額は男性よりも女性の方が低い。これらの職業においては継続して勤務することは可能ではあるものの、そのことが男性ほど昇給などに反映されていないことが推測される。

4-2　勤続年数が短くても、給与が高めの職業

　勤続年数が短くても給与が高めの職業は以下の基準で抽出した。
（１）平均勤続年数の男女差が平均値より0.5標準偏差上回る職業（この場合4.543）。このことは、男性の平均勤続年数が4.543年以上長い場合となる。
（２）平均所定内給与額が全職業の平均所定内給与額を上回る職業（この場合247,500円）。
　図表9-9は、上記の基準を満たした職業である。給与の高い順にリストアップしている。航空機操縦士、記者、一級建築士、電車運転士、技術士、電車車掌、歯科衛生士、営業用大型貨物自動車運転者が、勤続年数が短いものの給与が高めの職業として抽出された。年齢、勤続年数、労働時間、給与月額と年額の関係を見ると、これらの職業では、平均年齢も男性よりも相当に若い傾向にある。

図表 9-10　女性にとって就業年数が長く給与が高い傾向にある職業の教育レヴェル

職業（賃金構造基本統計調査）	職業（就業構造基本調査）	最終学歴	
		学士課程以上	いずれかの 高等教育
弁護士	法務従事者	85.7%	90.8%
公認会計士・税理士	経営・金融・保険専門職業従事者	75.0%	87.0%
不動産鑑定士	その他の専門的職業従事者	58.7%	82.5%
航空機客室乗務員	接客・給仕職業従事者　客室乗務員	16.5%	40.8%
社会保険労務士	経営・金融・保険専門職業従事者	75.0%	87.0%
発電・変電工	定置・建設機械運転従事者	19.1%	31.9%

出所：厚生労働省（2019b）『賃金構造基本統計調査』と総務省統計局（2019）『就業構造基本調査』の情報を
もとに作成。

　「勤続年数が長く給与も高め」の職業では、出産や育児後も職場復帰が容易であると思われる。また、「勤続年数が短くても給与が高め」の職業では、一度離職した女性の雇用に積極的であると思われる。どちらに属する職業においても、女性労働者の市場価値は雇用の中断によってそれほど減少しないものと捉えることができる。そして、これらの職業全体を眺めてみると、記者を除いてすべての職業において専門的な技能や資格が求められる。

4-3　女性にとって就業年数が長く給与が高い職業の教育レヴェル

　では、ここで、女性にとって就業年数が長く給与が高い職業と、就業年数が短くとも給与が高い職業に就く女性の教育のレヴェルを明らかにしたい。これらの職業に専門的あるいは技術的な教育や高度な知識・技能が求められるのであれば、女性のキャリアパスウェイに高等教育がもたらす影響は大きい。とりわけ、そのような技能が特定の企業や組織における訓練や経験に依拠しない場合は、企業外の教育機関によって提供されるべき技能であり高等教育の役割は大きい。

　図表9-10と図表9-11はそれぞれ、就業年数が長く給与が高い職業と、就業年数が短くても給与が高い職業に就いている女性たちの最終学歴を示している。先に示した賃金と勤続年数等のデータを提供する『賃金構造基本統計調査』では129の職業分類を使用している。一方、各職業に就く就労者の教育レヴェルの情報を提供している総務省統計局の『就業構造基本調査』では81種の職業を対象としている。このため、先の賃金等就労状況をめぐる分析で抽出された職業を総務省統計局の分類に沿って再定義した。二つの図表において、左のコラ

図表 9-11　女性にとって就業年数が短くても給与が高い傾向にある職業の教育レヴェル

職業（賃金構造基本統計調査）	職業（就業構造基本調査）	最終学歴	
		学士課程以上	いずれかの高等教育
航空機操縦士*	船舶・航空機運転従事者	26.4%	49.8%
記者	著述家、記者、編集者	76.6%	88.1%
一級建築士	専門的・技術的職業従事者	54.6%	88.9%
電車運転士	鉄道運転従事者	19.1%	30.2%
技術士	技術者	64.2%	82.4%
電車車掌	その他の輸送従事者	14.6%	27.4%
歯科衛生士	専門的・技術的職業従事者	54.6%	88.9%
営業用大型貨物自動車運転者	自動車運転従事者	9.8%	21.4%

注：*航空機操縦士についてはごく少数の女性に限られている。2019年の統計では、企業規模（10人以上）の組織で航空機操縦士は5,390名が男子、150名が女性であった。詳細は、賃金構造基本統計調査職種DB第1表｜統計表・グラフ表示｜政府統計の総合窓口（e-stat.go.jp）を参照されたい。
出所：厚生労働省（2019b）『賃金構造基本統計調査』と総務省統計局（2019）『就業構造基本調査』の情報をもとに作成。

ムが『賃金構造基本統計調査』での職業名称、中央が『就業構造基本調査』での職業名称、右のコラムがそれぞれの職業に就く女性の最終学歴である。学士課程以上と、4年制大学のほかに2年制大学、高等専門学校、専門学校を含む「いずれかの高等教育」を経た場合のそれぞれに該当する女性の平均的割合を示す。

　就業年数が長く給与も高い職業では、弁護士、公認会計士・税理士、不動産鑑定士、社会保険労務士などの職業に就く女性の80％以上がいずれかの高等教育を修了している。これらの職業は資格取得も必要な職業である。就業年数が短くとも給与が高い傾向にある職業では、記者、一級建築士、技術士、歯科衛生士の職業に就くものの80％以上がいずれかの高等教育を修了している。各職業について一般に必要だと思われている教育レヴェルより低い値となっているが、これは統計が全年齢層を対象としているからである。年齢が高い層にある女性が当該職に就いた時点では現在ほど高い学歴が求められていなかったことが原因であると考えられる。

4-4　高等教育機関がなし得ること

　このように、女性にとって有利な職業の多くが高等教育や資格あるいは免許を必要とすることがわかる。企業等組織に継続的に属することよりも、専門的能力を有することによって賃金が決まる職業であるともいえるだろう。よっ

て、同一の専門の職業に就く限り転職しても市場価値は下がりにくい。例えば、歯科衛生士は特定の病院やクリニックのみならず、歯科衛生処置を必要とするすべての病院やクリニックで同等の生産性を発揮することができる。したがって、歯科衛生士の生産性や賃金は転職しても減少しにくい。逆の例もある。例えば自動車外交販売員は女性に不利な性質を有する。自動車外交販売員の平均勤続年数は男性が12.8年、女性が6.7年である。平均年齢は男性が37.5歳、女性が30.4歳、週当たりの労働時間は男性が167時間、女性が164時間、所定外労働時間は男性が18時間、女性が17時間とそれほど大きな差は見られない。にもかかわらず、月給平均は男性が312,900円、女性が239,800円と大きな開きがある。

このような実態は、ベッカーの技能分類の理論と合致する（Becker, 1993）。ベッカーは技能を、特定の企業で有効な「企業特殊型技能」と複数の企業で有効であり持ち運び可能な「一般的技能」に分けた[15]。女性にとって比較的勤続年数が長く賃金が良い職業及び勤続年数が短くとも賃金が高い傾向にある職業は、年功の影響を受けにくく転職に強い一般的技能の性質が濃い。断定はできないものの、自動車外交販売員は特定の資格を有していなくても従事できる一方で、各営業所の上司や同僚そして顧客とのつながりが生産性を左右し企業特殊型の性質が濃いのではないだろうか。むろんこのことをもって、女性は企業特殊型の職業を避け、一般的技能を習得してそれを求める職業に就くべきであるといっているわけではない。女性の自動車外交販売員の給与が男性と比較して著しく低いのが、嗜好的差別、統計的差別、買い手独占的差別などによるものであれば、解決すべきはそれら差別を無くすことであって、自動車外交販売員になることを避けることではない。この解決には組織的あるいは制度的な改革が求められる。

ここで、教育経済学的観点からもう一歩踏み込みたい。一般的技能を獲得するための教育や訓練の費用はその労働者個人によって負担することが経済的に合理的である、というのがベッカーの技能分類における理論の軸となっている。実態もおおよそそのとおりである。例えば、歯科衛生士は自ら教育機関で免許をまず取得してから歯科衛生士の職を得る。弁護士も自らその資格を取っ

---

15) このことの具体的な説明は第5章にある。

てから弁護士となる。企業がそれら資格取得の費用を支払うことは全く無いとはいえないが稀であろう。また、これらの専門技能は OJT などを通して企業内で取得できる類のものではない。よって、女性の雇用条件を左右する教育や訓練を担っているのは教育機関である。換言すると、教育機関こそが企業や組織では対応しない、特定の職業に必要な専門知識・技能の養成を担っているのである。そのような知識や技能は学士課程、修士課程、博士課程など大学の正課課程で提供する場合もあれば、専門学校などが資格を付与する場合もあろう。

　いま新卒採用や年功賃金の見直しが産業団体を中心に進むなかで、雇用市場は流動化することが予測されている。この状況は一般的技能に対するニーズが増加することを示唆する。女性の雇用機会向上の政策や制度面での対策が重要であることはいうまでもないが、教育で何ができるか、という観点から女性の雇用機会向上と賃金格差の減少に貢献することは十分に可能である。特に重要と思われるのは、一旦職場に出た後にこのような技能や知識を獲得する機会を高等教育が充実させ提供することである。この課題は次章の「『学び直し』の経済学」で考察したい。

参照文献

Becker, G. S.（1957）*Economics of Discrimination.* 2nd edition, Chicago: University of Chicago Press.

Becker, G. S.（1965）A Theory of Allocation of Time. *Economic Journal,* 75(299), pp.493-517.

Becker, G. S.（1993）*Human Capital,* 3rd edition, Chicago: University of Chicago Press.

Ferber, M. A. & Lowry, H. M.（1995）The Sex Differential in Earnings: A Reappraisal. In J. Humphries（ed.）*Gender and Economics,* pp. 429-439, Vermont: Edward Elgar.

Ferber, M. A. & Nelson, J. A.（1993）*Beyond Economic Man: Feminist Theory and Economics.* Chicago: University of Chicago Press.

Horner, M.（1968）*Sex Differences in Achievement Motivation and Performance in Competitive and Non-competitive Situations.* Ph.D. Dissertation, University of Michigan.

Horner, M.（1970）Femininity and Successful Achievement: A Basic Inconsistency. In J. Bardwick（ed.）*Feminine Personality and Conflict.* Belmont, California: Brooks/Cole Publishing.

Kalleberg, A. L. & Lincoln, J. R.（1988）The Structure of Earnings Inequality in the United States and Japan. *American Journal of Sociology*, 94, Supplement: Organizations and Institutions: Sociological and Economic Approaches to the Analysis of Social Structure, pp.S121-S153.

Matsuzuka, Y.（2020）Feminization of Japanese Higher Education and Career Pathway: From "Interruption" to "Upward Mobility". In C. J. Fontanini（ed.）*International Perspectives on Gender and Higher Education*, pp. 147-170, Bingley: Emerald Publishing Limited.

OECD（2021）*Gender Wage Gap（Indicator）*. doi: 10. 1787/7cee77aa-en（Accessed on 28th September 2021）.

Pease, A. & Pease, B.（1999）*Why Men Don't Listen and Women Can't Read Maps*. Welcome Rain.

岩田正美、大沢真知子（編著）、日本女子大学現代女性キャリア研究所（編）（2015）『なぜ女性は仕事を辞めるのか──5, 155人の軌跡から読み解く』青弓社。

大沢真知子（2015）『女性はなぜ活躍できないのか』東洋経済新報社。

大沢真知子（2020）「女性労働」『日本労働研究雑誌』No.717、pp.18-21。

川口章（2008）『ジェンダー経済格差』勁草書房。

厚生労働省（2019a）『雇用動向調査』。

厚生労働省（2019b）『賃金構造基本統計調査』「令和元年賃金構造基本統計調査　結果の概況」。

厚生労働省 雇用環境・均等局（2019）『令和元年版　働く女性の実情』。

厚生労働省 雇用環境・均等局（2020）『令和2年版　働く女性の実情』。

佐野晋平（2005）「男女間賃金格差は嗜好による差別が原因か」『日本労働研究雑誌』第540号、pp.55-67。

総務省統計局（2019）『就業構造基本調査』。

樋口美雄、石井加代子、佐藤一磨（2017）「景気変動と世帯の所得格差──リーマンショック下の夫の所得と妻の就業」『経済研究』第68巻2号、pp.132-149。

山口一男（2007）「男女の賃金格差解消への道筋──統計的差別に関する企業の経済的非合理性について」『RIETI Discussion Paper Series』07-J-038。

山口一男（2017）『働き方の男女不平等──理論と実証分析』日本経済新聞出版。

第**10**章

「学び直し」の経済学

　「学び直し」は現代高等教育の重要課題である。一般的に「社会人の学び直し」を指すが、その定義は一定ではない。従来は、「学び直す」という観点から、かつて学んだことあるいは学ぶべきだったことを今一度勉強し直すという補習的な学習と受け止められていた。しかし、2010年代初頭から日本の産官学が奨励している「学び直し」は、学ぶという「行為」をやり直すあるいは繰り返すことであり、学ぶ内容も発展的に更新されていくことを想定している。「学び直し」には、「生涯学習」、「成人学習」、「継続学習」、「リカレント学習」など複数の類似した概念と実践があり、これらはすべて欧米から伝えられた。まず、これらの概念について、英語と日本語のコンテクストを対応させることによって「学び直し」の位置づけを確認しよう。次いで、これら「学び直し」を説明する経済学理論を紹介する。その後、「学び直し」をめぐる国内外の政策的動向を整理したうえで、雇用の流動化をはじめとする労働市場の構造的変化を踏まえつつ、「学び直し」のゆくえを探る。生涯にわたる学びの実践を高等教育改革に位置づけた欧州連合の例を挙げて、大学に期待される役割を検討したい。

1 「学び直し」の諸形態

1-1　生涯学習

　「生涯学習」は、Lifelong learning に対応する。その言葉のとおり、人が生涯にわたって学習を続けることである。フランスの教育思想家であるポール・ラングラン（Paul Lengrand）がユネスコ（UNESCO）の成人教育長を勤めた間、1965年に出版された「エデュカシオン・ペルマナント（Éducation permanente)」と題するワーキングペーパーで提唱した概念であった[1]。当時はこれを実現するための体制や制度に軸足を置いており、「学習」ではなく、「教育」（Lifelong integrated education）という言葉が用いられた[2]。日本では、心理学者の波多野完治がこのワーキングペーパーを翻訳し、「生涯教育について」及び『生涯教育入門』と題して出版している[3]。その後、1981年の中央教育審議会答申「生涯教育について」のなかで、生涯教育は人々が「自己の充実・啓発や生活の向上のため（…）自発的意思に基づいて行うことを基本とするものであり、必要に応じ、自己に適した手段・方法は、これを自ら選んで、生涯を通じて行うもの」と記された。1986年の臨時教育審議会の答申では「生涯学習体系へ

1）生涯学習の概念自体は日本にもあった。井上円了は西洋のように学校教育終了後も自由に学問を学ぶことが重要との認識から、大学通信教育の先駆けといえる『哲学館講義録』を発行した。これは継続的学びの提唱であり実践であった。

2）「教育」と「学習」という用語の使い方については、歴史的に職業教育を政府主導で牽引したヨーロッパ各国は「教育」という用語を用い、成人による主体的学習の増加に大学等教育機関が応じて生涯学習が発展したアメリカは「学習」という用語を用いた、という見解もある。生涯学習の歴史を踏まえた考察は、天野（1979）、市川・天野（編）（1982）、岩崎（2020a）を参照されたい。

3）翻訳文献には、ラングラン（1979; 1989; 1990）がある。また、波多野（1990）は、ユネスコによる生涯教育の提唱後25年あまりの生涯教育の経過を、政治学、心理学、社会学、経済学を含む学術的観点から論じ、21世紀社会における「生涯教育の時代」の到来を見据えた教育の将来的展開を論じている。川野辺・山本（編著）（1999）は、生涯学習の概念、歴史、実践、カリキュラム、施設や支援、高齢者やジェンダーをめぐる課題など、1990年代の日本における生涯学習の在り方を網羅的に論じている。より最近の文献では、岩崎（2020a）が、生涯教育の理論、概念、発展の背景等について国内外の展開を近年の観点を含めて論じている。

の移行」が教育改革として提言され、それ以後学ぶ側の視点に立った「生涯学習」という用語が主流となる。更に1990年には中央教育審議会が「生涯学習の基盤整備について」答申を出し、これを受けて文部科学省に生涯学習局が設置された。

1-2　成人学習

　「成人学習」は Adult learning に対応する。この概念はアメリカの教育学者であるマルカム・ノールズ（Malcolm S. Knowles）が提唱した成人教育学を意味するアンドラゴギー（Andragogy）からはじまった（Knowles, 1984; ノールズ, 2002）。ノールズは、ギリシア語の「Andros（成人）」と「Agogos（指導）」の合成語であるアンドラゴギー（Andragogy）を、「子ども」と「指導」を意味するペダゴギー（Pedagogy）から区別し、自律性が高く職業や暮らしに近接する成人による学習へと教育の概念を広めた。教えて育てるという観点から、自ら学び習うという学習者の視点への変換であったことも注目すべきであろう（Knowles, 1973; ノールズ, 2013）。

　イギリスでも1980年代後半より Adult learners という言葉が用いられるようになり、より学習者の視点に即した議論が展開されるようになった（Brookfield, 1986）。Adult learners はアメリカでは「Nontraditional students（非伝統的学生）」と定義された。これは Traditional students（伝統的学生）の対義語である。伝統的学生とは、高校卒業後に直ぐに正規学生として両親等保護者の財政的支援を受けて就学している学生のことで、学期中は原則就労せず、就労するとしてもパートタイム労働に限られる。非伝統的学生とはこれ以外の学生となる[4]。

1-3　継続学習

　「継続学習」は Continuous/Continuing learning である。「継続教育（Continuous/Continuing education）」という名称は古く、例えばイギリスのケンブリッジ大学では1873年に Institute of Continuing Education を設立し、オックスフォード大学も1878年に Department for Continuing Education を設立した。近年、Continuous/Continuing education という用語は主にアメリカとカナダ

---

4 ）非伝統的学生の具体例は NCES（2002）に記載されている。

で用いられており、イギリスやアイルランドでは Further education がほぼ同義の用語として用いられている。

　時代や教育機関によって継続教育の実践形態とその内容は一様ではない。しかし、高校卒業後のすべての学習活動や課程及び教育プログラムが継続教育の対象となる。学生は学位取得コースで学ぶ者、学位取得対象外のキャリアトレーニングを受ける者、大学に入学するためのリメディアルプログラムで学ぶ者、企業との連携で行われる社員教育プログラムに参加する者など、多岐に及ぶ。伝統的大学教育の「Extension」として位置づけられることが多く、「延長的」あるいは「付加的」という表現には複雑な意味合いもある。有力大学では特に、継続教育と伝統的大学教育との間に明確な線引きがされている。難易度の高い入試や単位取得要件が課せられない一方で、付与される資格は正規の学位と明確に分離されている。むろん、編入の機会を設けている大学もあり、非正規学生として獲得した単位を正規課程での単位に組み入れることも可能である。

　加えて、アメリカでは Back to school という表現がある。一般的には休暇期間が終わって新学期にキャンパスに戻ることを指すが、一度就職した者が、大学等教育機関に戻って学び直す場合にも使われる。

1-4　リカレント学習

　リカレント学習（Recurrent learning）は成人が生涯、継続して、大学等教育機関で学びを重ねるという意味で、「学び直し」に最も対応する概念であり実践であろう。またリカレント学習は、生涯学習、継続学習、成人学習、Back to school のいずれとも重なる[5]。リカレント教育は、スウェーデンの経済学者ゴスタ・レーン（Gösta Rehn）が提唱し、1970年代には経済協力開発機構（OECD）が推進する生涯教育の一形態となった。就職してからも、生涯にわたって教育と他の諸活動（労働、余暇など）を交互に行うといった概念である（Centre for Educational Research and Innovation, 1973；出相, 2021；文部省大臣官房, 1974）。

5）岩崎（2020b）は、経済や雇用の状況によって変わる勤労者の教育と学習に関する施策の変遷をたどり、「学び直し」に至る経緯を社会の経済・文化・社会生活の構造的変化と照らし合わせて論じている。

　「リカレント」は、「縦の循環」と「横の循環」を含意している点が特徴的である。「縦の循環」は時間の流れに沿って、人生を構成する様々なイベントに学びを盛り込ませて循環させることである。一方でこの学びは一定の可視性を求める。日々の読書なども確かな学びにつながるが、OECD が提唱したリカレント学習は職業選択や雇用可能性につながる学びであった。日常的に行われる OJT（On the Job Training：企業内訓練）も対象外ではないものの、多くの場合、成人教育プログラム、資格取得プログラムなど、学位や資格につながる教育機関における学びを推奨する。この観点から、リカレントは労働の場と教育の場を往来する「横の循環」をなす。1980年代に入ると技術進歩が急速に進み、組織内だけでは対応することができない高度で継続的な学びの必要性が高まった。就労と教育の場の往来を繰り返し、循環して、自己の技能や雇用可能性を継続的に高めようとする教育と学習が一層求められるようになったのである。日本でも大学の社会人入学制度や科目履修生制度が設置されているのは、リカレント学習の受け皿を整備している現れであろう。

2 ｜「学び直し」の経済学理論と方策

　以下では、初めに「学び直し」がなぜ求められるかを説明する経済学理論を概説する。次いで、リカレント教育をめぐる動向と政策を概観する。

2-1　「学び直し」を説明する経済学理論

　「学び直し」を説明する経済学の理論には、（1）産業構造論、（2）ミクロ経済理論、（3）人的資本論がある。

2-1-1　産業構造論
　産業構造論は新しい「知」と「技術」を習得することの妥当性を説明する。1900年代の技術進歩は産業構造を大きく変えた。とりわけ1970年代の電算機器や E-mail の登場、1980年代のフラッシュメモリーや携帯電話の登場、そして1990年代のインターネットの普及は私たちの生活と働き方に大きな変化をもたらした。イノベーションがイノベーションを生み、技術革新の速度はますます速まる。特に学び直しを必要とさせたのは次の三つである。

- 経済のサービス化
- IT の普及
- グローバル化と「知識基盤経済・社会」

　経済社会の成熟と高度化とともに第三次産業が拡大する。商業・運輸通信業・金融業・公務・飲食業などの伝統的なサービス産業が生産のシェアを拡大し、次いで教育、情報、レジャー、医療などの分野で新たなサービスが生まれる。オンライン教育、AI による情報運用と活用、e-game、在宅医療等々がそれであり、私たちは新たなサービスが次々と誕生するのを目の当たりにしてきた。このようなサービスの発展を加速させたのが IT の普及であろう。情報技術の発展があればこそのオンライン教育であり、AI であり、遠隔ゲームであり、そしてオンライン診療を軸とする在宅医療である。情報技術の発展によって多くの情報を自由に入手できるようになり、入手した情報は新たな技術を生み出す。サービス業の限界生産性を押し上げているのは情報技術と言っても過言ではない。情報技術は世界を瞬時に結び、情報は知識の幅と深度を拡大し、グローバル化のなかの「知識基盤経済・社会」を形成した。知と技術は国境を越えて自由にそして瞬く間に移転し循環する。そして知識も技術も次々と更新されて、今日の知識や技術は明日には過去のものになり陳腐化の速度は速い。

　これら、経済のサービス化、IT の普及、グローバルな知識基盤経済・社会の進展は、従来の生産関数の構造に変化をもたらした。第 2 章で解説した生産関数を確認してほしい。生産を構成する要素は、資本の蓄積、人口あるいは労働力の増加、技術進歩等から得られる生産性の向上であった。サービス化、IT の普及、グローバルな知識基盤経済・社会によって、これら生産要素のなかの技術進歩が占める割合が上昇する。この技術進歩は、労働者の質的向上や資本活用の効率化等から得られる、かつて「残余」と捉えられた要因であり、有形無形の付加価値というかたちで表れる。そしてこれを押し上げるのが教育や訓練であることは、デニソンとボウマンの発見以来確かとなった（第 2 章参照）。更に、技術進歩の速度が速くなったことによって、人的資本から得られる付加価値は常に更新されなくてはならなくなった。こうして、日々更新される「知」と「技術」に対応できる継続的な学びが求められるようになったのである。

図表 10-1　職業需要供給の変動と賃金と就労者数

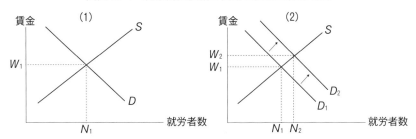

注：S：供給、D：需要、W：賃金、N：就労者数。

2-1-2　ミクロ経済理論

　ミクロ経済理論は、新しい「知」と「技術」を習得することの意味と妥当性を市場のメカニズムの観点から説明する。ここ30年間世界的に経済の自由化と市場化が進み、需要曲線、供給曲線、市場均衡等ミクロ経済学の基礎概念の適用性は高まった。資本主義国家ではとりわけ、需給原則を用いて個人、家計、組織等の経済主体の意思決定を判断することが日常的になっている。第5章では需要と供給の変動がもたらす賃金と労働者数の均衡について、弁護士の例を挙げて説明した。ここでは、教育とその効果を測る「物差し」として市場の機能を応用する。

　市場経済において情報が完全に共有されていれば、生産性と賃金は連動する。これによって物やサービスの価格は表出するが、その価格はインセンティブとなって私たちの意思決定を促す。特定の職業への需要と供給の変化が、教育や訓練の需要をどのように変えるかを考えてみよう。コンピュータープログラマーを例に挙げる。むろん、弁護士でも、医師でも、会計士でも、不動産鑑定士でも良い。その職業に就くために特別な教育あるいは訓練など「新たな学び」が必要な職業を想定してほしい。図表10-1では、縦軸がコンピュータープログラマーの賃金、横軸が就労者数である。「S」がサプライを表し供給曲線、「D」がディマンドを表し需要曲線である。供給曲線は労働市場におけるプログラマーの供給を表し、右肩上がりなのは賃金の上昇に伴いその仕事に就きたいという者が増えることを想定している。一方需要曲線は右肩下がりの傾斜を描く。採用の際にプログラマーに支払うべき賃金が高いと多くを雇い入れることができず、逆に賃金が安いほど、より多くを雇い入れることができる。左の

図が初期の時点だとして、供給曲線と需要曲線の交点においてプログラマーの賃金と就労者数が定まる。

　情報産業が盛んになりプログラマーの需要が増えると状況は右側の図に移動する。需要曲線が右斜め上へと押し上げられ、D_1からD_2へとシフトする。こでのプログラマーの賃金と就労者数はW_1、N_1からW_2、N_2へと変わり、賃金が上がりプログラマーの就労者も増える。

　このように労働市場で特定の職業の需給と報酬額が表出すると、それらの情報は教育や訓練を受けようとするインセンティブとなる。プログラマーは職業分類で「ソフトウェア開発技術者」、産業区分では「情報通信業」に属する。この職業に就くためには、専門学校等でプログラミングを学んでいたり、必須ではないものの、基本情報処理技術者等の資格を持っていたりすると有利である。よって、情報通信産業が活発になりソフトウェア開発業務が拡大すると、専門学校等でプログラミングを学ぶ者や情報処理技術に関する資格を取得しようとする者の数は増える。ここでは教育を舞台とする市場が登場する。図表10-1を援用し、プログラミング技能を身に付けるための費用を縦軸に、技能を身に付けようとする者の人数を横軸にとると、教育を需要する者と教育を供給する機関によって描かれる曲線の交点に、教育を受ける者の数と費用が定まる。この教育市場と先述の労働市場は連動することが想定され、連動の結果として、プログラマーの人数、賃金、教育量、教育費用等が定まる。換言すると市場は教育とその効果を測る「物差し」として機能する。

　むろん教育は準公共財の性質を帯びることから、市場の力学のみで需給や報酬が定まるわけではない。労働市場でプログラマーの需要が急増する一方で、需要が寡少となる職業があれば、ここに政府が介入する十分な理由がある。2020年以降新型コロナウィルス感染症が拡大したとき、飲食・小売業の求人倍率が激減する一方で、情報・通信業の求人倍率は急増した。このとき、人余りの飲食業などからITを中心とする人手不足の業種への労働移動を促すために、学び直しに対して国の支援が展開された。教育市場では人手不足の産業や職業に求められる技能訓練を拡充することが促され、労働市場ではそのような技能を獲得した人材を吸収することが期待された。

2-1-3　人的資本論

　人的資本論は市場と連動する人的資本の価値形成を説明する。具体的には、継続して学ぶことが経済市場でどのような意味を持つのかを実証する際に、理論的な枠組みとなる。学び直しは、学ぶ本人はもとより、学んだ者が属する社会に対してプラスの効果をもたらす。学んだ個人への効果に関する研究では、人的資本論は、（1）教育経験と所得との関係を明らかにする理論的枠組みを提示し、（2）一定の年齢まで賃金が上昇する理由を説明し、また、（3）教育年数と卒後の学習・訓練経験との関係を説明する。（1）については、第2章及び第3章で、人的資本論を用いて教育経験と所得との関係を明らかにする理論的枠組みと実証結果を紹介した。（2）については第5章で、生産性と賃金との関係及び特定の雇用契約が雇用の連続性と学習・訓練にどのような影響を与えるかについて説明をした。学び直しという観点から更に検討が必要なのは、（3）の卒後の学習・訓練経験が何によって規定されるかである。

　就職した者の訓練機会は、性別、年齢、企業の属性（産業、企業規模など）の影響を受けるが、人的資本論では教育経験に特に着目する。第5章の冒頭で、就学年数が長い者ほど平均所得が高い傾向にあること、教育年数の多い就労者の賃金は急速に上昇し学歴別賃金格差は年齢とともに拡大する傾向にあることなどを示した。このような賃金の上昇は、「学びが学びを生む」ことによって実現すると論じたのが、ミンサー（Jacob Mincer）と、マルコット（Dave E. Marcotte）であった。Mincer（1958）は学校教育経験と就職後の訓練及び獲得賃金との関係を考察した初期の論文である。就学年数が長い者ほど卒業後に訓練を受ける傾向にあることを示し、大学卒業者と高校卒業者の賃金格差の50％までが訓練の量によって説明され得るとし、就学経験が後々の賃金に長く影響を与えることを論じた。Marcotte（2000）はより最近のデータを用いて、カレッジ卒業者と高校卒業者の若年男子労働者における賃金格差の40％が卒業後の訓練によって説明され得るとした。これらの結果は、学校教育年齢においてより長く就学することの重要性を説くに留まらず、学齢期に大学まで進学することができなかった就労者にいかにして学び直しの機会を提供するのか、という議論につながった。大学生人口の33％が25歳以上の就労経験者であるアメリカの現状はこれを物語る[6]。

　アメリカで成人教育と継続教育において特に重要な役割を担っているのはコ

ミュニティーカレッジである。原則その地域（コミュニティー）の住民を対象に安い学費で、「より良い生活」を実現し得る様々な「パスウェイ」を提供する（Bailey, Jaggars & Jenkins, 2015）。そのパスウェイには、基幹となる二年制の準学士プログラムはもとより、特定技能を集中的に習得できる資格プログラムがあり、更に近年増えている二年制修了後に四年制大学への編入を可能とするプログラムがある。本来は職業技能を育成する応用技術分野が中心であったが、四年制大学の教養課程に位置づけられ得る学術的教科も充実してきている。コミュニティーカレッジは、補習的学習、循環的学習、高位学位進学など様々な「パスウェイ」における「学び直しの経済効果」を検証する格好の対象であり、研究の設計、方法、結果は、学び直しの効果研究の際に大いに参考となる[7]。

次いで、人的資本論が説明する学び直しの社会的効果について考えよう。第2章、第3章、第6章で説明した、教育の社会的効果がほぼそのまま学び直しの社会的効果にも当てはまる。つまり、これまで実証されてきた、（1）犯罪件数（犯罪率）などを減少させ治安を良好にする効果、（2）成人及び児童や幼児の死亡率を下げる効果、（3）健康管理（食事、衛生、病気・事故予防、疾病時の対処、喫煙や飲酒等の抑制）を向上させる効果、（4）子育て環境を良くし子どもの成績・品行・進路を善導する効果、（5）消費の質と量（消費の傾向、計画性、クーポンの利用等）を向上させる効果などは、学びを重ねることによってより強化されることが期待できる。更に、McMahon（1982）が教育の外部性として挙げた、（1）効果的な民主主義と民主的組織の形成に貢献する、（2）市場と技術変化への効果的な適応を可能とする、（3）犯罪率を下げ、刑罰制度の費用を減らす、（4）福祉、メディケイド、失業保険、公共医療の経費を下げる、（5）資本市場の欠陥、不完全性を補完する、（6）地域及び州

6）2019年、アメリカで高等教育機関に就学する者は19,999,916人でそのうち6,692,148人が25歳以上である（NCES, 2003-2019）。

7）実証研究では、コミュニティーカレッジの学位、修了証書、資格等の取得が所得に与える影響を分析した Jepsen, Troske & Coomes（2014）、コミュニティーカレッジを修了することの効果を10年以上経た後も含め、また景気後退の影響も勘案して検証した Minaya & Scott-Clayton（2022）他、盛んな研究が展開されている。以下のサイトはコミュニティーカレッジをめぐる研究を様々な課題や動向に即して、網羅的に掲載している。https://ccrc.tc.columbia.edu/our-research.html〈2021年10月1日閲覧〉

の公益事業を活性化する、（7）生産における補完性、相互性を有する、なども学校教育後も学びを重ねることによってより強化されるだろう（McMahon, 1998）。

このような論理を生涯教育やリカレント教育へと可視的につなげた主要プロジェクトに、欧州連合の高等教育圏構想で目標に掲げられた「社会的側面（Social dimension）」の重視がある。「社会的側面」の主要目的は、移民をはじめとする経済・社会的に不利な立場にある者たちに教育と訓練の機会を提供することと学び直しの奨励であった。欧州連合は経済戦略として人的資本政策を打ち出す一方、誰もが生涯にわたって学び続けることが欧州全体の公共利益につながるとの観測のもとに社会インフラの整備を進めた[8]。このような学び直しの社会的効果をめぐる姿勢は、その費用を誰が払うのか、という議論に直結する。社会的効果が大きければ大きいほど、外部効果が大きければ大きいほど、個人による負担だけでは学びの量は過少となる（第6章参照）。産業構造論が説明する学び直しの要求の箇所で述べたように、経済のサービス化、ITの普及をはじめとする急速な技術発展、グローバル化の進展によって、継続的学びの社会的効果がますます増大することは明白であり、それに伴う公財政による社会インフラの構築は一層重要となるだろう。

2-2 「学び直し」をめぐる世界的政策と動向

継続的学びの重要性が国際的に認知されたのは、1970年代に経済協力開発機構（OECD）がリカレント教育の概念を取り上げ、戦略的に生涯教育を促進しようと関係各国に呼び掛けた影響が大きい。その後欧州の経済主要国とアメリカを中心に生涯教育、成人教育、継続教育、リカレント教育等々名称は異なるものの、生涯にわたって学び続けるという政策と実践が推進された。しかし、日本を含む他の経済主要国に拡大したきっかけとなったのは、1999年にケルンで開催された主要8カ国サミットで締結されたケルン憲章「生涯学習の目的と希望」（G8 Cologne Charter: Aims and Ambitions for Lifelong Learning）であろう。以下に外務省のサイトに掲示されている同憲章の冒頭文と第1部：基本原則の記述の邦訳を抜粋する。

8）第1章の2-5項「知識基盤経済・社会」の進展に伴い欧州連合（EU）が進めた「ボローニャ・プロセス」の主要な活動として位置づけられている。政策の具体的内容や概念の整理は、BFUG（2015）、Wächter（2004）などを参照されたい。

ケルン憲章[9)]　―生涯学習の目的と希望―

　すべての国が直面する課題は、どのようにして、学習する社会となり、来世紀に必要とされる知識、技能、資格を市民が身につけることを確保するかである。経済や社会はますます知識に基づくものとなっている。教育と技能は、経済的成功、社会における責任、社会的一体感を実現するうえで不可欠である。来世紀は柔軟性と変化の世紀と定義されるであろう。すなわち、流動性への要請がかつてないほどに高まるだろう。今日、パスポートとチケットにより人々は世界中どこへでも旅することができる。将来には、流動性へのパスポートは、教育と生涯学習となるであろう。この流動性のためのパスポートは、すべての人々に提供されなければならない。

第1部：基本原則

　我々の社会的、経済的目標を達成するためには、生涯学習への投資に対する更なるコミットメントが必要となる。

- 政府による、あらゆるレベルでの教育及び訓練の向上のための投資
- 民間セクターによる、既存及び将来の労働者への訓練
- 個人による、自己の能力及び職務経験の開発

　人々への投資に対する見返りは、これまでになく大きいものであり、また、その必要性はこれまでになく高まっている。それは、雇用、経済成長、社会的・地域的不平等の縮小のための鍵である。来世紀に移行するにつれ、知識へのアクセスは収入と生活の質の決定要因として最も重要なものの一つとなるであろう。先進国も開発途上国も同様に、世界的により高度な水準の技能や知識から恩恵を受け得ることをグローバリゼーションは意味する。

　人々への更なる投資へのコミットメントは3つの原則によって支えられねばならない。

- 第一に、知的才能に恵まれた人や経済的に恵まれた人だけでなく、すべての人々が学習や訓練へのアクセスを持つべきであり、基礎教育は無料であるべきこと。障害者のニーズに対して特別な考慮が払われるべきこと。
- 第二に、すべての人々が、義務教育期間だけでなく、生涯を通じて学習を継続することを奨励しまた可能とすべきこと。
- 第三に、開発途上国は包括的で近代的かつ効率的な教育制度を確立するための援助を受けるべきであること。

　冒頭文では、知識基盤型経済・社会の進展を踏まえて、教育や訓練の経済効果、教育の社会効果、更に人の世界的流動性を指摘し、それらを手にするための「パスポート」が教育と生涯学習であると主張する。基本原則では、生涯学習に関する投資について述べられているが、政府、民間、個人によるコミットメントが必要であるとしている。第6章で、教育費用を負担する当事者を（1）教育・訓練を受ける個人あるいは親などの保護者、（2）企業・産業団体、（3）国、県、市町村などの公的機関の三つに大別したが、生涯教育においてもこれら三つのステークホルダーがすべて費用を負担すべきことを明示しており、その投資に対する「見返り」は雇用、経済成長、社会的・地域的不平等の縮小などのかたちで表れることを示唆している。

　「生涯学習（Lifelong learning）」という用語を用いているものの、知識や技能から得られる経済的恩恵が強調されている点にも注目したい。雇用可能性や職業能力向上のための学習促進に焦点があてられており、その点日本で近年推奨されているリカレント学習としての「学び直し」と対応する。事実、この頃欧州は経済力強化を念頭に置いた人的資本計画の実践へと大きく舵を切っている。第1章で言及したようにボローニャ・プロセスは、教育と訓練の包括的な目標は経済成長と雇用強化であるとする「リスボン戦略（2000）」の傘下に入り、高等教育改革のモデルとして世界中に大きなインパクトをもたらした（Adelman, 2009; 松塚, 2014）。一方で、「社会的側面」についても力強く言及されており、高度人材の育成により経済力強化を狙う一方で、社会的弱者の学ぶ機会を保証しようとの配慮も確かである。

2-3　日本での政策動向

　では、このようなイニシアティブが日本においてどのように導入されてきたかを政策の観点から振り返ろう。「学び直し」は2006年頃より、政府の経済・社会政策あるいは方針として明確にその必要性が打ち出されてきた。経済財政諮問会議の答申を受けて2006年に閣議決定された「経済財政運営と構造改革に関する基本方針2006」の第4章「安全・安心の確保と柔軟で多様な社会の実

9）当該外務省のサイトは次のとおり。https://www.mofa.go.jp/mofaj/gaiko/summit/cologne99/g8s_sg.html〈2022年3月4日閲覧〉

現」は第2節にある「再チャレンジ支援」で、「大学等における実践的な教育コースの開設等の支援、再就職等に資する学習機会を提供する仕組みの構築等、社会人の学び直しを可能とする取組を進める」こととしている。続く2007年にも「経済財政改革の基本方針2007～「美しい国」へのシナリオ～」は、第4章「持続的で安心できる社会の実現」第3節にある「少子化対策の推進・再チャレンジ支援」のなかで、「複線型社会の実現：高齢者・団塊世代の活躍の場や社会人の学び直しの機会の拡大、二地域居住やUJIターン[10]への支援等を推進する」と述べている。

　これらの基本方針は教育政策として落とし込まれ、2008年の文部科学省中央教育審議会の答申は「学び直し」に言及した。その答申「新しい時代を切り拓く生涯学習の振興方策について ～知の循環型社会の構築を目指して～」の第1部「今後の生涯学習の振興方策について」は、「多様な学習機会の提供及び再チャレンジが可能な環境の整備」として、「……生涯学習の理念の下、国民一人一人が生涯にわたって主体的に多様な選択を行いながら人生を設計していくことができるよう、いつでも『学び直し』や新たな学びへの挑戦、さらにはそれらにより得られた学習成果を生かすことが可能な環境整備を行うことが重要である」と述べている。この初期の段階で注目すべきは、「学び直し」の推進が「再チャレンジ」の支援として位置づけられていることである。学びを繰り返すというよりも、学びを取り返すもしくは今一度勉強し直すという補習的学習の意味合いがあったように受け止められる。

　その後、2013年になると「学び直し」は知識や技能を高度化する、継続的かつ循環的な方策として取り上げられていく。例えば2013年5月の教育再生実行会議の提言「これからの大学教育等の在り方について（第三次提言）」は、第4節で「大学等における社会人の学び直し機能を強化する」と題して、「学び直し」の複層的な効果を次のように指摘している。

　　知識基盤社会にあっては、社会人になってからも学習への意欲を持ち続

10）Uターン、Jターン、Iターンの三つの人口還流の総称。各ターンは以下のとおり。
　Uターン：地方から都市へ移住したあと、再び地方へ移住すること。
　Jターン：地方から大規模な都市へ移住したあと、地方近くの中規模な都市へ移住すること。
　Iターン：地方から都市へ、または都市から地方へ移住すること。

けることが重要です。また、学びによって多様な能力を伸ばし人生を豊かにするとともに、成長を支える高度な人材育成が可能となります。「大学＝18歳入学」という日本型モデルを打破し、大学・専門学校等において社会人が新たな能力を獲得するための学び直し機能を質・量ともに強化することが必要です。

　同年の６月に閣議決定された「経済財政運営と改革の基本方針～脱デフレ・経済再生～」では学び直しの経済的効果が強調される。例えば、第１章３節の「目指すべき経済社会の姿」のなかでは、「頑張るものが報われ、何度でも挑戦できる社会、やり直し・学び直しがきく社会」を目指すとし、第２章３節の「教育等を通じた能力・個性を発揮するための基盤強化」では、「企業ニーズに即した社会人の学び直し」などによって若者の活躍を推進すること、また「産業構造の変化に伴う学び直しの拡大や教育内容の見直し」を推進することなどが掲げられ、企業や産業の求めに応える継続的な学びの要求に重点が置かれている。その後も骨太の方針では毎年、中央教育審議会及び教育再生実行会議等においても繰り返し「学び直し」が推奨された。
　「リカレント教育」については、2017年の骨太の方針において具体的に言及された。その「経済財政運営と改革の基本方針 2017～人材への投資を通じた生産性向上～」は、第２章「成長と分配の好循環の拡大と中長期の発展に向けた重点課題」の第１節「働き方改革と人材投資を通じた生涯現役社会の実現」のなかで、人材投資・教育の一貫として「リカレント教育等の充実」を掲げた。以下はその抜粋である。

　　雇用吸収力や労働生産性の高い職業への転職・再就職を支援することは、国全体の労働参加率や生産性の向上につながる。また、企業を取り巻く経済社会環境の変化は加速し、　企業内だけで人材育成を行うことは、技術的にも資金的にも難しい状況になっている。このため、都道府県、大学、高等学校、公設試験研究機関、地元産業界等の参加等により地域人材育成を図る仕組みを構築する。更に、離職した女性の復職・再就職や社会人の学び直しなどを支援するため、受講しやすい講座の充実・多様化や教育訓練給付の対象の拡大等により、リカレント教育の充実を図る。また、

実践的な職業教育を行う専門職大学の創設、サービス産業の生産性向上を担う経営人材を育成するため、大学等における食分野、観光分野等（農業、デザイン、ファッション、ヘルスケア、IT・コンテンツ等の分野を含む）の実践的な専門教育プログラムの開発を促進するほか、キャリア教育の推進、高等学校における学校運営協議会制度（コミュニティ・スクール）の活用促進等を図る。

　女性を含めた社会人の転職、再就職における雇用可能性を高めるために、また企業内では調達できない技能形成のために、教育専門機関による企業外環境でのリカレント教育が有効であることが記されている。まさに労働市場や産業構造の変化に対応する経済・社会的投資としてリカレント教育が位置づけられたといえよう。ここにおける学び直しは産業構造論及び人的資本論によって裏づけられる実践であり、また、ケルン憲章で掲げられた生涯教育を推奨する理由とその期待効果にも対応する。また、専門職大学の創設や大学における実践的プログラム開発の促進など、リカレント教育の「場」について具体的な方向づけをしている点にも注目したい。2019年の骨太の方針では、更に具体的方策が打ち出され、リカレント教育のための社会インフラの構築が目指される。「経済財政運営と改革の基本方針2019〜『令和』新時代：『Society 5.0』への挑戦〜」第 2 章の「Society 5.0時代にふさわしい仕組みづくり[11]」の第 2 節「人づくり革命、働き方改革、所得向上策の推進」にリカレント教育は位置づけられ、以下のように記されている。

　　社会人・女性・高齢者等の多様なニーズに対応して大学や専修学校等のリカレント教育を拡大する。このため、大学・大学院等において、産業界との連携・接続を強化し、人文社会科学系も含めた幅広い分野の教育プロ

---

11) Society 5.0とは、サイバー空間（仮想空間）とフィジカル空間（現実空間）を高度に融合させたシステムにより、経済発展と社会的課題の解決を両立する、人間中心の社会（Society）。狩猟社会（Society 1.0）、農耕社会（Society 2.0）、工業社会（Society 3.0）、情報社会（Society 4.0）に続く、新たな社会を指すもので、第 5 期科学技術基本計画において我が国が目指すべき未来社会の姿として初めて提唱された。次の内閣府専用サイトより。https://www8.cao.go.jp/cstp/society5_0/〈2021年10月閲覧〉

グラムを構築し、社会人が学び直す機会を拡充するとともに、戦略的な広報の実施等により、2019年10月から拡充される教育訓練給付の活用を進め、３年以内に教育訓練給付受給者の倍増を目指す。

　様々な成人層の多様なニーズに対応できるよう、大学・大学院等の教育専門機関で幅広いプログラムを提供し学び直しの機会を拡充すべきとされ、これまでの指針の流れを汲みつつ、学び直しの裾野をより広げようとする意向がうかがわれる。注目したいのは、教育訓練給付について期限付きで目標値を設定していることであり、これは学び直しの社会的効果を認め、公的資金を積極的に投入する意志を示したものと受け止められる。

　一連の骨太の方針は、文部科学省、厚生労働省、経済産業省等関係省庁の連携によって具体的な実践へと移されている。「誰もがいくつになっても学び直し、活躍することができる社会の実現に向けて、関係省庁が連携してリカレント教育を一層推進するとともに、転職や復職、起業などを円滑に成し遂げられる社会を構築していく必要性」が認識され、経済力強化に向けた労働市場と教育基盤との連携を通して、「個人のキャリアアップ・キャリアチェンジ、企業の競争力向上に資するリカレントプログラムの開発・展開を促進」する取り組みが進んでいる（文部科学省，2020）。

3 労働市場の構造的変化と「学び直し」のゆくえ

　学び直しをめぐるOECDの指針及び日本の政策・実践を概観すると、学び直しを求める背後には、産業構造、人的資本論、ミクロ経済理論等が説明する力学に加えて、日本特有の現代的課題が見えてくる。それは、骨太の方針や文部科学省等関係省庁の指摘にもある、転職、復職、起業等労働市場の流動化を支える仕組みと、大学等教育機関の学び直しに対応する体制である。以下では、まず労働市場の流動化の現状とそれを支える仕組みについて考察したい。次いで、大学等教育機関等における学び直しの現状とこれを促進する方策について考えたい。

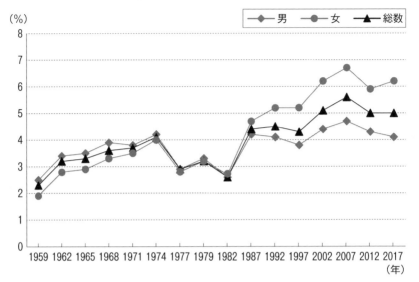

図表 10-2　男女別転職率の推移

出所：総務省『就業構造基本調査』「時系列統計表　第17表　男女、年齢別転職者数（昭和34年〜平成29年）」
をもとに集計・作成。https://www.stat.go.jp/data/shugyou/2017/index.html〈2021年9月1日閲
覧〉

3-1　労働市場の流動化

　図表10-2は、1959年から2017年までの転職率の推移を示す。長期的な傾向を
見ると明らかに日本の転職率は男女ともに上昇している。1959年に2.3％であ
った転職率（総数）は2017年には5.0％と2倍以上に増えた。女性の転職率の
上昇が特に著しく、1959年の1.9％から2017年には6.2％に上昇している。1970
年代の半ばから1980年代にかけて大きく低下したのは、高度経済成長期におい
て、国内企業の多くが長期雇用慣行を基本においた企業行動を堅持したこと
と、新規学卒者と転職入職者の入職寄与が大きく低下したことが理由と捉えら
れている（厚生労働省, 2011）。

　第5章で述べたように、転職の増加は企業内訓練の在り方を変える。ゲイリ
ー・ベッカーの技能と賃金と雇用期間を説明するモデルを思い起こしてほし
い。転職の可能性が高まると、企業は社員の教育や訓練の費用を負担しにくく
なる。その企業内でのみ有用な教育や訓練に対しては社員も費用を負担するの

が難しくなる（Becker, 1962）。このことは年功に伴う賃金の上昇率を低下させることとなり、これによって転職の可能性はますます高くなる。このような展開は、技術革新や国際競争の激化、求められる技能の急速な変化などと相互に関係し、加速する。2020年代より日本で盛んに議論されるようになった、「メンバー型雇用」から「ジョブ型雇用」への転換は、まさにこの流れのなかで起こっている。

　実際、経済界はこの流れに具体的に対応している。経済団体連合会は大手企業の採用面接解禁日などを定めた指針を、2021年春入社の学生から適用しないこととした（2018年10月決定）。横並びの新卒一括採用を支えていたルールを無くして通年採用を拡大し、応募者の多様化と柔軟な採用・審査方法を導入する意向を示した。更に、2019年4月には、経団連と国公私立大学のトップからなる「採用と大学教育の未来に関する産学協議会」が、「中間とりまとめ共同宣言」のなかで、「従来の新卒一括採用・終身雇用制度の限界が顕在化し、求める人材が多様化するなか、採用のあり方を再検討する必要がある。学生にも『就社』ではなく『就職』の意識が必要」であると明言している。

3-2　「学び直し」のための資源：情報と場所

　産業構造の変化、技術革新、多様な人材ニーズは、企業側に柔軟な雇用制度と採用体制を求め、労働者には絶え間無い学びと、市場のニーズに応じて職場を変えるなどの柔軟性を求める。まさに、本書の冒頭「はじめに」で紹介したシュルツの「変化に対応するちから」であり、変化に対応するための情報収集と情報を活用するための教育のちからが問われる。

3-2-1　情報[12]

　仕事を変える際に必要なのは、仕事が途絶えたときにも生活を維持させ得る資金と次の仕事を得るための情報である。仕事を中断することなく次の職場に移れるのであれば、前者の資金は不要である。したがって、就労の間に必要に応じて情報を収集できる情報源は重要なリソースであり、その情報は学び直しの指南役にもなる。

12）以下は、松塚（2019b）から一部抜粋し加筆修正したものである。

図表 10-3　職業展望：アメリカの例

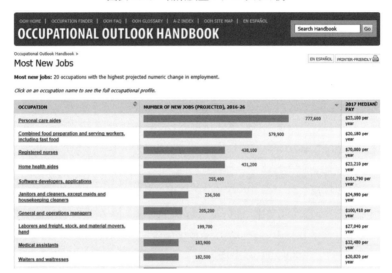

出所：https://shigoto.mhlw.go.jp/User/〈2020年2月1日閲覧〉

　転職が盛んな欧米各国では、政府も民間も職業の展望や職業別に求められる技能や知識に関する情報提供を盛んに行っている。転職が盛んな労働環境のもとで雇用主と労働者双方が提供する情報が蓄積され、双方のニーズと関心に応じて情報を収集、選別、判断できるよう様々な工夫がなされている。日本においても経済界が学生に対して、「就社」ではなく「就職」の意識を求めていることを鑑みると、今後は「会社情報」に加えて「職業レヴェル」の情報の重要性が増すだろう。

　欧米各国の代表的な情報提供ポータルとして、アメリカ合衆国労働省が主宰する Occupational Outlook（職業展望）、イギリスのキャリアサービスが提供する Job Profiles（職業プロファイル）、ドイツ連邦雇用庁が主宰する BerufeNet: BERUFENET - Berufsinformationen einfach finden（専門職情報ネット）、フランス雇用局が提供する ROME: Répertoire Opérationnel des Métiers et des Emplois（職業雇用実用リスト）などが挙げられよう。図表10-3は、アメリカの Occupational Outlook のサイトで、10年間に雇用件数が伸びる職業とその賃金を掲載している。Occupational Outlook のなかから、例えば経済学分野の職業について調べる場合は以下の段取りとなる。Occupational Outlook

図表 10-4　日本の O-NET

出所：https://shigoto.mhlw.go.jp/User〈2021年 7 月15日閲覧〉

の専門分野別フロントページにはまず各職業の概要が記されており、エコノミストの賃金水準、必要な学歴、OJT の必要性、国内雇用数、10年間の雇用数の変化と変化率が示されている。そのうえでより詳細な情報へとアクセスを展開する構造となっており、「職務内容」「仕事環境」「資格取得方法」「賃金情報」「職業の展望」「州・自治体別情報」「類似した職業」「その他の情報」と分岐し、それぞれの項目について詳細な情報とデータを入手することができる。

　「その他の情報」からは O-NET の経済学分野の情報に直接リンクできるようになっており、更に詳細な職業情報を入手することができる。ここでは、仕事内容の詳細に加えてどのような技能、知識、能力が必要であり、それらを習得するためにどのような教育や訓練を受ければ良いのか知ることができる。このようなサイト運営は民間の手によるものも多い。民間の場合は、例えば IT系、管理職系、専門職系というようにターゲットを絞っている場合が多いが、政府主宰の場合はより網羅的である一方でニッチの市場にまでは手が届かない面もある。政府側の趣旨は、労働市場における現在と将来的な人材需要をできるだけ明らかにして、効果的な人的資源配分を行うことにある。同時に社会に向け今後成長するであろう産業、職種、専門分野について迅速な情報提供を行うことにより、社会的インフラの機能向上を目指すものである。

　O-NET については厚生労働省が2020年の春に日本版 O-NET を設置した点に特に注目されたい（図表10-4）。ここには各職業及び職種の仕事内容に加え、

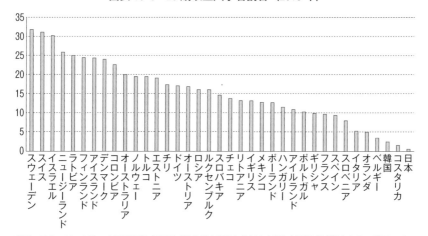

図表 10-5　25 歳以上入学者割合（2018 年）

出所：日本のデータは、文部科学省（2018）『学校基本調査』「表14 大学年齢別入学者数」から、他国のデータは、OECDStat: Level of education; Bachelor's or equivalent level (ISCED2011 level 6). Category of education; All educational programs. Year; 2018〈2021年8月1日閲覧〉から入手し作成。

必要な技能、知識、能力とこれらを習得するための教育や訓練方法が示されている。ここから更に賃金や公募等の情報へとつながり、就職のための分野別総合支援サイトの構築を目指している。

3-2-2　学び直しをめぐる日本の現状

　学び直しの場として、大学、大学院、専門学校などの教育専門機関の役割が期待されている。他の先進諸国と比べて日本では高等教育で学ぶ成人の就学者は極めて少ない。図表10-5は OECD を中心とした主要国において、25歳以上で大学（学士課程）に在籍している者の割合である。同じ基準でデータが入手できた国のなかで、最も割合の高い国はスウェーデンで、31.94％、日本は0.58％である。日本では先に触れた「伝統的学生」が圧倒的な割合を占めていることがわかる。一旦就職したら大学で学び直す者はほとんどいないのである。これをもって日本で成人の学び直しが行われていないということではもちろんない。長く続いた日本の長期雇用の慣行では、訓練は主に職場で行われていた。第5章で述べたとおり、企業特殊型訓練をはじめとする職場内訓練と年功賃金と継続雇用つまり転職の低さは日本型雇用の最大の特徴であったといっ

ていいだろう。しかしながら、1990年代に入り転職率は確実に上昇し、一定の
職場に依拠しない技能形成が求められるなか、企業外での学び直しは進まな
い。例えば原（2007）は、日本労働研究機構（編）『能力開発基本調査報告書』
をもとに、1987年に計画的な企業内訓練を行っている事業所が74.2％あったの
に対し、1998年には30％以下に減少していることを指摘している。このような
状況はどのように説明されるのだろうか。

　東京大学大学院教育学研究科 大学経営・政策研究センター（2010）は学士
課程を卒業した社会人に対して、大学院での修学について尋ねる調査を行っ
た。「修士課程」、「博士課程」、「専門職大学院」、「修士未満の資格を与える講
習等」それぞれでの修学に「関心があるか」、「機会があれば修学したいか」、
「興味はないか」を尋ねたところ、修士課程については、学ぶことに関心があ
ると答えた者は33.7％、機会があれば修学したいと答えた者は14.8％、博士課
程については関心があると答えた者は29.5％、機会があれば修学したいと答え
た者は9.7％、専門職大学院については、関心があると答えた者は33.2％、機
会があれば学びたいと答えた者が10.5％、修士未満の資格を与える講習等につ
いては関心があると答えた者は33.1％、機会があれば学びたいと答えた者は
10.2％であった。関心があると答えた者と機会があれば学びたいと答えた者を
合わせて過半数に満たないものの、一定数の関心が学び直しに向けられている
ことは確かである。

　では、なぜ大学で学ばないのか、という問いを就学への関心が最も高かった
修士課程を対象に尋ねたところ、「勤務時間が長くて十分な時間がない」こと
が決定的な障害であると答えた者は54.1％、ある程度の障害であると答えた者
が31.6％、「費用が高すぎる」ことが決定的な障害である答えた者が52.4％、
ある程度の障害であると答えた者が35.4％、「職場の理解を得られない」こと
が決定的な障害であると答えた者は31.8％、ある程度の障害であると答えた者
が39.7％、「処遇の面で評価されない」ことが決定的な理由であると答えた者
が23.7％、ある程度の障害であると答えた者が42.5％、「自分の要求に適合し
た教育課程がない」を決定的な障害であると答えた者は14.0％、ある程度の障
害と答えた者が42.3％、であった。

　より最近の文部科学省の「先導的大学改革推進委託事業」で行った調査でも
同様の結果が得られている。学び直しを経験したことのない者に対して、阻害

要因を尋ねたところ、「費用が高すぎる」が37.7%、「勤務時間が長くて十分な時間がない」が22.5%、「関心がないあるいは必要がない」が22.2%、「自分の要求に適合した教育課程がない」ことと「受講場所が遠いこと」がいずれも11.1%であった（イノベーション・デザイン＆テクノロジーズ株式会社, 2016）。

　時間が無いことと、費用が高すぎること、つまり時間とお金の問題が最も大きな阻害要因であることがわかる。職場の理解が得られないことと、処遇の面で評価されないという要因は、職場外での学びに対する雇用主側の姿勢がうかがわれる問題と捉えられる。「職場の理解が得られない」ことが阻害要因と答えた者は6.9%、「処遇の面で評価されない」ことが阻害要因と答えた者は3.9%と、時間と費用の問題と比較すると多くはないものの、見過ごせる数字ではない。「自分の要求に適合した教育課程がない」ことが阻害要因と答えた者は11.1%であったが、これも看過できない反応である。

　上記の結果に基づくと、企業が社員に時間を与え費用を負担（または政府が費用を援助）し、職場が社員の学び直しを歓迎するとともに処遇面でも評価すること、更に大学等教育機関が就労者のニーズに即した教育を提供することで、学び直しは相当程度促進されそうである。

3-2-3　大学ができること

　上記の調査で、学び直しを阻害する大学等の要因として、就労者の要求に適合した教育課程が無いことが選択肢にあった。この仮説は学び直しにおいて期待されている大学の役割を象徴している。おそらく、学ぶ個々人だけでなく、企業や社会の求めに応じた教育課程やプログラムを新たに立ち上げたり、既存のカリキュラムやプログラムを就労者や企業のニーズに合わせて再設計したりすることが促されているのだろう。実際、先述の「経済財政運営と改革の基本方針2018」は、第2章で「力強い経済成長の実現に向けた重点的な取組」として、「人づくり革命の実現と拡大」を挙げ、大学に対して「時代のニーズ、地域のニーズ、産業界のニーズに合った教育機関へと変革するため、国公私立問わず、大学改革を進める」とし、教育分野の具体的課題として、「社会の現実のニーズに対応したカリキュラム編成」、「学生が身に付けた能力・付加価値の見える化」、「リカレント教育を大幅に拡充」することを求めている。

　確かに就労者や企業などの求めに応じることによって大学で学ぶ成人が増えることは好ましいことである。職場で可視的に生産性を上げる専門的技能を向上させることは個々人の雇用可能性を向上させることからリカレント学習の大きな目的でもある。一方で、就労者や企業が意識的に学びたいというカリキュラムやプログラムが、大学が提供できるすべてではない。事実、欧州やアメリカの学び直しの実態を具体的に見ると、実用的な教育がかならずしも優先されているわけではない。例えば、歴史、哲学、文化への造詣に基づく知的な思考力や表現能力、地球規模の視野で人間や社会を考え多面的な観点から物事を捉え判断するちから、社会規範意識や倫理性、芸術や自然への理解など、教養性の高い学びを繰り返すことも同等に尊重されている。いわば、大学のすべての提供科目が学び直しの対象なのである。

　このことを踏まえて、大学等教育機関が学び直しのために何ができるかを考えるなら、まず既存の課程、プログラム、科目の具体的情報を社会に対して公開・発信することであろう。これによって学習希望者は、特定の課程やプログラムで何が学べるかを具体的に知ることができ、その情報は学びへのインセンティブとなる。そして学んだ後は、何を学び何ができるようになったかを雇用主に示すことができるために雇用可能性を高めることが期待できる。欧州連合が「学び続ける社会（Learning community）」の形成と、人の流動性と雇用可能性の向上とを連動させようとしたのは、まさにこのような仕組みを目指した表れであった。

3-2-4　「何を教えるか」から「何ができるか」への転換[14]
　「欧州高等教育圏」の設立を目指す「ボローニャ・プロセス」では、大学教育強化の主要手段として「Learning outcomes」、つまり学習成果を定めそれへの到達を目指してカリキュラムや教育内容を組み立てることが奨励された。ここでいうアウトカムとは、教育の成果としての学業成績の向上、卒業学生数の増加や卒業後の進路の確定、更には雇用や所得の上昇であり、学生や卒業生にもたらされる学習の効果を検証しつつ大学教育を改善しようとするアプローチであった。このこと自体も多くの議論が展開されているが、ここで注目したい

14）以下は、松塚（2019a）から一部抜粋し加筆修正したものである。

のは、「Teaching outcome」ではなく「Learning outcome」でなければならないことである。教育の現場において、「何をどのように教えるか」が評価の対象となるのではなく、学習者が「何を学習し、何ができるようになったか」に観点が転じた。そうすると、「何」に相当する技能の説明と「できるようになった」ことを確認する判断基準が必要になる。

　まず「何」に相当する技能の説明については、国際的に展開された例としてSCANS 及び DeSeCo が知られる。SCANS（Secretary's Commission on Achieving Necessary Skills：必要な技能を獲得するための労働省長官委員会）はアメリカにおいて1991年にジョージ・ブッシュ政権のもとに設置され、産業構造がいかに変化しようとも必要な職業能力を「基礎力」とし、五つのコンピテンシーと三つの基本スキルを定めた。DeSeCo（Definition and Selection of Competencies: Theoretical and Conceptual Foundations: コンピテンシーの定義と選択：その理論的・概念的基礎）は1997年に OECD が組織したプロジェクトであり、終了時の2003年には、「人生を成功させ、正常に機能する社会を実現するため」として、三つのキーコンピテンシーを定めた。これらの経験は世界的に継承されており、むろん日本も例外ではない。例えば経済産業省は2006年に職場や地域社会で活躍をするうえで必要になる能力として「社会人基礎力」を定めている。大学教育の分野に焦点をあてると、学士号を取得する者が卒業時に身に付けておくべき能力として文部科学省の中央教育審議会が2008年に定義した「学士力」が挙げられよう。「知識・理解」「汎用的能力」「態度・志向性」「総合的な学習経験と創造的思考力」のそれぞれについて、これらのちからを構成する能力や技能が定義されている。

　大学において獲得するべきコンピテンスを具体的に定義しようとする試みはその後も活発に行われ、昨今は学術分野別に学部や教員主導で進める段階に入ってきた。1990年中盤からアメリカを中心に広まった学習達成度評価のために活用される Rubrics の普及や、1999年以降ボローニャ・プロセスとともに展開されている、学術分野別に参照基準を作成するチューニングが具体例である。チューニングでは、課程修了時に何ができるようになったかが、専門分野別に細分化され、更には科目あるいは取得単位別に落とし込まれて説明できるよう奨励される。つまり個々の授業単位で具体的なコンピテンスが定義され、それを得た結果として学生には単位が授与される。かくして「何ができるようにな

ったか」が明示的になり、このことは「経済財政運営と改革の基本方針2018」で大学に求められている「学生が身に付けた能力・付加価値の見える化」の要求と呼応する。

3-2-5 転職に不可欠な「何ができるか」情報

　このような「学生が身に付けた能力・付加価値の見える化」は、労働市場の流動化に伴う転職、急速な技術革新や長寿化に伴う学び直し、特にリカレント教育の求めと連動する。実際、欧州の高等教育圏構想においてコンピテンス定義の作成・共有を進めたのは、学生や就労者の流動性を活発にするとともに、「学び続ける」社会を通して圏内の経済力の強化を見込んだからであった。「何ができるか」の可視化が流動性を高めるのは、可視化によって学習の達成度を確認しながら単位の互換性を確保することができるからである。例えば欧州では先述のボローニャ・プロセスの一環として、履修したすべての科目についてディプロマ・サプリメントという学習内容の詳述書を大学から学生に付与しなければならない。これをもって学生は自身が学んだ内容を携えて大学や国を移動する。ディプロマ・サプリメントに記された情報は単位互換の根拠資料になる。また、留学においても学位を短期間で獲得したい学生や課程を系統立てて学びたい学生は、留学先で「何ができるか」の情報を前もって入手することにより、大学間の互換性を確認しながら効果的な学習に臨むことができる。

　このメカニズムは転職においても生涯学習においても同様に機能する。例えば、欧州では大学の正規課程履修においてのみならず、大学外の資格等取得においても、その資格で何ができるのかについて詳述することを奨励している。このような情報をもって転職する者は雇用主側により正確な情報を提供できるため、効果的な転職が進むとされる。もっとも、自己の学習歴や就業歴の説明が十分では無い者の転職は困難になることを暗示しており、流動層と停滞層の格差が深まると懸念される所以でもある。

　学習成果の見える化の学び直しへの効用は特に高いと思われる。大学での学習から就職、学び直しを経てより条件の良い職場への転籍というように上位へのモビリティーを目指す者にとって、「何を学んだか」の可視化は良質かつ速度の速いモビリティーをもたらす。更に、「何を学んだか」の記録が残ることによって、大学を修了できなかった者は就職後も大学に戻りやすくなり、同一

科目の重複履修を避けるなどの効用もある。つまり、「何を学んだかの可視化」
は学びを系統立てて組み立てていくことを可能とし、学び直しを容易にし、正
課高等教育を終えていない者も技能を身に付けやすくなり、それを就職に活用
できるなどの効果を有する。

....
＊本章には、日本学術振興会科学研究費（20H00097）並びに（17H02678）、外国人
研究者招へい事業（S19137）並びに（S17014）の助成を受けて行われた研究の成果
が含まれます。

参照文献

Adelman, C.（2009）*The Bologna Process for U. S. Eyes: Re-learning Higher Education in the Age of Convergence.* Washington D.C.: Institute for Higher Education Policy.

Bailey, T. R., Jaggars, S. S. & Jenkins, D.（2015）*Redesigning America's Community Colleges: A Clearer Path to Student Success.* Harvard University Press.

Becker, G. S.（1962）Investment in Human Capital: A Theoretical Analysis. *Journal of Political Economy,* 70(5), pp.9-49.

BFUG（Bologna follow up group）（2015）*Report of the 2012-2015 BFUG Working Group on the Social Dimension and Lifelong Learnings to the BFUG.* Bologna follow up group secretariat.

Brookfield, S. D.（1986）*Understanding and Facilitating Adult Learning.* Buckingham: Open University Press.

Centre for Educational Research and Innovation（1973）*Recurrent Education: A Strategy for Lifelong Learning.* OECD.

Jepsen, C., Troske, K. & Coomes, P.（2014）The Labour-Market Returns to Community College Degrees, Diplomas, and Certificate. *Journal of Labor Economics,* 32(1), pp.95-121.

Knowles, M. S.（1973）*The Adult Learner: A Neglected Species.* Huston, TX: Gulf Publishing.

Knowles, M. S.（1984）*Andragogy in Action: Applying Modern Principles of Adult Learning.* San Francisco: Jossey-Bass.

Marcotte, D. E.（2000）Continuing Education, Job Training and the Growth of Earnings Inequality. *Industrial and Labor Relations Review,* 53(4), pp.602-623.

McMahon, W. W.（1982）*Externalities in Education. Faculty Working Paper,* 877. College of Commerce and Business Administration, Bureau of Economic and Business Research, University of Illinois at Urbana-Champaign.

McMahon, W.（1998）Conceptual Framework for the Analysis of the Social

Benefits of Lifelong Learning. *Education Economics,* 6(3), pp.309-346.

Minaya, V. & Scott-Clayton, J.（2022）Labor Market Trajectories for Community College Graduates: How Returns to Certificates and Associate's Degrees Evolve Over Time. *Education Finance and Policy,* 17(1), pp.53-80.

Mincer, J.（1958）Investment in Human Capital and Personal Income Distribution. *Journal of Political Economcy,* 66(4), pp.281-302.

NCES（National Center for Education Statistics）（2002）*Nontraditional Undergraduates.* U.S. Department of Education.

NCES（National Center for Education Statistics）（2003-2019）Integrated Postsecondary Education Data System（IPEDS）, Fall Enrollment Component Final Data. U.S. Department of Education, National Center for Education Statistics.

Wächter, B.（2004）The Bologna Process: Developments and Prospects. *European Journal of Education,* 39(3), pp.265-273.

天野郁夫（1979）「生涯学習とリカレント教育」著：市川昭午、潮木守一『学習社会への道』（教育学講座第21巻）学習研究社。

市川昭午、天野郁夫（編）（1982）『生涯学習の時代──激動の現代を生き抜くために』有斐閣。

イノベーション・デザイン & テクノロジーズ株式会社（2016）『社会人の大学等における学び直しの実態把握に関する調査研究』先導的大学改革推進委託事業調査研究報告書、文部科学省。

岩崎久美子（2020a）「"生涯教育"研究の射程」『日本生涯教育学会年報』No.41、pp.115-131。

岩崎久美子（2020b）「"学び直し"に至る施策の変遷」『日本労働研究雑誌』No.721、pp.4-14。

川野辺敏、山本慶裕（編著）（1999）『生涯学習論』福村出版。

厚生労働省（2011）『平成23年版 労働経済の分析──世代ごとにみた働き方と雇用管理の動向』第3章 雇用管理の動向と勤労者生活。

出相泰裕（2021）「OECDのリカレント教育の理念と今日の日本におけるリカレント教育の意味」『UEJ ジャーナル』第36号、pp.1-19。

東京大学大学院教育学研究科 大学経営・政策研究センター（2010）『大学教育に関する職業人調査』第1次報告書、第2部第3章、pp.144-183。

ノールズ, マルカム・S.（著）、堀薫夫、三輪健二（訳）（2002）『成人教育の現代的実践──ペダゴジーからアンドラゴジーへ』鳳書房。

ノールズ, マルカム・S.（著）、堀薫夫、三輪健二（訳）（2013）『成人学習者とは何か──見過ごされてきた人たち』鳳書房。

波多野完治（1990）『生涯教育論』波多野完治全集11巻、小学館。

原ひろみ（2007）「日本企業の能力開発──70年代前半〜2000年代前半の経験から」『日本労働研究雑誌』No.563、pp.84-100.

松塚ゆかり（2014）「ヨーロッパの高等教育政策」編著：大芝亮『ヨーロッパがつく

る国際秩序』pp.173-196、ミネルヴァ書房。

松塚ゆかり（2019a）「企業が大卒に求める資質と技能——雇用市場の流動化により何が変わるか」『経済セミナー』No.708、pp.65-72。

松塚ゆかり（2019b）「企業が大卒に求める資質と技能——人材の国際流動化時代における高等教育の課題」『経済セミナー』No.709、pp.48-55。

文部科学省（2020）「文部科学省におけるリカレント教育の取組について」資料2-2。

文部省大臣官房（1974）「リカレント教育——生涯学習のための戦略」編：文部省『教育調査』第88集。

ラングラン, ポール（著）、波多野完治（訳）（1979）「生涯教育について」著：持田栄、森隆夫、編：諸岡和房『生涯教育辞典』ぎょうせい。

ラングラン, ポール（著）、波多野完治（訳）（1989）『生涯教育入門』第2部（3版）全日本社会教育連合会。

ラングラン, ポール（著）、波多野完治（訳）（1990）『生涯教育入門』第1部（2版）全日本社会教育連合会。

第 11 章

教育の国際化

　1990年代になると教育の国際化が急速に進んだ。「教育の国際化」をかたち
づくる事象は多岐にわたるが、留学は教育国際化の最大の表れといえよう。国
外での就学経験を有する者ほど海外で就労する機会を得やすく、そのうちの多
くが高技能移民となり移動先に実質的な経済効果をもたらす。教育＋留学は私
的・社会的効果を伴い、留学した者にのみならず、周辺社会にも恩恵をもたら
し得る。「教育の国際化」は学生や研究者が「物理的」に国家間を移動するこ
とに留まらない。遠隔通信を用いたオンライン教育は地域間の垣根が低く、知
識や情報の移動を即座に可能とする。これにより学術や技術の交流はますます
深化し、知や技術を求める欲求も機会も拡大する。このように変容する教育の
「場」、「方法」、「機会」の経済的社会的影響を明らかにすることは教育経済学
の現代的使命である。本章ではまず、高等教育をめぐる学生移動に焦点をあて
て、教育国際化の現状と推移、その背後にある要因を検討する。MOOCs
（Massive Open Online Courses）をはじめとするオンライン教育の実践につい
ても触れたい。次いで、学生と就労者の「自己選択」による人の移動を説明す
る経済学理論を紹介し、教育の場で人が国際的に移動することがいかなる経済
的意味を有しているのかを探る。最後に、留学移動の経済効果を実証的に研究
した事例と成果を紹介したい。

1 教育の国際化の現状：留学生数に焦点をあてて

「教育の国際化」といってもその定義について一定の理解が共有されているわけではないが、教育の国際化をかたちづくる事象には、留学など学生の国際的学習の場や研究者の国際研究交流の拡大、海外分校の設置・運営、カリキュラムの国際通用性の向上、教育と研究のための国際連携などがある[1]。教育は初等中等など学年が下位であるほど特定の地域に根差し、学年が上がるほど地域的移動性や交流の幅が広くなる。むろん初等中等教育の段階でも教育の国際化は重要課題であり、英語の授業の必修化など日々、政策、実践ともに進行している。しかし、学生の国際交流は高等教育の場で最も活発であり、とりわけ留学は大学教育の国際化の最大の表れであろう。国内で受け入れる外国人学生、海外へと送り出す日本人学生ともに教育国際化の代表的な結果であり指標である。よって、本節では留学生（より具体的には高等教育における外国人学生）に注目して教育の国際化を教育経済学の観点から考察する。

1-1 世界の状況

図表11-1は、世界の外国人学生数の1998年から2018年までの推移を送り出し地域別に示している。自国外で学ぶ大学生はこの20年強の間に急速に増加したことがわかる。世界全体では1998年から2008年までの間に70.3%、2008年から2018年までに67.7%増加している。数の規模で見ると、東アジア・太平洋地域からの送り出しが直近の2018年で1,522,949人と世界の3割近くを占めている。増加率が高いのは、1998年から2008年にかけては中央アジア、中南米、西

1）Mihut, Altbach & de Wit（eds.）（2017）は、高等教育を中心に、教育の国際化の定義と概念、世界的動向と地域的事例及び課題等を包括的に記している。de Wit et al.（eds.）（2017）は、高等教育の国際化をめぐる政策や具体的事例及び地域独自の課題を国別に掘り下げている。邦文の書籍では、米澤（2018）が高等教育の国際化について、大学の政策及び経営両方の観点から論じ、米澤・嶋内・吉田（編著）（2022）は、学士課程が学生の視野を国際的に転換させる場であることに着目し、グローバル化をめぐる世界の経験と日本の位置づけを明らかにしている。塚原（2008）は高等教育の市場化と同時進行する国際化の世界的動向と日本の向かうべき方向を示唆し、広田ほか（編）（2013）は、グローバリゼーションが大学に課した課題と対応を大学と社会との関係という切り口で論じている。

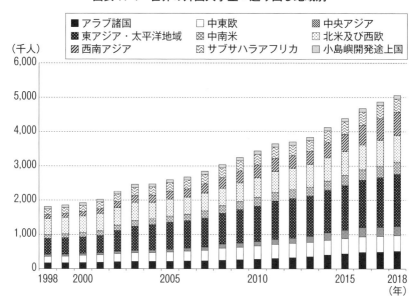

図表 11-1　世界の外国人学生：送り出し地域別

凡例：
- ■ アラブ諸国
- □ 中東欧
- ▨ 中央アジア
- ▨ 東アジア・太平洋地域
- ▨ 中南米
- ▨ 北米及び西欧
- ▨ 西南アジア
- ▨ サブサハラアフリカ
- ▨ 小島嶼開発途上国

地域（ユネスコ統計研究所）	1998年（人）	2008年（人）	1998-2008年 上昇率（%）	2018年（人）	2008-2018年 上昇率（%）
アラブ諸国	169,380	246,621	45.6	515,277	108.9
中東欧	191,878	355,440	85.2	457,193	28.6
中央アジア	59,736	123,535	106.8	268,060	117.0
東アジア・太平洋地域	464,693	888,338	91.2	1,522,949	71.4
中南米	113,835	228,645	100.9	357,808	56.5
北米及び西欧	462,790	507,871	9.7	766,383	50.9
西南アジア	114,588	311,427	171.8	684,217	119.7
サブサハラアフリカ	163,284	283,025	73.3	382,738	35.2
小島嶼開発途上国	72,808	93,432	28.3	105,424	12.8
世界	1,950,600	3,322,507	70.3	5,571,402	67.7

出所：UIS Stat（2020）Education: Total outbound internationally mobile tertiary students studying abroad, all countries, both sexes（number）をもとに作成。

南アジアであり、その値は100％を超えている。2008年から2018年にかけては、アラブ諸国、中央アジア、西南アジアが送り出しを伸ばしており、増加率が100％を超える。

　図表11-2では、受け入れ側から見た外国人学生数を国民所得別に示した。高所得国の受け入れ学生数が一貫して多い。低所得国においては2018年のデータ

図表 11-2　世界の外国人学生：受け入れ国所得別

（千人）　■低所得国　□下位中所得国　▨中間所得国　▨上位中間所得国　▨高所得国

	1998年（人）	2008年（人）	2008年 比率（%）	2018年（人）	2018年 比率（%）
低所得国	—	36,069	0.9	—	0.0
下位中所得国	—	177,447	4.4	275,064	4.0
中所得国	—	749,516	18.4	1,379,915	20.0
上位中所得国	—	572,068	14.1	1,104,851	16.0
高所得国	1,563,901	2,536,922	62.3	4,140,510	60.0
合計	1,563,901	4,072,023	100.0	6,900,341	100.0

出所：UIS Stat（2020）Education: Inbound international mobile students by country of origin をもとに
作成。

が提供されていないが、2008年のデータから推察すると極めて少ない。一方で
高所得国は、1998年の時点では唯一外国人留学生数を報告した国群であった
が、2008年には62.3%、2018年には60.0%と減少傾向にある。減少するシェア
を埋めているのは、中所得国と上位中所得国であり、中所得国は2008年の
18.4%から、2018年には20.0%に上昇、上位中所得国は2008年の14.1%から
2018年には16.0%へと上昇している。学生移動は地域間で活発になっている
ばかりでなく移動の在り方も多様になっていることがわかる。
　これらの数字は実際に地域を移動して留学した者の数を表しているが、オン
ラインで他国の大学のプログラムを学ぶ者を加えると「外国人学生」は一層増
える。インターネットやイントラネットを活用したオンライン上で学ぶ「ヴァ

ーチャル学習」は数年来世界的に拡大した。オンライン教育の発展は4段階で移行したといわれる。まず、1990年代インターネットの登場によって「遠隔教育」がはじまり、2000年から2007年にかけて学習管理システム（LMS）の登場によりオンライン学習が充実し、2008年から2012年にかけてMOOCsの登場と発展が見られ、それ以後、オンラインで学ぶ大学在籍者数は伝統的大学在籍者数の増加ペースを上回る段階にある[2]。とりわけMOOCsにはアメリカのアイビーリーグやイギリスのラッセルグループに属する有力大学も参入しており、その成長は注目されてきた。

　オンラインで他国の大学機関等のプログラムを受講する形態は、ヴァーチャル・モビリティー（Virtual mobility）と称される。ヴァーチャル（Virtual）は「仮想」と訳されているが、本来の意味は「実際に」あるいは「ほとんど事実」という意味である。つまり、物理的に現場にいなくとも、実際にそこにいるかの如く交流できることを意味する。対面授業の環境にほぼ類似した学習経験が可能であることを表そうとしているともいえる。MOOCsなどによって高質の高等教育が実現し、その延長として学位の授与も可能となれば、オンライン教育は今後一層発展することが予測される。むしろ、物理的な地域間移動が伴うこれまでの「留学」に比べて、渡航や居住地の移動に伴う費用も不要なために、これまで経済的負担の理由から留学できなかった者も国外の教育を受けて学位を取得することが可能になる。実際MOOCsを開講している大学はその最大の目的として、開発途上国を中心とした経済的に恵まれない者に対して、良質な教育を広く提供することを掲げている。

　教育を投資と捉えた場合、投資家にあたる学生は少ない費用で大きな便益を得ることを期待する。オンライン上で国外の教育を受け学位を取得することができれば、学生の負担は従来の地理的移動が伴う留学に比べて大幅に減る。高い投資効果を求める学生ほどオンラインによる教育を求める傾向になるのではないだろうか。紛争や戦争、感染症の流行、自然災害など、留学者にとって地理的移動を阻む要因が発生するとオンライン学習指向は一層進むだろう。むろ

2）世界のオンライン学習者数は正確に把握しにくいものの、2015年の1,665億USドルであったe-learningの市場は10年で倍増し、2025年には3,500億ドルになると見積もられている（Research and Markets, 2019）。オンライン学習の増加傾向は2019年以降の新型コロナウィルス感染症の世界的流行によって、一層の拍車がかかった（Li & Lalani, 2020）。

ん実際に現地に滞在するからこそ経験できる文化的体験、他国学生との対話やネットワーキングはかけがえの無い留学の恩恵ではある。しかし一方で、オンライン学習で用いられる学習管理システム（LMS）やヴァーチャル・クラスの技術的発展は目覚ましく、学習自体の効果は日々向上している。留学で何を重視するかによってオンライン学習は現地留学に比して遜色がなくなる可能性があり、ヴァーチャル・モビリティーは国際教育市場において確かな立ち位置と価値を築くものと思われる。

1-2　日本の状況

　図表11-3は、日本学生支援機構が調査した日本で学ぶ外国人留学生数である。日本政府は外国人留学生の増加を目指し、2000年までに留学生を10万人に増やそうとする「留学生受入れ10万人計画（1983年）」、2020年までに30万人に増やそうとする「留学生30万人計画（2008年）」を推進してきた。2008年のリーマンショックや2011年の東日本大震災の影響もあり、コンスタントに上昇の一途を辿ったとはいえないものの、1989年度に31,251人であった留学生総数は、2019年度には312,214人と30年間でほぼ10倍に増加している。2014年度以降の上昇はとりわけ著しく、高等教育に在籍する者は139,185人から228,403人へと64.1％、日本語教育機関に通う者は44,970人から83,811人へと86.3％増加した。2020年度の減少は新型コロナウィルス感染症の影響である。外国政府派遣留学生数は2010年度まで微増が続いたものの、2011年度以降は横這い傾向となる。国費留学生数についても2010年度以降横這いあるいは減少傾向にあることから、近年の留学生数の上昇は概ね私費留学生数の増加によるものであることがわかる。

　図表11-4は日本学生支援機構の調査による日本人留学生数の推移である。本報告の2019年の対象者は、2019年度中（2019年4月1日から2020年3月31日まで）に海外の大学等に留学した者の数とあるため、2019年度に認められる減少は新型コロナウィルス感染症の拡大を反映していると思われる。ピークとなった2018年度までを見ると、2009年度はリーマンショックの影響からか一時留学者数は減少するものの、そのほかは一定して上昇している。大学間協定に基づく留学者数は2003年度の15,564人から2018年度の70,541人へと約4.5倍増加し、協定が無い場合の留学は2009年度の12,314人から2018年度の44,605人へと約

図表 11-3　外国人留学生数の推移

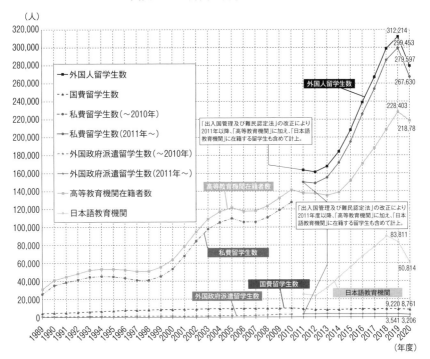

注：「出入国管理及び難民認定法」の改正（2009年7月15日公布）により、2010年7月1日付けで在留資格「留学」「就学」が一本化されたことから、2011年5月以降は日本語教育機関に在籍する留学生も含めた留学生数も計上。

出所：日本学生支援機構（2021）『2020（令和2）年度　外国人留学生在籍状況調査結果』（https://www.studyinjapan.go.jp/ja/statistics/zaiseki/data/2020.html〈2022年2月1日閲覧〉）。

3.6倍増加している。2013年6月に閣議決定された「日本再興戦略～JAPAN is BACK」では、2020年までに大学生の海外留学者数を12万人にするという目標が掲げられ、2014年には、留学促進キャンペーンである「トビタテ！留学JAPAN」がスタートした。本調査に基づくと新型コロナウィルス感染症の拡大がなければ、この目標は十分に達成されたものと思われる。

　このように、高等教育を中心とした教育の国際化は日本でも確実に進展している。とりわけ2010年度以降の上昇は、他の先進国と同様に留学を人材獲得の重要な手段として位置づけたことが大きい[3]。2016年6月に閣議決定された「日本再興戦略―第4次産業革命に向けて」では、外国人材の活用を促進する

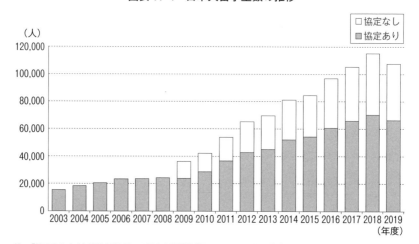

図表 11-4　日本人留学生数の推移

（人）

注：「協定なし」（在籍校把握分）の日本人留学生数については、2009年度より調査を開始した。
出所：日本学生支援機構（2020）『2019（令和元）年度　日本人学生留学状況調査結果』〈https://www.
　　　studyinjapan.go.jp/ja/_mt/2021/03/date2019n.pdf〈2022年2月1日閲覧〉〉。

ために入国管理制度、就職促進・支援、在留資格管理、生活環境整備などをめ
ぐって包括的な観点から具体的施策が挙げられ、特に外国人留学生の採用につ
いては日本国内での就職率を3割から5割に引き上げるという具体的な目標が
設定された。更に、2019年6月に閣議決定された「経済財政運営と改革の基本
方針2019（骨太方針2019)」のなかでは「重要課題への取組――外国人材の受
入れとその環境整備」が掲げられ、希望する留学生の大多数が国内で就職でき
る状況の実現を目指すと明記されている。留学先進国の欧米各国は、留学から
就労への移行を二段階移民（Two-Step Migration）と称し、高度人材獲得の戦
略として位置づけてきたが、日本もその段階に入ったといえよう。

1-3　なぜ留学するのか[4]

　私たちはなぜ国を越えて学ぶのか。なぜ政府はそれを奨励するのか。なぜ大

3）佐藤（2010）は、日本の留学政策について戦後50年を対象に、人材養成、友好促進、経
　済効果などの観点から具体的な効果検証を行っている。更に佐藤（2021）では、2008年か
　ら2019年にかけて実施された「留学生30万人計画」の課題と成果をまとめ、日本の高度人
　材受け入れ政策としての留学生政策の効果と課題を総括した。

学は他国の学生を受け入れ、また自国の学生を国外へと送り出すのか。学生や研究者が他の国や地域で学ぶために移動することは現代にはじまったわけではない。古くはヨーロッパの中世に遡る。ヨーロッパで初めての大学であるボローニャ大学が設立された頃、大学を中心に学者や学生が大学をめぐるペレグリナチオ・アカデミカ（Peregrinatio academica）が見られた。15世紀にはヨーロッパの20％以上の学生が複数の大学で学んだとされる（Irrgang, 2002）。ペレグリナチオ・アカデミカは16世紀に最盛期を迎え、17世紀には上流階級ばかりでなく富を得た商人や時には農民の子息らもこれに加わったという。

　教育そのものと同様、留学などの国家間交流には確かな社会的効果がある。まず、言語、文化、習慣等の「違い」に対する理解力や耐性が養われることによって、国家間の紛争や地域間の争いを緩和、解決することに貢献する。また、人の移動に伴い技術移転が活性化し、様々な国や国民が技術や知識を共有することによって、地球レヴェルでの技術力の向上、経済力の強化、環境改善や労働人口の偏差の改善などが見込まれる。これらの恩恵は留学する個々人を媒体にして社会的効果として発現する一方で、これを蓄えた個々人にも直接的な経済的あるいは社会的恩恵がもたらされる。事実、ペレグリナチオ・アカデミカによる巡回は、「知への渇望」に基づくとされる一方で、異国で学ぶことにより、他言語を習得し、異文化を知り、また職を得ることが容易になるなどの実利的側面も存在していた（Eliasson, 1992）。

　したがって、教育を受けた者の移動、あるいは教育を目的とした移動は、移動する者並びにそれらを送り出し、受け入れる国や地域両方にとって大いなる恩恵があるものとして捉えられる。ペレグリナチオ・アカデミカに見られる中世の時代から、21世紀における留学や人材交流まで、人と知の移動がもたらす恩恵は、地域や年代を越えて共通する。

　現在、教育と人材の国際化はほぼ世界を網羅しており、各国政府の重要な関心事である。個々の大学においても大学間交流協定の締結、留学支援、単位互換など、留学を促進する様々な施策が積極的に進められており、大学にとって教育の国際化は学術の国際通用性を高めるためにも学生誘致のためにも必須の課題となった。学ぶ側にとっても留学を積極的に選択する者が増えており、そ

4）本節には松塚（編著）（2016）の第1章の一部を修正・加筆した内容が含まれる。

の理由は多岐に及ぶ。他言語習得のため、特定の学問を究めたい、外国人の知人を得たいなど、はっきりとした効果を求める動機から、環境を変えたい、自分を変えたい、視野を広めたいなど、大切な動機でありながらも漠然ともいえる理由で留学する場合など、様々である[5]。

　以下では世界的そして現代的傾向として、Hobsons が2015年に世界210カ国45,543人の学生を対象に行った学生の意識調査の結果を紹介しよう[6]。図表11-5に示されているのが、留学への期待に関係する調査結果である。質問では、国外の大学で学ぶ際に重要であろう要因を挙げ、回答者はそれぞれに対して、「大変重要」から「全く無意味」までの7段階で評価した。図表11-5は、最も多くの回答者が大変重要あるいは重要だと答えた順に記している（以下、筆者訳）。

　最も多くの回答者が重要だと思っているのは、1）将来の収入の可能性を高めること、2番目が、2）卒業時に仕事を得ることである。次いで、3）課程を担当する教員と差し向かいで触れ合えること、4）他の学生と個人的なコネクションをつくること、5）他の国や文化から来た人々と会うこと、6）他の町や国での生活を経験すること、7）グループレクチャー、8）ソーシャルライフ、9）特定社会への参加、10）実家から遠ざかる、などがある。3番以降はすべて現地に行くことによって可能となることであり、物理的に移動する留学体験が重要であることが確認できる。一方、最も重要だと捉えられている、「将来の収入を高めること」や「卒業時に仕事を得ること」などからは、留学に経済的効果を期待している実態が見えてくる。また、これらの留学に期待する効果は、3番以降に比較するとかならずしも現地に行かずとも、例えばMOOCs のような遠隔教育で良質な教育を受けることでも可能である。

5）佐藤（2016）及び Sato（2021）は、留学、就職、帰国等の選択に作用する「能力向上・発揮機会」「よりよい就労機会」「社会環境」「費用、言語、ビザや家族の移行などの制約」と、それらに影響を与える留学生の出身国と留学国の政策的、制度的、経済的、文化的要因を総合的に勘案し、留学移動とその効果の分析モデルを構築するとともに、実証分析に適用している。

6）Hobsons の調査は世界の学生のニーズを把握し、イギリスの留学生受け入れ政策の参考とすることを意図している。調査の概要は以下のサイトに掲載されている。
https://www.slideshare.net/hobsonsemea/international-student-survey-2015-value-and-the-modern-international-student〈2020年7月18日閲覧〉

図表11-5 留学で期待すること

The most important factors in studying internationally

1）Improving my future earning potential
2）Getting a job when I graduate
3）Face to face interaction with my course teacher
4）Making personal connection with other students
5）Meeting people from different countries and cultures
6）Experiencing living in another city/country
7）Group lecture
8）The social life
9）Joining a society
10）Moving away from home

出 所：Hobsons（2015）*International Student Survey 2015. Value and the modern International Student.* Hobsons EMEA. p. 8 から転載。

本調査では、留学先の大学を決めるときに重要な検討対象も尋ねている（p.16）。結果は、より重要だと捉えられている順に、「専攻学部のランキング」「卒業時の就職率」「大学のランキング」「物価」「卒業時の初任給」となっている。これらの回答を、第2章で言及した「消費としての教育」「投資としての教育」という観点に照らし合わせると、留学も高等教育も「消費」というより、将来的リターンを期待した「投資」として選択されている傾向が強くなっているように捉えられる。

2 自己選択に基づく学生と人材の国際移動と経済効果

2-1 留学と人材移動の経済効果を説明する理論

教育経済学では教育の国際化に伴う学生の移動とその社会的経済的効果を、規模の経済論、人的資本論、シグナリング理論、自己選択仮説などを用いて説明し、どのような教育経験や技能を有する者が、なぜ、どこに移動し、その結果はどのような教育的、経済的、そして社会的な意味をなすかを検討する。

2-1-1 規模の経済論

規模の経済論は国家や機関が留学を促進するためにどのように予算を振りあ

て、その効果を見極めつつ、適正な投入価格を設定するかを定める際に有効である。第2章で概説した教育の生産関数に対応させるとわかりやすい。例えば教育予算のなかから、留学にどの程度の公的あるいは私的資源を投入することによってどのようなアウトプットが誰あるいは何処にどのくらいもたらされるかを考察する。実践的には、このようなメソッドを適用することによって、自国の学生の国際化に充てる費用と、他国の留学者を招き支援する費用対効果を検討しながら、両者のバランスを適正に保つことが可能となる。

2-1-2　人的資本論

　人的資本論は留学という経験が資本として個々人にいかにして蓄積されいかなる経済効果を発現するのか、そしてそれは周囲の社会や国家にどのような影響をもたらすのかを説明する[7]。第3章で述べた人的資本論の基本概念を、教育を留学に置き換えて適用することができる。つまり、留学をすることによって、留学しなかった場合には獲得できなかったであろう能力や技能が養われた効果を検討し得る。分野専門知識、外国語での会話や読み書きなどの言語能力、多様な背景や習慣を有する人々と円滑に対話したり説得したりする異文化間能力の向上などが挙げられよう。これらは留学を経験することによって「付加価値」として蓄積され、その結果として就職力を高めたり就職後の賃金を高めたりすると考えられる。より高い所得が得られれば、納税額が上がるだろうし、就職力が高まれば失業保険を受給する機会も減るだろうから、社会厚生への貢献度も上がる。治安の向上や疾病の減少などの近隣効果も併せて捉えれば、規模の経済効果にもつながる。

2-1-3　シグナリング理論

　留学は第4章で説明した教育のシグナリングと同様の効果を有する。どこの国のどの大学のどの学部に留学して何の学位を得たのか、という情報がシグナルとなる点も国内外同様である[8]。留学を経た者は仕事を探す「ジョブ・サー

7）Sjaastad（1962）は人の移動に焦点をあてて人的資本モデルを論じた初期の研究で、後続する関係論文に数多く参照されている。
8）Hilmer（2002）は、カレッジに進学する際、地理的移動を経ていることがシグナリング効果となり、就職に有利になると論じている。

チ」の機会も多様であろう。留学先でも母国でも、あるいは世界的なジョブ・マーケットの場で仕事を見つける機会が増える。そうすると情報の非対称性は国内だけで行われる就職活動よりも一層深刻となり、採用する側の経歴や資格情報への依存度が高くなる。その是非はともかく、留学という経験が相当なシグナル力を持つのであれば、留学経験者はより望ましい就職を得て、彼らの生涯賃金も高まると考えられる。

　規模の経済論、人的資本論、シグナリング理論は、第1章から第4章までの解説に照らしつつ留学の経済効果の説明に応用することができる。本章で特に解説する理論は「自己選択仮説」である。このモデルは、人の移動に際して、移動した者にどのような経済的効用がもたらされ得るかを説明するだけでなく、移動元と移動先各国の経済や社会にもたらす影響も説明する。その理論的枠組みには、規模の経済、人的資本、シグナリングのモデルも関わり、留学を規定する要因と留学がもたらす経済効果を説明するロバストな、つまり堅牢なモデルといえる。

2-1-4　自己選択仮説

　自己選択仮説では、「留学」という経験を留学する本人の選択あるいは意思決定によって行われるものと仮定する。むろん人の移動は任意によるものだけではない。難民や亡命、自然災害や戦争・紛争により移動を余儀なくされる実態は深刻であり、十分に研究・議論し救済に貢献しなくてはならない。しかし、ここでは「自己選択」による人の移動を検討対象とする。先に述べたように、私費による留学が急増していることは留学に私財を投入する金銭的ゆとりが個々人に出ていることを示すとともに、自己選択による移動を促す根拠ともなる。また、Hobsons による調査で明らかになった留学を規定する要因は、経済的合理性に基づく将来収入や職の獲得性の向上にしても、教員や友人との触れ合いや文化的体験への欲求にしても、積極的選択を支える理由である。

　自己選択を経済学的に理論化したのは、アンドリュー・ロイ（Andrew Roy）である。彼は1951年に *Oxford Economic Papers* で発表した論文 "Some Thoughts on the Distribution of Earnings" のなかで、漁師と猟師の職業選択を例に、自己選択により職業を決定するメカニズムと、両者の技能分散が彼ら

の収益に与える影響を論じた（Roy, 1951）。「ロイモデル」として知られている この理論的展開は後に、ジョージ・ボルハス（George J. Borjas）によって、移民の技能あるいは教育経験と移動選択との関係及び移動がもたらす経済効果の分析に応用された（Borjas, 1987）。更にジェームス・ヘックマン（James Heckman）らはロイモデルを基に職業選択や就労環境に適用できる理論モデルを構築し、実証研究の発展に大きく貢献した（Heckman & Honoré, 1990）。ロイモデルは自己選択における移動、学習、スキル形成のメカニズムを探り、それによる所得への影響や経済効用の最適化を説明し、教育経済学への応用性が高い。以下ではロイの自己選択仮説を応用し、また、Miyagiwa（1991）の頭脳流出における規模の経済性理論を参考に、人材移動における意思決定のメカニズムを検討する[9]。

　図表11-6で、縦軸を賃金、横軸を教育量あるいはそれに付随して獲得されるスキルを有する人口の密度関数（ 0 ～ 1 ）とする。αという地域とβという地域があるとし、この 2 つの地域があらゆる点で同一であれば二地域間における人の移動は無い。ここでは、W という一定の賃金を得るためには、地域αではS_α、地域βではS_βの位置にいなければならないと仮定する。$\delta(S)_\alpha$ は、地域αにおいて賃金に反映される教育の効用であり、一定賃金とS_αの交差点を通るスロープを描く。$\delta(S)_\beta$ は地域βにおける教育の効用であり、一定賃金とS_βの交差点を通るスロープを描く[10]。

　$\delta(S)_\beta$が$\delta(S)_\alpha$よりも上に位置するということは、地域αに居りS_αに相当するスキルを有する個人は、地域βに移動することにより、より高い賃金を得ることを表す。一方、S_βがS_αの左方にあること、すなわちSという教育量を有する人口比率が地域αよりも地域βの方が多いことに着目すると、地域αから地域βへと教育量の多い人間が移動することによりS_βは更に左方に移動し（$S_\beta \rightarrow S'_\beta$）教育の効用がより高くなる（$\delta(S)_\beta \rightarrow \delta(S')_\beta$）。同時に地域$\alpha$においては教育量の多い人間がより希少となり（$S_\alpha \rightarrow S'_\alpha$）、教育の効用は一層減退

　9 ）本節の自己選択仮説の説明は、松塚（2012）及び松塚（編著）（2016）の第12章から抜粋し修正・加筆したものである。
10）ここでは、自己選択をするうえで検討されるのは、雇用と将来賃金の可能性等の経済的指標、自身の専門、受け入れ先大学の教育及び学位の質などを仮定している。むろん留学がこれら以外の理由（例えば文化、自然、家族や友人の都合）による場合も多々ある。

図表 11-6　教育量と賃金と可動性

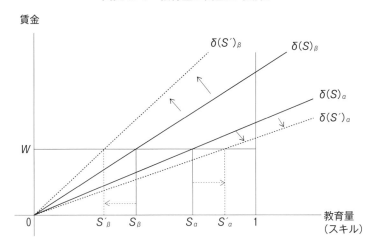

する（$\delta(S)_\alpha \rightarrow \delta(S')_\alpha$）[11]。

　より高い賃金を指向して移住することは、すべての人間の行動原理ではない
としても、経済学理論を用いるまでもなく説明がつく。しかし上記のグラフで
も示されるように、教育に対する効果の傾斜が急であるほど、高度人材の移動
を招き、また送り出し側と受け入れ側におけるスキル偏差が拡大することはそ
れほど意識されているとはいえない。しかしながらこのことは国際化のなかで
高等教育財政を考えるときに重要な意味を持つ。なぜなら、傾斜が急であると
いうことは、高等教育の費用に強く反比例して教育の効用が上がることを意味
するからである。具体的には、地域 A と地域 B があり、地域 A における高等
教育に充当する税金が地域 B よりも多い一方、地域 A における高等教育のリ
ターンの傾斜が地域 B におけるそれよりも緩やかな場合、人材は累進的に地
域 B に移動する可能性が強くなる。より率直な表現を用いるならば、流動化

11）スキルの密度関数 $f(S)$ は、$\int_0^1 f(s)ds = 1,\ f(s) > 0$ であり、0 から 1 までの値をとる。

　　"n" を α あるいは β 各地域の全人口とした場合、スキル関数は、$n\int_{s_{a|b}}^1 f(z)dz$ と表され、
　　各地域において教育を受けた人口比率が多くなれば図表11-6において左に移行し W との
　　交差点を通るスロープは急になる。教育を受けた人口比率が少なくなれば右に移行し、
　　W との交差点を通るスロープは緩やかになる。

が進むにつれ、税金が安く教育や技能の効用が高いところに教育や訓練を受けた人材は移動するということである。Ionescu & Polgreen（2009）はこのことを、個人は教育においてより高い費用対効果を欲することに加え、教育を受けた人間が集まることによるスピルオーバー、すなわち社会的便益をも期待するからであると結論している[12]。

　これらの理論を検証する試みとして、Matsuzuka & Gérard（2021）は、2008年から2017年にかけての、高等教育における学生の国際移動と、受け入れ国及び送り出し国の経済、雇用、教育、社会要因との関係を分析した。結果、留学生が向かう国は、（1）経済力が強く、（2）所得格差が大きく、（3）教育研究の質が高く、（4）政府による高等教育への財政支出が多い傾向が有意に強いことがわかった。これら留学生が高技能人材として受け入れ国に留まり就労すれば、教育に基づく所得格差は受け入れ国内において、そして受け入れ国と送り出し国において、拡大することを示唆する結果といえる。

　教育が準公共財であることが世界的見地で認識されるのであれば、2010年頃よりOECDのエコノミストを中心に主張される「頭脳循環説」、すなわち、グローバル社会においては、人材は絶え間なく「循環」し、高度人材による技術革新は受け入れ、送り出し両国にとって有益であるという説も成り立つだろう。しかしながら、各国とも人的資本政策のもと、高度人材を獲得するために高等教育を窓口とした経済戦略ともいえるモビリティー政策を打ち出している。然るべき政策を行使しなければ、少なくとも短期的には、送り出し国が人材流出による経済損失を被る可能性も否めない。

　これらの議論が示唆することをまとめよう。教育の国際化が進み、大学は他国の学生が学ぶ機会を提供し、学生はより良い教育を受けまた学位を取得しようと、その機会を得ることに努める。その際、教育レヴェルの高い者ほど（自由選択に基づく）地域間の可動性が高くなることが示唆されている。相対的に高度な教育を受けた者が海外の教育を受けその地にとどまり就職した場合、送り出し国から受け入れ国への人材の流動化が起こる。事実、先述の「二段階移民」政策により有能な人材を誘致しようとする政策実践も見られる。一方で、

12）この場合の社会的便益には、教育レヴェルが高い地域では犯罪率が低く治安が安定していること、社会保障が充実していること、文化や教育レヴェルが高く次の世代にも恩恵が及ぶことなどがある。

高度人材の移動は経済成長度が高く、教育の限界効用の高い地域へと向かう傾向にある。そして高度人材の移動は更なる教育効用の上昇を生むものと考えられる。

3　国際市場における教育の経済効果

3-1　期待は成果へとつながっているのか

　Hobsons による質問紙調査で明らかになった、留学の際に重視されていることは、留学を経ることによって期待される効果あるいは成果と置き換えることができる。とりわけ最も重視されていた、（1）将来の収入の可能性を高めることと、（2）卒業後に仕事を得ることは、他の文化的経験に対する期待と比べて定量的に検証が可能であり、留学効果の研究対象として最も用いられているといえるだろう。

　1980年代終盤より EU（欧州連合）加盟国間の交流協力計画であるエラスムス計画（The European Community Action Scheme for the Mobility of University Students〈ERASMUS〉）が走り出した後は、留学を中心とする交流事業の効果を測定する調査や研究が盛んに行われた。その多くが、一定期間以上の留学を経験した者は経験しなかった者よりも就職後の賃金や収入が高く、エンプロイアビリティー（雇用され得る能力）も高い、つまりより確実に仕事を獲得し続ける傾向にあることを指摘している[13]。また、留学を経験した者ほど海外で就労する傾向にあることが明らかになっている[14]。このことは、留学による経済効果が国や地域を越えてもたらされることを意味する。

　日本においても、大学レヴェルの調査・研究から全国レヴェルの調査・研究に至るまで、多くの研究成果が蓄積されている。ここでは、留学の長期的な影

---

13) 留学経験者の賃金や所得が高い傾向にあることに言及した文献には、Wiers-Jenssen & Try（2005）、Messer & Wolter（2007）、Kratz & Netz（2018）などがある。雇用される能力や雇用の獲得・継続性について焦点をあてた文献として、Teichler（2011）、Wiers-Jenssen（2011）、Waibel et al.（2017）などがある。ピエルシチュニャク・松塚（2016）は、「エラスムスインパクト研究」（European Union, 2014）をもとに、大学間国際交流が留学生の就職力と機関の国際化を相乗的に促す効果を考察している。

響を明らかにするために、日本の海外留学経験者と留学非経験者を対象に行っ
たインターネットによる大規模調査「2013～2015年度 科学研究費 補助金（基
盤研究（A）課題番号 25245078）『グローバル人材育成と留学の長期的インパ
クトに関する国際比較研究』（研究代表者：横田雅弘)」の結果を参照する[15]。

　本研究の調査項目は、留学によって向上した能力、留学後の就職や給与及び
キャリア形成への影響、価値観や行動の変化、人生に関する満足度など多岐に
及ぶ。ここでは年収に見られる所得への影響と、職位に見られるキャリアへの
影響に焦点をあてたい。図表11-7は横田（研究代表）（2016）から転載したグ
ラフである。「あなたの現在の収入をお答えください」との問いへの答えを、
学士留学経験者、学部単位取得・その他留学経験者、国内大学卒業者を男女別
に分けた結果（1段目と2段目）と、理工系の修士・博士課程と文系の修士・
博士課程修了者について留学で学位を取得した者と、国内大学院で学位を取得
した者に分けた結果（3段目と4段目）に分けて示している。 右に記されて
いる平均年収を見ると、いずれの場合においても、留学を経験した者の収入は
経験していない者の収入より高いことが示されている。そして留学期間が長い
ほど平均年収が上がる傾向にあることも見て取れる。例えば、学士号を取得し
た男性の平均年収は645万であるのに対して、なんらかの学部単位を取得した
学位取得以外の留学については611.3万円、留学を経験しなかった男性の平均
収入は575.7万円と示されている。女性については、学士号を取得した場合の
平均年収は439.1万円であるのに対して、なんらかの学部単位を取得した学位
取得以外の留学については345.5万円、留学を経験しなかった場合の平均収入
は330.7万円である。大学院課程では、留学プレミアムは一層高くなる傾向が

---

14) Parey & Waldinger（2011）は、ドイツのエラスムス交流学生を対象とした研究で、学
　士課程での1年間の留学は卒業後の早い段階で外国にて就労する可能性を15％上げるとし
　た。Oosterbeek & Webbink（2011）は、奨学金で留学したオランダ人を対象とした研究
　で、留学を経験すると就労の初期に国外で就労する可能性が30％上昇するとした。学生や
　高技能者の移動（モビリティー）の社会的・経済的効果とそこにおける高等教育の役割に
　ついては松塚（2016）を参照されたい。
15) 横田（研究代表）（2016）及び、横田・太田・新見（編著）（2018）の二点を参照してい
　る。「留学経験者」の対象となったのは、小・中学校は主に日本で過ごし、高校卒業後に
　3カ月以上の海外留学を経験した者である。対象者は留学経験者が高校から大学院での留
　学経験者を含む20歳代以下から50歳代以上の男女4,489人。留学非経験者は大卒から大学
　院率までの20歳代以下から50歳代以上の男女1,298人である。

図表 11-7　留学経験者と非経験者の年収

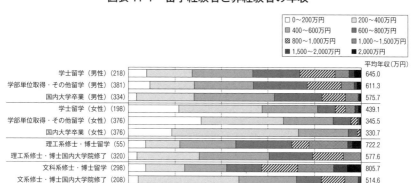

出所：横田雅弘（研究代表者）(2016)『グローバル人材育成と留学の長期的なインパクトに関する調査』留学インパクト科研　サマリーレポート p.8から転載（http://recsie.or.jp/wp-content/uploads/2016/04/summary-report20151230.pdf〈2000年5月1日閲覧〉）。

見られる。理工系であれば修士・博士留学の場合で722.2万円、留学しなかった場合は577.6万円であり、文系であれば、修士・博士留学の場合で805.7万円、留学しなかった場合だと514.6万円となっている。

　分散から興味深いのは、留学をしなかった者の場合、中間層に位置する者の割合が比較的多いのに比べて、留学を経験した者については低収入と高収入の両極に占める割合が多いことである。例えば留学を経験していない学士課程卒業女性の54.6%が年収200万から400万円の枠内で過半数を占める一方、0から200万の低収入者は18.7%、600万円以上は5.4%である。これに対し年収200万から400万円の層にいる学位を取得した留学経験者は35.9%、0から200万円の低収入者は21.7%、600万円以上の高収入者は18.6%となっている。つまり留学を経験した者は高収入を得る者が多く、このことが平均収入を高くしている一方で、低収入者の占める割合も、特に短期留学者において少なくなく（女性であれば31.4%）、留学未経験者の収入よりも偏差が大きいことがわかる。

　職位に見られる傾向はどうだろうか。図表11-8は、「あなたの現在の役職をお答えください」という問いへの回答である。右わきに示されている管理職比率を見ると、留学した者ほど管理職になっている場合が多いことが示されている。男性の場合の学士留学者における管理職比率は44.5%、学部単位取得・その他の留学の場合だと41.1%、留学を経験しなかった者の管理職比率は30.6%

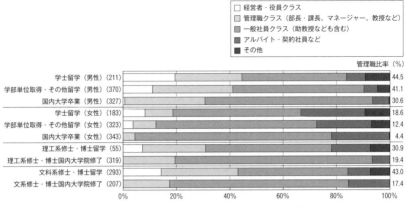

図表 11-8　留学経験者と非経験者の職位

凡例:
□ 経営者・役員クラス
▨ 管理職クラス（部長・課長、マネージャー、教授など）
▧ 一般社員クラス（助教授なども含む）
▨ アルバイト・契約社員など
■ その他

管理職比率（%）

区分	管理職比率（%）
学士留学（男性）(211)	44.5
学部単位取得・その他留学（男性）(370)	41.1
国内大学卒業（男性）(327)	30.6
学士留学（女性）(183)	18.6
学部単位取得・その他留学（女性）(323)	12.4
国内大学卒業（女性）(343)	4.4
理工系修士・博士留学 (55)	30.9
理工系修士・博士国内大学院修了 (319)	19.4
文科系修士・博士留学 (293)	43.0
文系修士・博士国内大学院修了 (207)	17.4

注：管理職比率とは、「経営者・役員クラス」と「管理職クラス」の割合の合計量。
出所：横田雅弘（研究代表者）（2016）『グローバル人材育成と留学の長期的なインパクトに関する調査』留学
　　　インパクト科研　サマリーレポート p.9から転載（http://recsie.or.jp/wp-content/uploads
　　　/2016/04/summary-report20151230.pdf〈2000年5月1日閲覧〉）。

である。女性の学士留学者の管理職比率は18.6％、学部単位取得・その他の留
学者の管理職比率は12.4％、留学を経験しなかった者の管理職比率は4.4％で
ある。このような留学経験者の職位プレミアムは大学院卒でより高くなる様子
がうかがわれる。理工系修士・博士留学経験者の管理職比率が30.9％であるの
に対して、留学未経験者の管理職比率は19.4％である。文系修士・博士留学経
験者の管理職比率が43.0％であるのに対して、留学未経験者の管理職比率は
17.4％である。

　分散を見ると、収入と同じく、留学未経験者が「一般社員クラス」の職位に
あることが多い一方で、留学経験者は経営者・役員、管理職クラスが多く、そ
のことが管理職比率を高めているものの、一方でアルバイト・契約社員やその
他の職位にある者も留学未経験者に比べて多い傾向にある。例えば、留学を経
験しなかった学士課程卒業女性の73.8％が一般社員クラスの職位にある。管理
職クラスの者は4.4％と少ないものの、アルバイト・契約社員、その他の職に
ある者は21.9％である。一方学士留学を経験した女性の一般社員クラスの職に
就くものは48.1％である。経営者・役員、管理職クラスの職に就くものは
18.6％と留学未経験者に比べて顕著に多いものの、アルバイト・契約社員、そ

の他の職位に就くものも33.3％と留学未経験者に比べて有意に高い。

3-2　留学の効果の実証性

　留学の効果に関する国内外の研究の多くが、留学を経験した者が経験していない者に比べてより良い収入を得てより有利なキャリアを歩む傾向にあるという結果を出している。これらの研究のほとんどが国単位の大規模調査に基づくもの、あるいは機関単位で留学者全員をカバーする規模の統計あるいは質問紙調査に基づくものであり、研究の規模及び方法両面で可能な限り信頼性を高めようとしている。しかしながら、留学が収入やキャリアの向上をもたらしたという因果関係は確定的ではない。以下では留学の効果の実証性をめぐる三つの問題について触れておきたい。

3-2-1　サンプルセレクションの問題

　まず、留学を経験した者のその後の収入が高く就業経験もより望ましいものであったとしても、それが留学のためであると断定することはできない。留学以外の要因が影響している可能性があるからである。難関大学に入学する者の家計所得は高く、親の学歴も高い傾向にあることは経験的にも実証的にも知られるが、留学についてもその傾向があることは不思議ではない。海外の大学で学ぶには相当な費用がかかることを考えると、留学経験者の家計は豊かなことが想像され、そのことが留学経験後の成功にも関係している可能性がある。実際、留学経験者は非経験者に比べて社会経済的階層が高く両親の学歴が高い傾向にあることが報告されている[16]。第8章で教育の機会について言及したように、経済的に困難を抱える家庭や保護者は、良い教育機会を得るための情報収集に費やす金銭的余裕も時間的余裕も少ない。親の就学経験の多寡も情報収集力に作用する。

　このような家計収入や両親の学歴などは定量化が可能であり、留学の経済効果を計測する際に一定のコントロールが可能である。例えば将来収入を被説明

---

[16]　留学プログラムが盛んな欧州ではこの観点での研究も蓄積されている。高等教育や留学の大衆化が進むなかにおいても依然として学生の社会経済的要因が留学教育経験を左右することを認め、留学を妨げる環境的要因を明らかにして高等教育政策へと反映させる段階に入っている（Otero, 2008; Netz, 2015）。

変数として留学を経験したか否かを主要な説明変数とする際に、説明変数に親の学歴や家計収入を置くことによって留学の効果をより厳密に計測することは可能であり、留学の効果を計測するほとんどの計量解析ではその処理をしている。それでもなお留学の効果を断定できないのは、定量化できない要因が留学という行為に作用すると考えられるからである。例えば意欲的な者、異文化への関心や好奇心が旺盛な者、上昇志向の高い者、社交的な者などは客観的定量化が困難な個々人の性格や性質であるが、留学という行為に確かに作用しそうである。冒険を好みリスクを厭わない性質なども留学経験者の方が多いだろう。実際リスクに対する姿勢は先に参照した横田（研究代表）（2016）の調査結果である、留学を経験した者ほど賃金と職位ともに両極にいる者が多いことに反映されているように思える。

　詰まるところ、留学した者は留学していない者にはなれないし、留学していない者は留学した者にはなれない。かくして他のサンプルセレクションの問題と同様、留学の効果についてもそれ自体を完全に浮き彫りにすることはできないというジレンマと向き合わなくてはならない。

3-2-2　データの信頼性と有効性

　留学経験やその後のキャリア開発に影響を与える要因は多岐にわたり、また複雑に絡み合っており、個別的効果を正確に検証することが極めて困難である。まず、学生や就労者の地理的移動は実に勝手気儘である[17]。移動する年齢も一定ではない。留学を経験する年、期間、国や地域、機関、課程、取得学位、学部・研究科や分野、経済的支援の有無などは多種多様で多岐に及び、並びをつけて分析することはできない。これらの経験をその後の就職や収入に照らし合わせて分析をしようとすると、留学中の経験にそれと同等あるいはそれ以上の複雑性が重なる。つまり就労を経験する年、期間、国や地域、産業、職種、機関（組織）の規模や属性、専門や部署等などについては、年齢が増すにつれ経験は分散の一途を辿り、一定の変数によるグループ化が困難になる。経年で横並びをつけた計量分析で信頼性の高い結果を出すことが難しい所以であ

17）高等教育研究はもとよりモビリティー研究で際立った業績を遺した Clifford Adelman は学生や高技能者の移動の不規則性を、奔放な線を織りなすジャクソン・ポラックの絵に例えて捉えどころのなさに言及した（アデルマン, 2016）。

る。更に、留学はその期間が長いほど長期的な効果が得られるとの観測がなされているが、そうだとすると効果が大きいほど正確な検証が難しい。

3-2-3　Tracking（追跡性）の問題

　上記のように、経年の分析が信頼性の高い結果を出しにくいのであれば、時系列分析に頼ることとなる。個々人の教育とキャリアのパスウェイをTracking（追跡）する手法である。留学効果分析に限らず教育の効果分析に有効とされる方法だが、個々人を追跡するのは容易ではない。これまでの研究の多くが就学、あるいは留学数年を対象に調査を行っているが、留学直後の場合でさえも回答率は高くはない。なによりも、就学や留学経験の影響は長期にわたって表れるとされるなか、移動経験、就労経験ともに長期にわたって個々人をトラッキングすることは困難であり、データを収集できたとしても、信頼性の高い分析は簡単ではない。それでもなお、留学の効果研究は世界的に盛んになる一方である。これは留学に多額の私的・公的資源が投入され、これからもその額は増加するだろうからである。第6章で教育の費用を支払う主体は個々人、企業等の団体、政府の三つに大きく分けられると説明した。留学に関しても同じである。どの主体がどのような理由をもってどのくらい負担し、それが誰にどのような結果をもたらすのかを分析することは、グローバル化に伴い人の移動とその影響範囲が拡大するなかで必須の課題となろう。これは教育経済学の新たな研究課題であり、次の章で具体的に述べたい。

....
＊本章には、日本学術振興会科学研究費（20H00097）並びに（17H02678）、外国人研究者招へい事業（S19137）の助成を受けて行われた研究の成果が含まれます。

参照文献

Borjas, G. J.（1987）Self-Selection and the Earnings of Immigrants. *American Economic Review*, 77, pp.531-553.

de Wit, H., Gacel-Ávila, J., Jones, E. & Jooste. N.（eds）（2017）*The Globalization of Internationalization: Emerging Voices and Perspectives.* Routeledge.

Eliasson, P.（1992）600 Years of Travelling Students. *Sciences & Technology Studies*, 5(2), pp.29-42.

European Union（2014）*The Erasmus Impact Study: Effects of Mobility on the Skills and Employability of Students and the Internationalization of Higher*

Education Institutions. Luxembourg: Publications Office of the European Union.

Heckman, J. J. & Honoré, B. E. (1990) The Empirical Content of the Roy Model. *Econometrica*, 58(5), pp.1121-1149.

Hilmer, M. (2002) Student Migration and Institution Control as Screening Devices. *Economics Letters*, 76(1), pp.19-25.

Ionescu, F. & Polgreen, L. A. (2009) A Theory of Brain Drain and Public Funding for Higher Education in the United States. *American Economic Review*, 99(2), pp.517-521.

Irrgang, S. (2002) *Peregrinatio Academica: Wanderungen und Karrieren von Gelehrten der Universitäten Rostock, Greifswald, Trier und Mainz im 15 Jahrhundert*. Stuttgart: Franz Steiner Verlag.

Kratz, F. & Netz, N. (2018) Which Mechanisms Explain Monetary Returns to International Student Mobility? *Studies in Higher Education*, 43(2), pp.375-400.

Li, C. & Lalani, F. (2020) The COVID-19 Pandemic has Changed Education Forever. This is How. World Economic Forum.

Matsuzuka, Y. & Gérard, M. (2021) Student Mobility and Social Welfare: An Empirical and Theoretical inquiry into the Social Impact of Skilled Migration. *Hitotsubashi Journal of Social Sciences*, 53, pp.19-36.

Messer, D. & Wolter, S. (2007) Are Student Exchange Programs Worth It? *Higher Education*, 54(5), pp.647-663.

Mihut, G., Altbach, P. G. & de Wit, H. (eds.) (2017) *Understanding Higher Education Internationalization: Insights from Key Global Publication*. Sense Publishers.

Miyagiwa, K. (1991) Scale Economies in Education and the Brain Drain Problem. *International Economic Review*, 32(3), pp.743-759.

Netz, N. (2015) What Deters Students from Studying Abroad? Evidence from Four European Countries and Its Implications for Higher Education Policy. *Higher Education Policy*, 28(2), pp.151-174.

Oosterbeek, H. & Webbink, D. (2011) Does Studying Abroad Induce a Brain Drain? *Economica*, 78(310), pp.347-366.

Otero, M. S. (2008) The Socio-Economic Background of Erasmus Students: A Trend Towards Wilder Inclusion? *International Review of Education*, 54(2), pp. 135-154.

Parey, M. & Waldinger, F. (2011) Studying Abroad and the Effect on International labour Market Mobility: Evidence from the Introduction of ERASMUS. *The Economic Journal*, 121(551), pp.194-222.

Research and Markets (2019) *Online Education Market & Global Forecast, by End User, Learning Mode (Self-Paced, Instructor Led), Technology, Country, Company*. Research and Markets.

Roy, A.（1951）Some Thoughts on the Distribution of Earnings. *Oxford Economic Papers*, 3(2), pp.135-146.

Sato, Y.（2021）What Influences the Direction and Magnitude of Asian Student Mobility? Macro Data Analysis Focusing on Restricting Factors and Lifelong Planning. *Compare: A Journal of Comparative and International Education.* 〈doi.org/10.1080/03057925.2021.1976618.〉

Sjaastad, L.（1962）The Costs and Returns of Human Migration. *Journal of Political Economy*, 70(5), pp.80-93.

Teichler, U.（2011）International Dimensions of Higher Education and Graduate Employment. In J. Allen & R. van der Velden（eds.）*The Flexible Professional in the Knowledge Society*: New Challanges for Higher Education, pp.177-198, Dordrecht: Springer.

Waibel, S., Rüger, H., Ette, A. & Sauer, L.（2017）Career Consequences of Transnational Educational Mobility: A Systematic Literature Review. *Educational Research Review*, 20, pp.81-98.

Wiers-Jenssen, J.（2011）Background and Employability of Mobile vs. Non-Mobile. *Tertiary Education and Management*, 17(2), pp.79-100.

Wiers-Jenssen, J. & Try, S.（2005）Labour Market Outcomes of Higher Education. *Studies in Higher Education*, 30(6), pp.681-705.

アデルマン，クリフォード（2016）「何処から来て、何処へ行くのか——アメリカ合衆国の地理的移動の検証と日本への示唆」編著：松塚ゆかり『国際流動化時代の高等教育——人と知のモビリティーを担う大学』pp.143-170、ミネルヴァ書房。

佐藤由利子（2010）『日本の留学生政策の評価——人材養成、友好促進、経済効果の視点から』東信堂。

佐藤由利子（2016）「留学生の頭脳循環の特徴と課題——ドイツ留学生の進路選択に係る影響要因の分析と日本への示唆」『大学論集』No. 48. 広島大学高等教育研究開発センター、pp.177-192。

佐藤由利子（2021）『日本の留学生政策の評価 増補新装版——人材養成、友好促進、経済効果の視点から』東信堂。

塚原修一（2008）『高等教育市場の国際化』玉川大学出版部。

日本学生支援機構（2020）『2019（令和元）年度 日本人学生留学状況調査結果』。

日本学生支援機構（2021）『2020（令和2）年度 外国人留学生在籍状況調査結果』。

ピエルシチュニャク，アガタ、松塚ゆかり（2016）「ポーランド——エラスムス計画の拡大と検証」編著：松塚ゆかり『国際流動化時代の高等教育——人と知のモビリティーを担う大学』pp.77-102、ミネルヴァ書房。

広田照幸、吉田文、小林傳司、上山隆大、濱中淳子（編）、白川優治（編集協力）（2013）『グローバリゼーション、社会変動と大学』岩波書店。

松塚ゆかり（2012）「国際化における高等教育財政——経済学理論が示唆するパラダイム」『高等教育研究』第15巻、pp.29-47。

松塚ゆかり（編著）（2016）『国際流動化時代の高等教育——人と知のモビリティーを担う大学』ミネルヴァ書房。

横田雅弘（研究代表者）（2016）『グローバル人材育成と留学の長期的なインパクトに関する調査』留学インパクト科研　サマリーレポート、2013〜2015年度 科学研究費 補助金（基盤研究（A）課題番号 25245078）。

横田雅弘、太田浩、新見有紀子（編著）（2018）『海外留学がキャリアと人生に与えるインパクト——大規模調査による留学の効果測定』学文社。

米澤彰純（2018）「第10章　大学の国際化」編：東京大学　大学経営・政策コース『大学経営・政策入門』東信堂。

米澤彰純、嶋内佐絵、吉田文（編著）（2022）『学士課程教育のグローバル・スタディーズ——国際的視野への転換を展望する』明石書店。

第12章

これからの教育経済学──まとめにかえて

　教育が行きわたることによって国民の生活は豊かになり、国民生活の充実・向上は、国家経済の安定と発展に貢献し、その恩恵は再び国民生活の安定へと返ってくる。したがって、多くの国で教育は国家計画として政策が立てられ公的予算が措置される。一方、第11章で述べたように教育は日々国際化を遂げ、教育の場はもはや一国で閉じられることはない。国を越えて学ぶ者は急速に増え、その一部は学んだ他国に留まり就労する。オンライン教育の拡大に伴い、物理的に国境を越えなくとも海外の教育を受け、学位を取得する者は今後ますます増えるだろう。これらのなかから外国籍の企業や組織に職を得る者もまた増えることだろうし、多国籍組織への就職はより身近な選択肢となろう。そうすると、これまで国単位で論じられてきた人的資本論は大幅な修正を余儀なくされる。本章では人的資本論に焦点をあてて、教育経済学の在り方を再考する。まず、教育が国際化を辿るなか教育の費用と負担の構造はどのように変わるのか。国際的に移動する者の教育費を誰が払い、その便益は誰がどのように回収するのかを考える。次いで人材の国際流動性が高まるとき、教育費を負担する三つの主体、すなわち、個々人、企業、政府の行動はどのように変わったかあるいは変わるのかを検討する。最後に国際化と人材の流動化が進むなかにおける教育財政の在り方を、政府の役割に焦点をあてて論じたい。国際化に伴い、知と技術を育てる教育の場所とその成果がもたらされる場所が流動的になった場合に生ずる諸問題とその解決方法を模索し、教育経済学の今後の行方を考える。

1 人的資本論再考：場所も時間も超えて

1-1 投資国と回収国の乖離

　国を越えて移動する者の教育費は誰が払うのか。留学などの移動によって勉学の地を外国に置く場合、授業料等学費の他に渡航費や住宅費など追加の費用がかかる。その費用に対するリターンが、いつ、どこでもたらされるかが定かでは無いとき、その費用は誰が支払うことが合理的なのか、また、持続可能な教育と留学はどのような体制によって支えられるのだろうか。

　第6章で解説したとおり、教育費を負担する主体は、（1）教育を受ける個々人あるいはその保護者、（2）企業などの組織、（3）政府、である点は留学の場合も概ね同様である。これらそれぞれが海外での教育の費用を負担し、教育に対して投資をする理由がある。第11章で紹介したように、留学は個々人の収入を伸ばし、就職の機会も有利にするとされ、留学に投資する経済合理性は説明されている。企業についても特に大手企業は社員を海外に留学派遣する制度を有しており、その費用の一部あるいは全額を負担する場合も少なくない。政府においても国民の海外留学を支援していることは第11章で述べたとおりであり、経済的にも政治的にもその妥当性が説明されている。よく唱えられているのは、若者の国際的な学習経験を促して、将来的に世界で活躍できるグローバル人材を育成するという人的投資仮説に裏づけられる説明である。更に、留学支援は安全保障に貢献するという政治的見解も存在する。学生が国家間を往来することによって両国の交流が活発になり、友好関係を築いたり強化したりすることができるという説である。実際アメリカの主要な留学奨学金制度であるフルブライトの主たる理由の一つに国家安全保障が掲げられている。

　留学費用といえば、留学中や留学の準備に伴う費用が対象となる。しかし、人的投資仮説が対象とする教育費負担のスパンははるかに長い。初等、中等教育の段階で既に、というより初期の教育であるほど、公的予算が教育に投じられている。先進国においてはこの間若者は生産することはほとんど無く、彼らへの教育費負担は「投資」の段階にある。日本で大学まで公立学校に就学し、大学院から他国の大学で学び、その後留学先の国で就職した場合、教育費のほ

とんどを日本が負担し、生産活動とそこからもたらされる経済的社会的恩恵は留学した他国にもたらされることになる。このことは国家安全保障の観点からは望ましい展開といえるかもしれないし、各国の国民は自国の若者が海外で活躍することを喜び歓迎するかもしれない。

　しかし、国内で徴収された税金が義務教育を中心とする公立学校への交付金や私立学校の補助金に使用されるという実態があることから、その恩恵が国内で還元されないという事態が拡大すると、国家財政の仕組みに歪みが生じる。この歪みの規模は相当な額となるが、その内実は曖昧である。なぜなら、まずもって人的資本投資は物的投資に比べて投資から回収までのスパンが長く、回収源となる成人期の生産には教育以外の様々な要因が作用するために、対投資収益率を正確に算出することが難しい。加えて特に途上国から先進国への留学や就職移動においては、受け入れ国で得た収入の相当額を母国へ仕送りをする場合もあり、その総額は送り出し国の経済損失を補うに十分であるとの見解さえある。更に、経済発展度にあまり違いの無い国家間の移動については、送り出しと同等の受け入れがあれば人的資本のストックを維持することができる。とはいえ、人的資本が経済力を大きく左右するようになった現在、収支の曖昧さを理由に教育の費用対効果の把握を怠ることはできない。人的資本投資を主要課題とする国家の立場からすると、場所と時間を超えた学習と就労の実態をできるだけ把握し、投資と便益回収の均衡点を見定めていく必要がある。

1-2　教育の社会的便益の確認

　第3章で参照した教育の社会的便益の算出結果を思い起してみよう。公開情報に基づくと、平成24（2012）年時点の試算で、教育の便益は以下のように報告されていた[1]。まず税収増加額である。標準的高校卒業者及び大学卒業者（大学・大学院卒業者）の65歳までの所得税、住民税、消費税額を、失業リスクを考慮のうえ現在価値へ割引計算した場合、高校卒業者一人当たりの税収額は6,657,415円、大学卒業者一人当たりの税収額は12,731,778円であり、高校卒業者に対する大学卒業者の一人当たりの税収増加額は6,074,363円と算出さ

1）平成27年5月19日教育再生実行会議第3分科会の資料4に、国立教育政策研究所による「教育の社会的効果に関する研究」として公開されている。

れていた。失業給付抑制関連については、雇用保険の失業給付を学歴別人口当たりに換算した結果、大学卒業者の一人当たりの給付額が9,609円に対して高校卒業者一人当たりの給付額が18,226円であり、一人当たりの給付抑制額は8,617円と算出されている。また、犯罪費用抑制関係については、刑務所収容関係費用を学歴別人口当たりに換算し、大学卒業者一人当たりの犯罪費用を700円、高校卒業者一人当たりの犯罪費用を2,188円と見積もり、一人当たりの犯罪費用抑制額を1,488円と算出している。したがって、大学及び大学院を卒業した者の社会的便益である公財政への貢献は計6,084,468円となる。これに対して費用（学部・大学院在学期間中の公的投資額）は2,537,524円と見積もられており、大学及び大学院を修了することの一人当たりの社会的効果は3,546,944円と算出されている。留学の場合は更に追加の費用がかかる一方で、留学によって付加価値がつくとみなされる場合は便益が大きくなる。

1-3　社会的効果のシミュレーション

　これらの状況を経済学理論を応用し、国際統計を活用してシミュレーションしてみよう[2]。教育国際化のなかにおける、教育投資と投資回収に関わる当事者として、1）教育を受ける者、2）教育の費用を支出する地域、3）教育を受けた者がもたらす社会的便益を得る地域、つまり教育投資に対するリターンを回収する地域を想定する。ここでいう「地域」は国内であれば都道府県が対象となるが、既存モデルでは異なる税制を想定するために国家単位で議論を進める。Gérard & Üebelmesser（2015）は、海外留学に伴い送り出し国が費用を支払う場合を Origin country principle、受け入れ国が費用を支払う場合をHost country principle と定義し、それぞれの場合における両国の社会的厚生の最適化を検討している。ここでは前者の Origin country principle を取り上げる。例えば、送り出し国 j で学士課程教育を修了し、i 国で大学院教育を受けて、そのまま i 国に就労する者の集合を n とした場合、送り出し国 j における社会厚生 W は以下のように表すことができる。

$$W^j = \rho_{ji}^i \theta f(n_{ji}) - \gamma q_{ji} n_{ji} - c n_{ji} - w n_{ji} + \rho_{ji}^i \tau_{ji}^{ij} n_{ji} \tag{1}$$

2）理論的展開とシミュレーションは、Matsuzuka & Gérard（2022）に基づく。

$\rho_{ji}^i\theta f(n_{ji})$ は、送り出し国 j で大学教育を終了し、i 国で大学院教育を受けて就労する n らの生産から得られる期待社会収益である。ρ_{ji}^i は彼らの帰国率、θ は社会的収益の占める割合である。q_{ji} は、n らの消費支出額、γ は消費と所得との関係を規定する乗数である。c は n らの教育費用で、j 国が支払うことを想定していることからマイナスの値をとる。w は就学期間に n らの放棄所得から得られたはずの税金等の機会費用である。τ_{ji}^{ij} は、n らが帰国する場合において、i 国から j 国に移転する財産である[3]。

　では、この式を応用して、留学と就労の社会的効果をシミュレーションしよう。具体的には、送り出し国の費用負担で留学した者が受け入れ国に留まり生産活動を継続的に行う場合、送り出し国の社会厚生にどの程度の影響を及ぼすかを概算する。シミュレーションの対象は、日本と日本からの留学生が最も多いアメリカとする。理論モデルに対応し得る利用可能なデータは以下である。

（1）高等教育（学士課程以上）を修了した場合の社会的収益の現在価値……$\theta f(n_{ji})$ に対応
（2）フラクション：帰国するもしくはしない確率……ρ_{ji}^j に対応
（3）受け入れ国での消費支出額……q_{ji} に対応
（4）外国機関で就学中の授業料他学費……c に対応
（5）就学期間の放棄所得から得られたはずの税金等機会費用……w に対応
　　＊帰国する場合において移転する財産（τ_{ji}^{ij}）については適切なデータが無いため割愛する。

使用する各データの説明は以下である。

（1）高等教育（学士課程以上）を修了した場合の社会的収益の現在価値……$\theta f(n_{ji})$ に対応
OECD はメンバー各国の学士課程以上を修了した者の生涯賃金プレミアム

3）（1）の式は理論的展開により最適な留学者数や費用負担額を求めるのに有効である。例えば支援するべき最適留学者数は（1）から以下の展開で求めることができる。
$$f'(n_{ji})=\frac{c-\gamma q_{ji}+w}{\theta} \Rightarrow n_{ji}^E=\left[\frac{\sigma\theta}{c+w}\right]^{\frac{1}{1-\sigma}}$$
具体的展開と応用例は、Gérard & Üebelmesser（2015）を参照されたい。

	直接費用	放棄税額	費用計	便益				便益計	正味回収額	内部収益率
				税収増加効果	社会的貢献効果	移転収支効果	失業給付抑制効果			
	(1)	(2)	(3)＝(1)＋(2)	(4)	(5)	(6)	(7)	(8)＝(4)＋(5)＋(6)＋(7)	(9)＝(8)＋(3)	(10)
日本	− 23,000	− 11,200	− 34,200	77,700	70,300	0	5,800	153,800	119,600	10%
アメリカ	− 58,100	− 6,100	− 64,200	224,100	41,500	0	62,700	328,300	264,100	12%
OECD平均	− 48,500	− 5,000	− 53,500	130,100	44,100	400	22,600	197,200	143,700	10%

出所：OECD（2018）*Education at a Glance*, Table A5.2a をもとに作成。

を、高校あるいは短大を修了した者に比して算出し、高等教育の公的費用と便益を公開している。図表12-1が当該データを日本とアメリカ、そして参考までにOECD平均を抜粋して邦訳したものである。

便益総額は日本で153,800ドル、アメリカで328,300ドルとなる。2020年7月1カ月間の為替平均約1ドル＝105円で日本円に換算するとそれぞれ、16,149,000円、34,471,500円となる。アメリカ経済にとっての便益に軸を置く場合はアメリカの数値をとり、日本の機会費用として失った便益に軸を置く場合は日本の数値をとる。

（2）フラクション：帰国するもしくはしない確率もしくは可能性……ρ_H^i に対応

留学者の帰国あるいは滞在率については、世界的に多くの研究が蓄積されている[4]。日本においては網羅的データ収集に基づいた公開データあるいは情報は見受けられない。そこで、海外における学位取得者を抽出し、彼らの公開履歴をデータベース化した結果をもとに算出する[5]。学問分野によって就学年数と就学後の就職地に相当な違いがあるため、経済学分野に対象を絞り博士課程

4）例えば Veugelers & Van Bouwel（2015）は、OECD における博士学位取得直後の就職滞在率を70％と概算している。また学位取得後の滞在率は10年後の滞在率に大きく作用することも示している。

5）当該データベースは日本学術振興会科学研究費助成事業 20H00097及び17H02678の助成を受けて構築された。ここに記す滞在率は2020年7月に算出された結果だが、その後データの拡大に伴い、日本で学士課程を修了し、アメリカで博士号を取得し、かつデータ収集時に就労中の103名を対象に再集計を行った結果、アメリカで就労中の者は26名（25.2％）とほぼ同様の結果が得られた。

修了後 5 年から35年を経過した個々人を抽出した。結果、日本で学士課程を修
了しアメリカで博士号を取得し、かつデータ収集時に就労中の個々人44名のう
ち、11名（25%）がアメリカで就労中、23名（52.3%）が日本で就労中、5 名
（11.4%）がこれら以外の国で就労中であった。アメリカで博士課程修了後に
当地に留まり生産活動を継続した場合の日本にとっての社会的便益損失額を算
出するため、25%の値を試行する。

（3）受け入れ国での消費支出額……q_{ii} に対応

　消費支出額及び授業料等の留学滞在に伴う費用については、Times Higher
Education が公開している各国留学生の一人当たりの支出状況を、上記モデル
に準じて算出した[6]。公開データは米ドルとポンドで提供されており、上記社
会的収益と同様、2020年 7 月 1 カ月間の為替平均約 1 ドル＝105円で日本円に
換算した。結果、消費支出額として、アパートの賃貸料などの住居費、通信費
や交通費などの基礎経費、食事や娯楽費を含む生活費は年間2,634,056円であ
った。また、（2）で使用した履歴データベースから、修士から博士課程修了
までに要する平均年数は6.82年であった。よって年間支出額に平均就学年数を
かけ、17,964,262円とする。

（4）外国機関で就学中の授業料他学費……c に対応

　上記と同様の情報源を用いて概算の結果、アメリカで留学生が支出する授業
料他学費は一人当たり年平均3,487,575円であり、これに平均就学年数の6.82
をかけて23,785,262円とする。

（5）就学期間の放棄所得から得られたはずの税金等機会費用……w に対応

　就学期間の放棄所得から得られたはずの税金等機会費用は、図表12-1に沿っ
て、また2020年 7 月の円ドル為替平均を用いて、11,200ドル ×105＝1,176,000
円とする。

　以上に基づき、留学者が学位取得後に帰国した場合としなかった場合の公的

---

6 ）https://www.timeshighereducation.com/student/advice/cost-studying-university-united-
　states　に掲載されている "The cost of studying at a university in the United States" の情
　報を使用している。〈2020年 7 月 1 日閲覧〉

図表12-2　アメリカの日本人学生数

課程	学生数
学士課程	9,001
大学院課程	2,875
OPT（実地研修）	1,516
学位課程外	4,713

出所：The 2019 Open Doors Report（https://opendoorsdata.org/data/
international-students/academic-level-and-places-of-origin/
〈2020年8月20日閲覧〉）をもとに作成。

便益を日本とアメリカそれぞれに対して推計し比較することができる。日本に
帰国せずにアメリカで就労した場合の損失額に焦点をあてると、

$$\delta W^j = 0.25 \times 16{,}149{,}000 + 17{,}964{,}262 + 23{,}785{,}262 + 1{,}176{,}000 = 46{,}962{,}774$$

となり、一人当たりおおよそ4,700万円の社会的損失が発生することとなる。
むろん課程修了後の5年から35年以後に帰国する者もいるだろうし、生涯所得
を前提に便益額をそのまま投入することには問題がある。一方で、図表12-2に
示すように2018年から2019年の学事歴の間にアメリカの大学に在籍した学生数
が相当数に上ることを考えると、留学者全体を対象とした場合相当な金額に達
する。加えて、留学を経た者には付加価値が加算されることを想定する場合、
損失金額は更に大きくなる。

1-4　結果の考察

　ここでの主たる目的は、留学と人材移動の経済効果を説明する理論モデルに
実際のデータを適用して、海外機関の学位を取得してその地で就労することが
教育投資における便益回収にどの程度の影響を及ぼすかを探ることであった。
データの制約もあり十分な検証とはいえないものの、高等教育に留学が重なる
と、留学者の就労の場によって社会的便益に大きな違いが発生することを確認
した。送り出し側の損失を扱ったが、送り出し国は同時に他国からの留学者の
受け入れ国であり得、滞留留学者の生産性が高い場合は受益者ともなる。各国
家及び地域は両方向で学びの機会を安定させ、受益と損失のバランスを維持し
つつ継続性のある教育機会を備えなくてはならない。つまり地域的垣根を越え
た広義の社会厚生を組み立てていくことが問われるのではないだろうか。

　これをなさずして案じられるのは高等教育と留学等国際的学習の私的便益が強調されるなか、留学費用の私的負担が世界的に増大していることである。受益者による私的負担の妥当性が高まるのであれば、公的負担額は減少の傾向を辿ることとなり、教育の格差と移動の格差が重層的に拡大することが予想される。そのうえ、オンライン教育の普及定着によって「移動」はヴァーチャルの環境で一層盛んになる。履修、学位取得、就職の在りようは多様化し、資金の流れはますます混沌とするだろう。

　今後は複雑化する状況変化に対応できるより詳細な分析が必要となるだろう。具体的には、学位や分野によって費用も便益も大きく異なることから、学士、修士、博士そしてできれば専門職学位に分けた分析、そして少なくとも学問大分類を網羅することが重要である。むろん性別、年齢等属性効果を識別することによって分析の信頼性を高めることも問われる。各国・地域のミクロレヴェルのデータと国際機関のマクロデータを包括かつ連続的に分析することで、意義と貢献性の高い実証研究を期すことができるであろう。

2 国際化のなかの教育費用負担：変わる人的資本投資の分担

　人の国家間移動の規模が拡大すると、教育の費用負担と便益回収の在り方は変わる。これまで国単位で閉じられていた教育財政は学ぶ者の国際流動性を前提にした変革を迫られるだろう。このことは教育を受ける個々人やその保護者にとって、大学等の教育機関にとって、そして政府にとってどのような意味を持つのだろうか。

2-1　個人による教育費・留学費負担の現状

　国内での勉学と同様、留学で得た知識、能力、技能は留学した個々人のなかに培われる。留学が私たち個々人に対して確かな付加価値をもたらすならば、私たちが一定の留学費用を個人的に負担することは経済上合理的である。一方、留学に伴う費用の適正な公私負担率を見定めることは難しい。まず、語学留学、学士留学、修士留学、博士留学と様々な課程があるうえ、数カ月の短期留学から学位留学まで留学には様々な形態があり、負担対象の価格の把握が容易ではない。また、奨学金を得ている場合、支援者が自国の政府や大学の場合

図表 12-3　中国への留学件数と費用負担者の推移

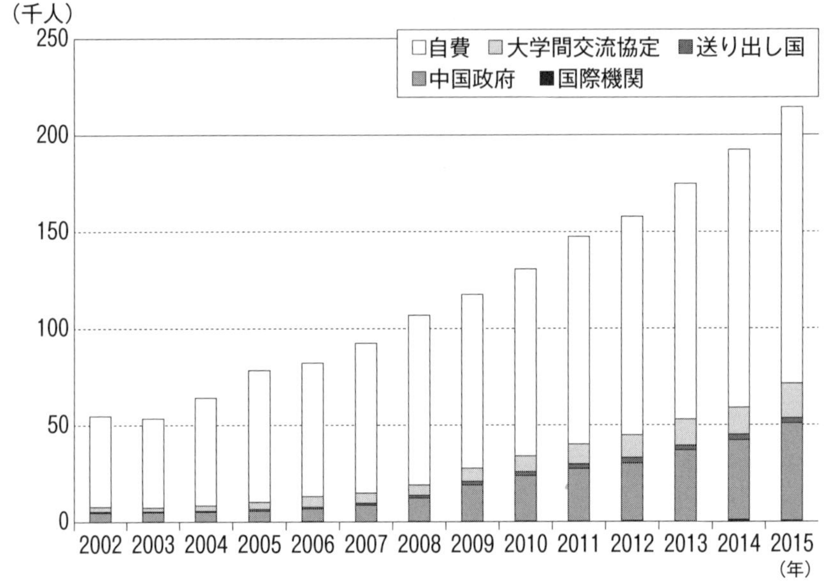

出所：中華人民共和国国家教育委員会計划建设司（1987-）『中国教育統計年鑑』北京：人民教育出版社をもとに作成。

もあるし、受け入れ先の政府や大学、時には私企業である場合もある。費用負担者の多様性と費用内訳の複雑性は、留学投資とその経済的価値との関係を正確に算出することを極めて困難にしている。

2-1-1　私費留学の増大

　明らかなのは、留学移動が増加するなか、多くの国において新たな増加分の多くが私費によって賄われていることである。第11章で示したように、来日留学生が1989年から2019年までの間に31,251人から312,214人とほぼ10倍近く増加したが、これらの留学生数の増加は概ね私費留学生数の増加によるものであった。留学者が世界で最も多い中国の統計でも同じ様子が見て取れる。図表12-3は『中国教育統計年鑑』をもとに作成した中国が2002年から2015年にかけて受け入れた留学生の推移と費用負担者である。日本と異なり中国政府による財政支援も上昇し、大学間協定による支援も増えているが、留学件数の大幅な増加を担っているのは私費負担による留学である[7]。各国とも大学進学者が

図表 12-4　高等教育費の政府と家計の負担額の推移

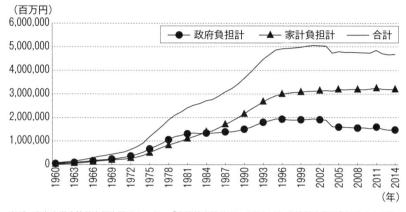

出所：広島大学高等教育研究開発センター「高等教育統計データ集」160. 高等教育費の負担をもとに作成（1960年〜2014年）。

増加を辿り高等教育予算に余裕が無いこともあるだろうが、学生やその保護者が留学の価値を認め私費を投ずるに値すると判断している結果と捉えられる。

2-1-2　重い日本の高等教育費家計負担

　大学教育に対する私費負担が増加しているのは世界的傾向であるが、日本にとってこの問題はかねてから深刻であった。図表12-4は高等教育費の公私負担額の推移を表したグラフである。高等教育費は1990年代まで急速に上昇し、その後は少子化の影響もあり横這いである。政府と家計負担に分けると、1984年までは政府負担額が家計負担額を上回っていたものの、1984年を境に家計負担額が政府負担額を上回り、その後私費負担額のみが上昇を続ける[8]。もとより日本はGDPにおける教育予算の割合が他のOECD諸国に比較して際立って低い。OECDによる *Education at a Glance*（図表でみる教育2020年版）によると、2017年の初等教育から高等教育の公的支出が国内総生産（GDP）に占め

7）苑（2016）は、東アジア圏内外の中国人学生による留学移動の実態、推移、課題を私費留学の増加と対応させて論じている。

8）家計が苦しい状況であるにもかかわらず子どもの大学教育費を支払う家計を、小林（2005）は「無理をする家計」、田中（2014）は「教育費負担に喘ぐ家計」と称し、その実態を明らかにした。

図表 12-5　高等教育（Tertiary）の費用負担比率：公・私・国際比較（2017 年）

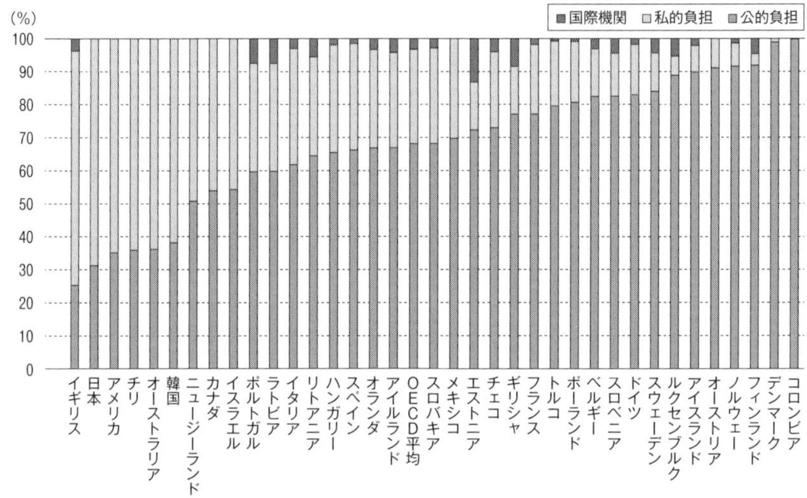

(%)
■国際機関　□私的負担　□公的負担

100
90
80
70
60
50
40
30
20
10
0

イギリス
日本
アメリカ
チリ
オーストラリア
韓国
ニュージーランド
カナダ
イスラエル
ポルトガル
ラトビア
イタリア
リトアニア
ハンガリー
スペイン
オランダ
アイルランド
OECD平均
スロバキア
メキシコ
エストニア
チェコ
ギリシャ
フランス
トルコ
ポーランド
ベルギー
スロベニア
ドイツ
スウェーデン
ルクセンブルク
アイスランド
オーストリア
ノルウェー
フィンランド
デンマーク
コロンビア

出所：*Education at a Glance* 2020, Chapter C Table C3.1. Relative share of public, private and international expenditure on educational institutions, by final source of funds（2017）をもとに作成。

る割合は、日本は2.9％であった。この値は、アイスランドの2.8％に次ぎ、リトアニアの2.9％と同位で、比較可能な38カ国中で最下位から 2 番目である。OECD 諸国の平均は4.1％である。

　図表12-5は高等教育の費用負担比率を、公、私、国際機関に分けて OECD 諸国と比較したグラフである。日本の公的支出の占める割合はおよそ30％で、他は家計負担か国際機関が負担している。イギリスに次いで最下位から 2 番目と示されているが、イギリスは1998年に大学に授業料を導入して以降ローン制度（所得連動返済型学資ローン：Income contingent loan）を段階的かつ大々的に導入しており、これが私的負担として転換されているためである。

2-1-3　格差拡大の懸念

　第11章では留学費用の私的負担の上昇について述べたが、留学費用も大学の授業料も家計負担の割合が増えていることは明白である。家計に余裕があり「学歴プレミアム」に加えて「留学プレミアム」を認識している学生やその保護者は、留学費用の負担を厭わないだろう。しかし、高い潜在性を備えた者

が、大学進学に併せて留学を望みつつも金銭的な制約から留学ができないという事態は深刻な問題である。まずもって、意欲的な若者が海外で学ぶ機会を持てないこと自体が問題である。次に、大学教育や留学には収入や雇用の機会を押し上げる効果が明らかになっているなか、家計に余裕の無い者がそれらの機会を得ないことは、持てる者と持たない者の間に更なる格差が生ずることを意味する。

2-2　大学による積極的かつ自律的な取り組み

2-2-1　個別大学による「プレミアムアップ」

　留学生と優秀人材の獲得は、国家の関心事であると当時に、個別大学の戦略である。とりわけ外国人留学生や研究者の誘致、奨学金の供与、教育・研究資金の提供、就労サポートは個々の大学の使命であり、特に北米、オーストラリア、イギリスなどの留学先進国の有力大学においては海外留学生を引き寄せることはもとより、そのなかの「ベスト＆ブライティスト」には積極的に就労の機会を与えている。大学が主体的に高技能外国人学生の獲得と養成を担っているのである。このような大学は自らを、国を越えた「World institute」あるいは「Global university」と位置づけ、個々の大学の教育・研究理念を明確に提示しつつ、大学の国際性と開放性を主張している。学術発展に資する優秀外国人の誘致のためであれ、大学の収益向上のためであれ、積極的かつ自律的な留学生獲得対策をとっており、国策の転換如何で揺らぐ様子は無い[9]。

　これらの世界的有力大学は国の留学政策を活用する一方で、各機関独自の「プレミアムアップ」戦略を講じている。大学の学生誘致のための努力は教育の内容面はもとより、施設の充実などのハード面から学生支援サービスなどのソフト面まで多岐に及ぶが、ここでは教育経済学が特に関係する財政支援からの奨学支援金を取り上げよう。奨学金は給付型の奨学金と貸与型の奨学金に大別できる。それぞれの規模や詳細は国によって異なるものの、ほぼ共通してい

9）2019年4月に行った北米有力大学の学長及び副学長等へのインタビュー結果に基づく見解である。関連する報告書が、科学研究費助成事業「高等教育をめぐるモビリティーと教育費負担構造の変容に関する理論と実証研究（17H02678）の研究成果報告書に記載されている。https://kaken.nii.ac.jp/ja/file/KAKENHI-PROJECT-17H02678/17H02678seika.pdf〈2022年5月1日閲覧〉

るのは、給付型には学力基準あるいは収入基準などの満たすべき基準が設けられており、貸与型については無利息の場合と利息付に分けられ、無利息の場合は学力基準や収入基準などが設定されている一方、利息付の場合は貸与基準が緩やかであるという特徴だ。

2-2-2　仲間と借りて返す教育ローン

　これらのローンは全国民に向けられたものであるが、高等教育先進国では大学が独自の教育ローンを運用している例が少なくない。つまり、大学の基金や共済組合資金等の財源を基に、利息を最小限に設定して運用する。最大の特徴は、これらのローンを運用しているのは名門大学に多いことであり、国のローンに手の届かない外国籍の学生も含めて対象にしていることである。名門大学に入る学生は将来ローンの返済に困窮する可能性が低いだろうことは、大学がローンの提供によって不利益を被る可能性が低いことを意味する。学生側にとっても同じ大学の仲間と共に借りて返すことで低金利が約束されることもあり、安心感があるだろう。そもそも教育ローンの概念は人的資本論の原則に即している。教育を積むことによって能力を高め、将来的により良い収入を得られることを前提に返済を要求し得るのである。ここにおいて学生にとっては「誰と一緒に借りて返すのか」という観点からは申し分の無い仲間の存在は大きいだろう。名門大学にとって大学固有のローンを展開する経済合理性は実に高く、能力と意欲の高い学生ほど金利を低く設定しても長期的に健全なローン運営ができ、それによって更に有利なローンを学生に提供し外国籍の学生も引き寄せることができる。学生が国境を越えて移動するなかにおいて、有力大学ほど国境を越えた独自の成長戦略を展開しており、獲得する学生の質、大学の運営力においても一層の優位性を維持する傾向にある。

2-3　期待される政府の機能

2-3-1　国際化において問われる各国政府の役割

　自由な移動環境において、個々人が自己資本のプレミアムアップを目指す行動を妨げることはできないし、個々の大学が独自のプレミアムアップ戦略を推し進めることを制約することもできない。また、するべきではない。豊かで上昇志向の高い学生の移動はますます活発になるだろうし、大学もその移動に対

応しまた移動を促進するだろう。そのようななか、各国政府の役割、とりわけ
教育財政の在りようはどのように変わるのか。人の移動先は特定の国に偏る傾
向にあるが、長期的に見れば OECD のエコノミストがいうように「循環」す
るかもしれない。いずれにしても、教育の費用を支払う国と成果を享受する国
の乖離が予想されるなかで、人の移動を前提に国家はこれまでと同じように教
育に公的予算を支出することはできるのか。また、人が国際的に移動すると
き、各国政府の教育における役割はどのように変わるのだろうか。

　なぜ教育に政府の介入が必要とされるのかに立ち戻ってみよう。教育は社会
的効果を有する「準公共財」であり、それがゆえに教育への公的関与と国家予
算の支出は妥当かつ適切とされた。第6章で解説したように、教育の社会的効
果を念頭に政府が教育に介入する理由は以下を目指すものであった。

- 公平性や機会均等の確保
- 学力向上、科学技術の発展
- 雇用増大、生産力向上、税収入拡大
- 国際的競争力の強化
- 外部効果

国際化が進んでも、いや進むほどに、これらすべてがますます重要な国家的
関心事である。一方で、これらの社会的な役割や効果は、そのほとんどが私的
効果と同一線上にある。学力の向上は教育を受ける個々人の関心事であり、学
力が向上すれば自ずと科学技術の発展が実現する。個々人が学習を積めば雇用
の機会は増えるし生産力も向上する。これに伴い所得や収入が増えれば結果的
に税収入も増える。これらの教育効果は相まって国際競争力の強化へとつなが
る。外部性も然り、教育に関心を持ち、学習に取り組む者が増えるほど、教育
の外部効果は拡大する。つまりこれらの社会的効果は、個々人が期待し個々人
によってもたらされる教育の効果と一体であり、私的効果は相乗的に社会的効
果をもたらすといえる。

2-3-2　政府でなければ担えない役割

　他方で、政府でなければ担えない役割がある。「公平性や機会均等の確保」
である。個々の人間が国民全体や社会における教育機会の均等や公平を目指し
て教育を受けたり海外に留学したりすることは稀であろう。大学にとって国民

の機会均等や公平性は重要ではあれ、留学生を受け入れ送り出す際の最大の関心事とはいえまい。教育及び留学の機会と公平性を充足させることは政府の役割である。そして、国際化が進む今、その役割の範囲は国境を越えて拡大する。

　しかも、個々の人間や大学がそれぞれのプレミアムアップを求めて移動したり移動を受け入れたりする状況にあっては、公的な介入がなければ機会の格差は拡大する。「市場のちから」に委ねるほどに、「今持たぬ者」の機会は狭まり、それは社会的・経済的格差へとつながる。そして、その偏りは構造的にも規模的にも世界を舞台に展開される。したがって各国政府は、国際環境における教育の機会はどのように確保され得るのかを明らかにし、新たな教育機会均等の在り方を模索しなくてはならない。教育が「準公共財」であることに変わりは無いものの、「公共」の範囲が国を越えて拡大することから、国際協調に基づく教育財政が問われることとなろう。そのうえで、社会的効果は国を越えて拡大し、学術、技術発展、そして平和を支える競争と協調がもたらす地球的な知識基盤社会が可能となるだろう。

3 教育の国際化を支える財政

　では、地球的知識基盤社会への国家財政の介入とはどのようであろうか。循環を想定した国家予算の支出は可能なのであろうか。「今持たぬ者」への機会の提供は、国家を越えて可能なのであろうか。そして国内で調達した税金による人的資本投資は、国を越えて回収することができるのだろうか。更に、国内学生に教育と留学の機会を与えて国際的人材の養成を進める一方で、各国各大学が盛んに繰り広げている高度人材の獲得戦略といかに付き合っていけばいいのだろうか。教育経済学的観点から教育財政に焦点をあてて考察しよう。

　国家間の人材流動を高技能者養成につなげつつ、これに伴う費用負担に国家間で偏りの無いようにする方策はこれまで少なからず研究が積まれてきた[10]。国家財政で教育費用を負担するものの、その費用から得られる便益が国内で回収されないという問題に対応する施策には、高技能者の移住に伴う国家間の利益と損失とを相互に補完することを目的とする「バグワティ税」、卒業生に税金を課す「卒業税」、国を越えて運用される「所得連動返済型学資ローン（Income contingent loan)」などが議論されている。ここでは所得連動返済型学資ローンに焦点をあてる。なぜなら、同制度の原点が教育機会の公平を目指すことにあったこと、そして、日本国内で既に導入されており、実現可能性の高いスキームと考えるからである。以下では所得連動返済型学資ローンの、（1）機会均等への効用、及び、（2）高度人材獲得への作用に特に焦点をあてて考察する[11]。

3-1　所得連動返済型学資ローン

　高等教育や留学に対する私費負担割合が増えると、自ら教育や留学の費用を負担することができない者はこれらの機会を得にくくなる。そのうえ、大学進学や留学経験者のプレミアムが高いのであれば、それらの機会を得る者と得ない者との間の不均等が更なる所得格差を招くメカニズムを第11章で述べた。実際モビリティーの進展は低所得者層を一層不利な立場に追い込む可能性が高い。Borjas（1987）や Miyagiwa（1991）の、高度人材による教育プレミアムの高い国への移動を示唆するモデルを適用すると、移動の機会を得ない者は母国に留まり、高等教育を受ける機会に加えて諸外国で学ぶ機会も寡少になる。この場合高度人材の受け入れ国と送り出し国との格差は拡大する一方となることが示唆されている。

　このような事態は市場の力学では解決できず、公共政策が対応する範疇である。高等教育の自由化や市場化の促進を支持する研究者も、高等教育の政府介入は必須であり、それは市場の失敗の分野に向けられるべきであることを主張している。例えば Barr（2004）は、大学教育における行政の役割として、まず外部効果を認識して高等教育進学者に資金を提供すること、次に、資本市場の不完全性に対峙し、学生ローンなど大学教育の消費がスムースに行われるメカニズムを体系化すること、そして資本市場の力学では需要を掘り起こせない

10）例えば、Demange, Fenge & Üebelmesser（2014）は、学生が国家間を移動し労働市場も統合されると、関係各国に自国の教育費負担を節約しつつ外国人高度技能者を誘引しようとするインセンティブが発生することを明らかにしている。Gérard & Üebelmesser（2015）は、学生と高技能者の移動に伴う地域間不均衡は深刻であり、教育の費用負担と経済的便益を国家間で調整する必要性を主張している。

11）これらの考察は松塚（2012）を修正加筆した内容である。

分野あるいは社会層に対して大学教育へのアクセスプロモーターの役割を担うことを提起している。このような議論は21世紀初頭より世界各地で急速に盛んになった、学生ローンを軸としたコストシェアリングの推奨、特に小さな政府で弱者支援を可能にするとされる Income contingent loan（所得連動返済型学資ローン）の要請へとつながった（Johnstone & Marcucci, 2007; 2010）。モビリティーの上昇により、一方で高等教育機関への交付金の妥当性が低下し、他方で個々人が高い教育プレミアムを求めて可動的になるとすると、公と私の費用分担、すなわちコストシェアに新たな工夫が必要となる。所得連動返済型学資ローンは、財政逼迫に対応しつつ公平性における目的を達成し、同時に、高度技能者の誘致をも可能とする方策としてイギリス、オーストラリア、アメリカの一部を中心に導入がはじまった。

3-1-1　機会均等化への作用

　所得連動返済型学資ローンでは、財源を基金化して学生がその基金から学費のほか大学生活に必要な諸費用を借り入れる。そして返済は学生や家族の財政状況や将来の期待所得ではなく、卒業後の実際所得に応じて累進的に課される。大学を卒業した後でもあらかじめ設定された規定の所得を上回らない場合は支払い義務が無い。所得が低ければ返済額も少なく、上がれば返済額が増える。従来のローンは自分の借金を自分で返済する個人ローンの形式であるが、所得連動型では払える人間から徴収するリスク分散型といえる[12]。このメカニズムによって、高等教育の予算が縮小されるなかにおいても、経済的に不利な学生に対して教育の機会を提供しつつ、高等教育の進学者数を伸ばすことが可能とされる（Barr & Crawford, 1998）。

3-1-2　所得再分配による経済・社会的格差の是正

　ローンのシェアが拡大すると、大学は授業料への依存度が高まる。学生の授業料負担が増えることから一見低所得者層の大学へのアクセスが一層閉ざされるかのように思われる。しかし、税金はすべての市民から徴収されている一方

---

12) これらローン制度の経済学的考察及び具体的な導入例や実績については、Chapman（2005）、Greenaway & Haynes（2004）などを参照されたい。

で、大学への進学者が概して裕福な家庭の子女で占められており、大学交付金の恩恵は主に高額所得者と中間所得者層に偏って享受されていることを考えると、低所得者層をターゲットにする所得連動返済型学資ローンの方が機会均等の達成条件を満たすとされる（Johnstone & Marcucci, 2010; Barr, 2001）。コストシェア提唱者に共通する「公平」の概念は、高等教育は原則無料でその機会があまねく誰にでも提供されるべきことではなく、既存の経済的・社会的格差を是正する、所得再分配の原理に基づいてこそ達成されるべきであるということである。例えばBarr（2004）は、「公平性における目標は、優秀な学生が不利な境遇にあるという理由で大学教育を受けることができないことの無いよう制度を整備することである（p.266）」とし、Johnstone & Marcucci（2010）は、「アクセスを公平にするということは、高等教育への門戸を、聡明で意欲があり、そして貧しい人間に開くべきなんらかの手法を駆使することである（p.7）」としている。

3-1-3　世界規模のローン回収の仕組み

　所得連動返済型学資ローンは1989年にオーストラリアで導入されて以後、ニュージーランド（1991年）、南アフリカ（1991年）、イギリス（1997年）、タイ（2007年）などの国で次々と導入され、2010年代には南アフリカ、ハンガリー、韓国、エチオピア、そして後述するが日本でも導入されている。初期のオーストラリアでの実践は成功例として広く共有されたものの、30年を経た今その有効性と妥当性について結論が出ているとは言い難い[13]。むろん問題が無いわけでない。有資格者の基準設定、金利の金額や助成の有無、返済対象者の所得金額などについて綿密な設計が必要である。フリーライダーの出現も想像に難くない。また、本制度そのものが、大学教育は将来所得への投資であるという

---

[13]　初期の報告では、所得連動返済型学資ローンの導入によって高等教育在籍数は50%増加し、13年間で60億の利益を上げ、2005年には費用の20%分が利益となったという報告（Greenaway & Haynes, 2004）、男性よりも女性の利用者が急増したことをはじめ、経済・社会的に不利な社会層の大学進学に大きく貢献したという報告（Chapman & Ryan, 2003）など肯定的な研究成果が目立った。最近になると、特に返済の段階における公平性を問う声が卒業生や市民のなかから上がっている（例えば Braithwaite, Ahmed & Cleland, 2022）。教育の機会向上と社会的公平とを両立するジレンマといえ、第8章の中心的議論に通ずる。

前提に立っているのだが、大学教育を投資と捉えず将来の回収を念頭に置いていない者にとっては制度の意義自体が機能しない。そして何よりも懸念されるのは、モビリティーが高まるなか、資格者の選定から金利や返済条件の設定まで複雑になり、回収の困難さが増すであろうことである。それについて Barr（2001）は、Income contingent loan は卒業生が就労する国の税務当局で回収可能であり、回収後にローンを提供した国に送金すれば良いと主張する。ローンを回収する国際的な協力体制を敷いても良いし、世銀等が徴収を請け負うのも可能であろうという（p.234）。これはまさに「バグワティ税」の実現である[14]。バグワティ税は高技能者の移住に伴う国家間の利益と損失とを相互に補完する手段として提唱された。経済力の強い国に留学しそこに留まり就労した場合、当該高技能者の収入への一部課税額を送り出し国に支払うことによって国家間の経済力格差の拡大を抑えようとする仕組みである。

　実際バグワティ税は所得連動返済型ローンと組み合わせることによって機能する。つまり、所得連動返済型ローンにおける初期投資は送り出し国が行い、ローン受給者の収入が一定額を超えた後に課税額の一部を送り出し国に返済する設計となる。送り出し国が途上国の場合は初期投資が容易ではないうえ、納税者の移動により返済ルートが複雑になるなどの問題が想定されるが、そのような問題解決のためには OECD、世界銀行、世界貿易機構などの国際機関が設計あるいは関与する枠組み作りが考えられるだろう。国際機関を巻き込んだ世界的視野に立った国家間協調は必然といえよう。ある国は往来する若者を地球市民として捉え、他の国は自国民のみの教育と生産を支えようとするのであれば人の移動とそれに伴う費用と便益の循環は実現しない。

　地域で、あるいは国際的に連携して、回収のメカニズムを作ることは同制度提唱者のほぼ一致した意見であるが、斬新なところでは Vandenberghe（2011）は、個々の教育機関が施行し管理することを提案している。すなわち、ローンを提供するのも大学であり、回収も大学の責任・裁量で行う。それぞれの大学が学生ローンの管理運用者となり、例えば卒業生組織を活用するなどして組織的なフォローアップを行うことが有効であると主張する。事実、国際化

14）バグワティ税の論理、基本的概念、経済学モデルについては、Bhagwati（1976）、Bhagwati & Hamada（1982）を参照されたい。

とは相性が悪いかのように見える所得連動返済型学資ローンは順調にその適用地域を拡大している。それも国際化と流動化を促進しようとするイギリスやオーストラリア等において積極的に導入されているのである。

3-1-4　高度人材獲得への効用

　市場化の流れのなかで移動する者は、移動資金を自ら工面できる経済的余裕のある者と、ローンや奨学金を獲得できる優秀な学生となると考えられる。これらの学生が渡航先で就労することとなると、受け入れに対して送り出しが多い国ほど教育投資の回収機会を失うと同時に、国内には資金、能力ともに比較的恵まれない人材が残ることが予測される。一方国外から優秀な留学者を積極的に受け入れる国では、国内における高度技能者の割合を増加させ知識基盤を強化することができる。第11章で解説した自己選択仮説を適用すると、高度技能者の割合が多くなると技能に応じた効用が一層高くなり、更なる高度技能者の誘致が可能となる。

　このことは二つの理由で既存の国民所得をも上昇させることを Miyagiwa（1991）は指摘している。まず、技能に対する効用が高まることにより、国内における高度技能者の賃金も高くなる。次に、高等教育の賃金プレミアムが高くなると、これまで大学に進学しようとしなかった社会層でも進学しようとするインセンティブが高まる。そうすると国内においても教育需要が上昇し、高度技能者の国内供給量が増える。したがってモビリティーが上昇するなか、質の向上に努め教育の効用を高めること、そして機会均等に配慮して優秀な人材の獲得を可能とする学生ローン等のスキームを整備することを、先進諸国は国際的見地から進めているのである。特に欧米の有力大学では外国籍であってもニーズベースでローンや助成金を提供し、その多くの場合所得に対応する払い戻しが設計されている。特にアメリカの有力大学の多くは私立の運営であり、寄付金や共済による基金の運用は個々の大学の裁量に委ねられている。国公立大学においても規制緩和の流れのなかで資産運用専門の組織が設置されて外国人への奨学金を供与し得る。時の政権によって移民や入国規制管理の強弱はあるものの、国の人的資本政策と大学の外国人誘致は概ね連動あるいは融合しながら展開されているといえる。

3-2 日本の所得連動返還型奨学金制度の概要

3-2-1 条件設定

　日本では日本学生支援機構が2017年度から「所得連動返還型奨学金制度」を開始した。対象となるのはすべての高等教育への進学者だが、申請時における家計支持者の所得要件がある。導入時点での採用条件は以下のとおりであった。

（１）第一種奨学金採用者（大学院を除く）である。

（２）家計支持者の所得金額（父母共働きの場合は父母の合算額）が次の金額となる。

　• 給与所得のみの世帯……年間収入金額（税込）が300万円以下

　• 給与所得以外の世帯……年間収入金額（税込）から必要経費（控除分）を差し引いた金額が200万円以下

　無利子奨学金から先行的に導入し、有利子奨学金については無利子奨学金の運用状況を見たうえで、将来的に導入を検討することとしている。返済については、学業修了後所得が一定額となるまでは所得額にかかわらず月々定額（2,000円）を返還し、所得が一定額を超えた場合に所得に応じた返還額となり、2017年の時点では毎年の課税対象所得の９％を乗じた値とされている。ただし、返還が困難な場合は返還猶予を申請することができる。申請可能所得は年収300万円以下とし申請可能年数は通算10年。災害・傷病・生活保護受給中等の場合は、無制限に猶予期間の対象となる。また、奨学金申請時に家計支持者の年収が300万円以下の場合も、申請可能年数について期間の制限が無しとされている。これらの条件設定の背景には、家計予算の減少、非正規雇用の増加、現在の奨学金返還者層のうち約４割が年収300万以下であることなどが指摘されている。

3-2-2 制度の考察と展望

　日本の所得連動返還型奨学金制度は創設後まだ間も無いことから、その経過や成果について一定の結論が出る段階には無い。しかし、創設の背景や制度の内容と意義及び課題等について重要な研究が進んでいる。小林（2017）は、第二次世界大戦後に創設された公的な奨学金制度に遡り日本の奨学金制度の歴史

を概観したうえで、2012年に創設された所得連動返還型奨学金制度から2017年
の新所得連動返還型奨学金制度への移行、制度の内容、メリット及びデメリッ
トを論じている。メリットとして、返済の基準が所得のみで明確であることと
返還の負担が大幅に軽減されたこと、デメリットとして、高所得を期待する層
の返済額が高額になる設計のためにこれらの層が同制度を選択しなくなる「逆
選択」が発生する一方で、制度を選択する者は返済の猶予を見込んで「閾値」
つまり返済対象となる所得に到達しないように働こうとする「モラルハザー
ド」が発生し得ることを指摘している。小塩（2020）は、同制度を「人生前半
の社会保障の重要な仕組み」となり得るとしつつも、現設計では日本版所得連
動返還型奨学金制度の再分配効果は限定的であり低所得層の教育支援策として
多くを期待できないとしている。これは、財政的なコストが他国に比較して少
なく、奨学金のかなりの額の返還が求められることが主な理由であるとする。
しかし両研究ともに、対象を有利子奨学金に拡大したり、制度をよりわかりや
すくし選択しやすくしたりするとともに、制度の検証と手直しを繰り返すこと
によって、日本の所得連動返還型奨学金制度を拡充する意義は大きいとしてい
る。

4 まとめにかえて

　本章では学習と教育の機会が国境を越えることを踏まえて、教育と経済との
関係を考えた。自己選択による自由移動が、経済的利得を中心とする相対的な
効用に作用される可能性を示唆しつつ、世界的自由競争の進展と私費留学の増
加と相まって、国と大学の学生誘致力や学生の留学機会に格差が生じる懸念を
提示した。国家政策は人材の流動性に相当な影響を与えるが、欧米の主要大学
は国策の如何にかかわらず独自に高度人材の誘致を戦略的に進めていることに
も注目した。
　資金に基づく格差、能力に基づく格差、その両方に基づく格差が地域内及び
地域間で拡大することが予測される。そのようななか、モビリティーに対応し
かつ機会の均等に配慮した教育費負担制度として国を交差する所得連動返済型
学資ローンの可能性を探った。その可能性とは、大学での就学に適用されてい
る同制度を留学の枠組みでも利用できるようにし、高等教育と留学の両方の機

会を希望者に対してあまねく提供できるように運用することである。所得連動返済型学資ローンは、「今持たぬ者」への機会の提供という点、そして、投資からリターンにつながるまでの時差の問題を解決できるという点で有用である。国を越えた適用には主に管理運用面で課題が指摘されているが、国際連携に基づく税制度が実現すれば解決し得る。

2020年冬にはじまった新型コロナウィルス感染症の世界的拡大によって学生の流動性は物理的には停滞したものの、オンライン教育の拡大浸透によって知的流動性は急速に拡大・深化した。いわゆる「ヴァーチャル・モビリティー」の発展で、教育への垣根、留学への垣根は実質的に低くなるだろう。これによって格差が拡大するという説と是正されるという説がある。ユネスコ、ユニセフ、世界銀行の共同報告書によると、オンライン教育の実践度を四つの発展段階（低所得国・低位中所得国・高位中所得国・高所得国）にわけて分析すると、高所得国の浸透率は95%、低所得国の浸透率が64%と、所得が高い国ほどオンライン教育の浸透度が高いという結果になっている（UNESCO, UNICEF & the World Bank, 2020, p.21）。既存の貧富の差が、いわゆるデジタル・ディバイド（情報格差）によって一層拡大する可能性はあり得る。

しかし、一旦オンライン教育のための設備・環境が整えられればどこの国にいても世界各地で行われる教育を受けることができる。貧困国の農村であったとしても、通信環境と端末があれば高度な教育に触れることができるのである。言語の違いによる影響もおそらく対面よりも少なくなる。音声を即座に翻訳する機能をシステム上に搭載し得るからである。また、先進国においても、自国ではさほど充実していない分野の教育を容易に受けられるようになるだろう。よって、オンライン教育が世界中に浸透すれば、地域や国の違いによる教育格差は縮小する可能性が高いと考えられる。物理的に移動しなくとも、世界各国の高度な情報や知識に触れ、有力大学が提供するMOOCsを利用すれば一流研究者の講義を受講することもできる。このような状況において教育の機会やその効果はむしろ地域や国家、富のちからに左右されにくくなるとも考えられる。いずれにしても、多くの情報に触れたいと思う好奇心や学びへの意欲こそがより多くのそして高質な教育の機会に触れさせるのではないか。苅谷（2001）は「意欲をもつ者ともたざる者、努力を続ける者と避ける者、自ら学ぼうとする者と学びから降りる者との二極分化の進行（p.211）」を「インセン

ティブ・ディバイド（誘引・意欲の格差）拡大」の現象として考察した。学びの環境が世界的に共有されていくプロセスで、このような意欲の格差は世界的に拡大し、政治、経済、社会、文化ほかあらゆる側面に影響をきたすのではないか。ここでも本書の冒頭で述べたセオドア・シュルツの言う「変化に対応するちから」が、そして「変化に対応するちからを身に付ける教育」が問われるだろう。

　教育経済学は、教育や経済をめぐって発生する諸問題を解決する方策として発展してきた。1960年代の勃興期における主たる研究目的は低所得家庭の子どもたちに教育の機会を授けて経済力をつけさせようとする貧困者救済であった。その背後には教育が実質的に生産性を上げ所得を向上させるという人的資本論と、機会の均等性を高めようとする公共政策論があった。その後1980年代になると国際競争力を強く意識し、教育改革を経済力強化のための一手段と位置づけるなかにおいて、「効果的教育」を達成するために教育の生産関数を用いた費用対効果の分析研究が進むこととなった。統計技術の発展とも相まって計測や算定の精度に注目が集まり、1960年代の教育経済学の研究テーマと比べると、手段が目的化した様相を呈する。1990年に入ると、教育は格差を是正する手段というより、むしろ格差を拡大させる装置として機能するに至るのは皮肉な結果といわざるを得ない。そしてその格差は2022年現在、減少するどころかほぼすべての先進国において拡大する一方である。教育を積んだ者の国際移動は格差を一層拡大させる危険性を孕んでいる。新型コロナウィルス感染症の拡大は、それ自体が格差を拡大させたが、これをきっかけとしたオンライン学習の急速な世界的拡大は、教育が介在する格差の在り方を変えようとしている。教育のちからで貧困者の生活を救おうとしてはじまった教育経済学は今、教育が介在する地球規模の格差の構造を明らかにし、教育、人材開発、経済発展の連続性を再考して、格差を生まないあるいは拡大させない持続可能な教育と経済との関係構築に貢献する役割を担っている。これは重要な転換である。教育経済学には、この変化を的確に把握し、時間をかけず、具体的な方策を提示するちからが問われている。

∗本章には、日本学術振興会科学研究費（20H00097）並びに（17H02678）、外国人研究者招へい事業（S19137）並びに（S17014）の助成を受けて行われた研究の成果が含まれます。

参照文献

Barr, N.（2001）*The Welfare State as Piggy Bank: Information, Risk, Uncertainty, and the Role of the State.* London and New York: Oxford University Press.

Barr, N.（2004）Higher Education Funding. *Oxford Review of Economic Policy*, 20 (2), pp. 264-283.

Barr, N. & Crawford, I.（1998）Funding Higher Education in an Age of Expansion. *Education Economics*, 6(1), pp.45-70.

Bhagwati, J. N.（1976）Taxing the Brain Drain. *Challenge*, 19(3), pp.34-38.

Bhagwati, J. N. & Hamada, K.（1982）Tax Policy in the Presence of Emigration. *Journal of Public Economics* 18(3), pp.291-317.

Borjas, G. J.（1987）Self-Selection and the Earnings of Immigrants. *American Economic Review*, 77, pp.531-553.

Braithwaite, V., Ahmed, E. & Cleland, D.（2022）"Fair to Me, Fair to Us, or Fair to You?" Unresolved Conflict between Government and Graduates over Australia's Tertiary Education Loans. *Journal of Economic Policy Reform*, 25(1), pp.45-61.

Chapman, B.（2005）*Income Contingent Loans for Higher Education: International Reform.* Centre for Economic Policy Research, Research School of Economics, Australian National University.

Chapman, B. & Ryan, C.（2003）*The Access Implications of Income Contingent Charges for Higher Education: Lessons from Australia, CEPR Discussion Papers*, 463. Centre for Economic Policy Research, Research School of Economics, Australian National University.

Demange, G., Fenge, R. & Üebelmesser, S.（2014）Financing Higher Education in a Mobile World. *Journal of Public Economic Theory*, 16(3), pp.343-371.

Gérard, M.（2009）Financing Bologna: Which Country will Pay for Foreign Students? In M. Dewatripont, F. Thys-Clément & L. Wilkin（eds）. *Higher Education in a Globalized World: Governance, Competition and Performance*, pp.71-84, Bruxelles: Editions de l'Université de Bruxelles.

Gérard, M. & Üebelmesser, S.（2015）Financing Higher Education When Students and Graduates are Internationally Mobile. *Proceedings: Annual Conference on Taxation and Minutes of the Annual Meeting of the National Tax Association*, 108, 108th Annual Conference on Taxation, pp.1-40.

Greenaway, D. & Haynes, M.（2004）Funding Higher Education. In G. Johnes & J. Johnes（eds.）*International Handbook of economics of Education*. Cheltenham: Edward Elgar Publishing Ltd.

Johnstone, D. B. & Marcucci, P.（2007）*Financially Sustainable Student Loan Programs: The Management of Risk in the Quest for Private Capital.* Washington DC: Institute for Higher Education Policy.

Johnstone, D. B. & Marcucci, P.（2010）*Financing Higher Education Worldwide:*

Who Pays? Who should Pay? New York: Johns Hopkins University Press.

Matsuzuka, Y. & Gérard, M.（2022）Student Mobility and Social Welfare: An Empirical and Theoretical Inquiry into the Social Impact of Skilled Migration. *Hitotsubashi Journal of Social Studies*, 53（1）, pp.19-36.

Miyagiwa, K.（1991）Scale Economies in Education and the Brain Drain Problem. *International Economic Review*, 32（3）, pp.743-758.

UNESCO, UNICEF & the World Bank（2020）*What Have We Learnt? Overview of Findings from a Survey of Ministries of Education on National Responses to COVID-19.* Paris, New York, Washington D.C.: UNESCO, UNICEF, World Bank.

Vandenberghe, V.（2011）*Some Thoughts about Mobility and Income Contingent Student Loan.* Economics School of Louvain.

Veugelers, R. & Van Bouwel, L.（2015）The Effects of International Mobility on European Researchers: Comparing Intra-EU and U.S. Mobility. *Research in Higher Education*, 56（4）, pp.360-377.

苑復傑（2016）「中国、日本、韓国―― "東アジア域内留学圏" をめざして」編著：松塚ゆかり『国際流動化時代の高等教育――人と知のモビリティーを担う大学』ミネルヴァ書房。

小塩隆士（2020）「所得連動返還型奨学金制度：意義と課題」『社会保障研究』第5巻3号、pp.313-324。

苅谷剛彦（2001）『階層化日本と教育危機――不平等再生産から意欲格差社会へ』有信堂高文社。

小林雅之（2005）「教育費の家計負担は限界か――無理をする家計と大学進学」『季刊　家計経済研究』第67号、pp.10-21。

小林雅之（2017）「新所得連動型奨学金返還制度の創設」『生活福祉研究』第93巻、pp.29-41。

田中敬文（2014）「家計における教育費負担の高止まりと負担軽減に向けて」『季刊個人金融』2014年春号、pp.15-22。

中华人民共和国国家教育委员会计划建设司（1987-）『中国教育统计年鉴』北京：人民教育出版社。

松塚ゆかり（2012）「国際化における高等教育財政――経済学理論が示唆するパラダイム」『高等教育研究』第15巻、pp.29-47。

おわりに

　私が「教育経済学」に出会い強く惹かれたのは、20代前半米国コロンビア大学で、友人が履修していた「教育経済学」の講義にもぐり込んだ時だった。この後私は教育経済学、労働経済学、統計学の勉強と研究に没頭することとなる。教育経済学へといざない、教育経済学の分野を専門とするための徹底した指導をしてくださったトーマス・ベイリー教授、労働経済学の魅力を教えてくださった故ジェイコブ・ミンサー教授、アメリカ合衆国の教育統計作法を伝授してくださった故クリフォード・アデルマン博士に深く感謝の意を表したい。

　2006年に一橋大学に着任し「教育と経済」及び「教育と経済開発」を開講した。その後、国内外で教育経済学を開講する多くの機会に恵まれた。毎年のように「教科書は無いのでしょうか」と尋ねられ、そのたびに「執筆中ですから、みなさんの後輩には読んでいただくことができるでしょう」と答えていた。ようやくその約束が果たせることになって、ほっとしている。学生のみなさんが本書によって教育経済学についての理解をこれまでにも増して深めることができるものと期待している。

　本書は、アメリカ、イギリス、中国等の大学及び大学院で教えられている Economics of Education もしくは Economics and Education の共通項にあるテーマ、理論、事項を中心に置き、日本の土壌や経験に即した事例を交えてまとめた入門書である。教育経済学の基礎科目として海外大学との単位互換を可能とする内容・構成となっている。本書によって、学生だけでなく、多くの方々が教育経済学に関心を持ち、国内外で学びを深めることができるならば、著者としてこれに勝る喜びは無い。

　最後に、日本評論社の小西ふき子氏には、専門的なコメントから穏やかなエールまで、多くのご支援をいただいた。この場をかりて、心よりお礼を申し上げたい。

2022年6月

松塚ゆかり

事項索引

人名索引

―――――――――――　アルファベット順　―――――――――――

著者紹介

松塚ゆかり（まつづか・ゆかり）

・略歴

米国コロンビア大学大学院博士課程修了後、同大学教育経済学研究所研究員、経済政策研究所（ワシントン D. C.）研究員、一橋大学・大学教育研究開発センター准教授、教授を経て、現在一橋大学・森有礼高等教育国際流動化機構教授。

専門は教育経済学。

・本書に関係する著書・論攷

Changes in the Permanent Employment System in Japan, 1982-1997（Routledge, 2002）、『国際流動化時代の高等教育』（編著、ミネルヴァ書房、2016）、「企業が大卒に求める資質と技能⑴ & ⑵」『経済セミナー』（No.708 & No.709, 2019）。

概説 教育経済学（がいせつ きょういくけいざいがく）

2022年8月10日 第1版第1刷発行

著　者　松塚ゆかり

発行所　株式会社日本評論社
〒170-8474　東京都豊島区南大塚3-12-4
電話　03-3987-8621（販売）　03-3987-8595（編集）
https://www.nippyo.co.jp/　振替　00100-3-16

印刷所　精文堂印刷株式会社
製本所　株式会社難波製本
装　幀　図工ファイブ